U1002571

世界城市研究精品译丛

主　编　张鸿雁　顾华明
副主编　孙民乐

现代性和大都市

Modernity and Metropolis

写作、电影和城市的文艺社群

Writing,Film and Urban Formations

[英] 彼得·布鲁克 著

杨春丽 译

江苏凤凰教育出版社
Phoenix Education Publishing, Ltd
SAGE

图书在版编目(CIP)数据

现代性和大都市 / (英)布鲁克(Brooker,P.)著;
杨春丽译. --南京:江苏凤凰教育出版社,2014.11
(世界城市研究精品译丛)
ISBN 978-7-5499-4560-3

Ⅰ.①现… Ⅱ.①布… ②杨… Ⅲ.①城市社会学—
—研究 Ⅳ.①C912.81

中国版本图书馆 CIP 数据核字(2014)第 265637 号

书　　名	**现代性和大都市**:写作、电影和城市的文艺社群
著　　者	彼得·布鲁克(Peter Brooker)
译　　者	杨春丽
责任编辑	潘守华
出版发行	凤凰出版传媒股份有限公司 江苏凤凰教育出版社(南京市湖南路 1 号 A 楼　邮编 210009)
苏教网址	http://www.1088.com.cn
照　　排	南京紫藤制版印务中心
印　　刷	江苏凤凰新华印务有限公司(电话:025-68037410)
厂　　址	江苏省南京市新港经济技术开发区尧新大道 399 号
开　　本	890 毫米×1240 毫米　1/32
印　　张	9.125
版　　次	2015 年 2 月第 1 版　2015 年 2 月第 1 次印刷
书　　号	ISBN 978-7-5499-4560-3
定　　价	45.00 元
网店地址	http://jsfhjycbs.tmall.com
新浪微博	http://e.weibo.com/jsfhjy
邮购电话	025-85406265,85400774 短信 02585420909
盗版举报	025-83658579

苏教版图书若有印装错误可向承印厂调换
提供盗版线索者给予重奖

“我们都要面对现代的不确定性。”

萨尔曼·拉什迪，《她脚下的土地》。

致罗杰、米歇尔、马克

致 谢

本书的第三章和第六章分别在《文学现代主义的位置》（*Locations of Literary Modernism*）（Davis &Jenkins 编，Cambridge UP，2000）和《城市空间与表征》（*Urban Space and Representation*）（Balshaw & Kennedy 编，Pluto，2000）这两部书里出现过，但是经过修订和扩充。感谢诺丁汉大学和伯明翰大学邀请我开设关于伊安·辛克莱（Iain Sinclair）和保罗·奥斯特（Paul Auster）的讲座，感谢诺丁汉大学的道格拉斯·塔拉克（Douglas Tallack）教授和苏塞克斯大学的彼得·尼克尔斯（Peter Nicholls）教授，感谢你们支持我向艺术人文研究委员会（AHRB）申请于 1999 - 2000 年间做专职研究。也感谢伦敦大学议事大楼高等研究中心在这个项目的早期给予我科研基金，那时，我正在研究分别属于埃兹拉·庞德（Ezra Pound）、伊安·辛克莱和帕特里克·凯勒（Patrick Keiller）的不同的伦敦城。

这本书向利兹（Liz）、威尔（Will）和乔（Joe）的著作致敬。我写这本书的时候，一如既往地记着你们。这本书献给这三位博士生，他们自己的著作和我的书齐头并进。感谢罗杰·梅塔（Roger Mehta）、米歇尔·登比（Michelle Denby）和马克·布朗（Mark Brown）的陪伴、交流和指点。

目录

引言：结束中的开始

现代性和大都市

多琳·马西（Doreen Massey）把城市描述为“许多故事的交叉点”，一系列独特的、共存的故事的汇聚点（1999：171）。某些类型的城市故事，那些构成现代主义和后现代主义文学和电影文本的故事，它们如何阐释城市不断变化的物质形态、主体经验和社会经验，这是我感兴趣的话题。也就是说，我阅读这些文本，一方面去理解它们是如何解读城市的，另一方面去认识城市的形态和形成过程如何使那些解读成为可能或受到限制。这说明，我认为“想象的”和“实际的”在一个基本的对话里共存，因此，我摒弃后结构主义最近对完全话语的城市或完全书面的城市所做的论述（Wolfreys，1998，Donald，1999）。伊安·辛克莱（Iain Sinclair）说“城市是一个更加黑暗的自我：犹如剧场，充满可能性，我可以让从未出现的生命在剧场试演”（1999c：7）。这表达了我如何理解小说和象征性想象的探索作用，因为这种探索揭开了当前现实中可供选择的东西。我最感兴趣的是，个体的或集体的城市身份如何以这样的方式造就、削弱或重新想象。我主要使用伦敦和纽约这两个例子：人们一般认可这两座城市是 19 世纪和20世纪之交、20世纪前50年领先于世界的“现代”城市，人们将它们描述为20世纪末典型的“全球化”、“后现代”或“后殖民”城市。在一些评论家看来，千禧年到来的时刻也是“后大都市”的时刻，因为即使在历史悠久的西方城市里，城市生活都完全超越了它早期的经典形式。在本书结束时我会简洁阐述这个主题。

我们该如何理解这些变化和这些术语？如本书标题所示，现代性和大都市至少是开始的地方。我们可以认为，20世纪城市生活的发展得益于社会、经济和政治的发展，“现代性”可用来对这些发展做一个通用的描述。但是，我们会看到，如此直白的一个定义已然搁置了许多错综复杂的关系和差异：现代性和西方资本主义、启蒙运动或“现代理念”的关系；社会现代性、文化现代主义和后现代主义之间的差异。不过，给“现代性”一个限定的含义，也一样产生问题。例如，沃德（Ward）和聪茨（Zunz）的《现代性全景》（*The Landscape of Modernity*，1992）说明从世纪之交一直到20世纪30年代，纽约都是当今全球城市的先驱。他们描述了早期纽约作为一座和谐“理性”和“多元化”城市所具有的典型特征。他们说，战后均质化的影响渐渐退去，与移民新模式和民族性意识有关的多元化趋势更加显著，到了20世纪晚期，就出现了一种不平衡。他们说，“民族性又重现活力”（13）。他们的回答是，面对上述的不平衡，要促使“现代性的”互为对抗的“种类和想象”达成新的和解（12），也就是说，将“现代理念”的资本主义形式和文化形式谐调起来，使一种形式朝商业利益、城市的均质性方向靠拢，使另一形式朝社会的多样性方向靠拢。

这里有一个问题。用沃德和聪茨的话说，整个20世纪冲突一直不断，重心不断的转移，他们也在寻求平衡与和谐。因此，虽然他们将20世纪前10年、前20年的纽约视为全球城市的一个先锋，展示了一个镜子般连续的故事，但是这个城市在这20年里不是一成不变的，即使从其最基本的力量布局来说，也是如此。事实上，他们描述的早期的纽约与其说是一个先锋，不如说是商业、规划者和市民三方利益都包容在内的典型城市。现在援引这个例子，意味着抑制这个城市那不连续的历史的复杂性，勉强将现在用力挤进战前社会民主的定居地。沃德和聪莰选择“现代性”这个术语就充分证明了这一点。而其他的人（社会的规划者、建筑师和文化批评家）会认为，在他们讲的故事里，现代性的基调（理性主义）被后现代主义和后现代性的基调（多元论）所取代。这里，这个历史叙事既非讲述“以前”和“以后”的一个线性故事，也不属于预言、重复或千篇一律的性质。比如，在20世纪20年代，黑人从南方各州移居到像纽约这样的北方大城市里，近几十年来西班牙裔和亚裔群体移民到这些大城市里，如果我们想到这种国内迁移和国与国之间的移民之间蕴涵的差异，那么，仅仅认为这是既成事实的早期特征在后来的“强化”，还是不够的。20世纪早期的纽约不是世纪末的那个全球城市，它“不能再用来定义全世界的全球城市”(3)。

因此，面临纽约这类城市所展示的新趋势，要解释类似特征的持续性，要解释这些特征的加强、转化、逆转、衰退，我们需要一种不同的对历史进程的阐释和认识。这意味着我们必须认为“后现代性”代替了“现代性”吗?“后”这个名称以及“后现代性”这个术语在不同学科中有不同的含义，这两方面引起的问题广为人知。与弗雷德里克·詹姆森（Fredric Jameson)、让·布什亚（Jean Baudrillard)、让-弗朗索瓦·利奥塔（J-F Lyotard）有关的主要的理论设想使我们在经济和文化上与“现代”彻底决裂，或者赋予我们先锋主义的一臂之力，使我们跨越了今天的标准。人们认为，这先锋主义的一臂之力构成了“后现代”。戴维·哈维（David Harvey）认为，我们应当把现代主义和后现代主义视为对资本主义动态的一种表达，从而化解这些差异，然后利用“现代性”来描述这整个的运动过程。这意味着要接受两个术语。但是，显然，哈维自己一直是保持“现代主义”的视角，这体现在他将社会阶级置于其他的社会指标之上，还体现在他不假思索地抛弃后现代性，认为后现代性是现代性“混乱的报应”，是它“虚无的阴暗面”或者“自由的……折中主义”（1996：419，425，433)。后现代主义常常被当作现代性的“他者”——肤浅的、“只是”闹着玩的，衍生的、不和谐的——总之，是“一团混乱”，它威胁到现代性的和谐和共同目的，它必须回归至现代性。

也许，我们想抵抗对后现代主义这一普通名称的存在和完整性的怀旧情绪，但是它仍然希望证明文化扎根于资本主义。然而，作为一个基本的论点，它不会使我们有很大的进展，或者它会使我们走得太远，因为它基本上适用于两个多世纪的工业社会。如果再仔细地审视，我们就可能看见明显的变化，甚至是进步，以及同一性，或者衰退。例如，劳伦斯·雷尼（Lawrence Rainey，1997）已经表明，现代主义如何与商品生产有很大程度的牵连，它如何既受商业轻重缓急又受艺术轻重缓急的塑造。在这之前，似乎没有他人提出现代主义的这一特征。雷尼加入自己的观点，对现代主义的研究来说极其有用，但是，描述现代主义文化时，倘若认为它属于 20 世纪 90 年代而非 20 世纪前 10 年的金融世界，这样的描述也没有什么成效。生产、所有权、分配（包括电影和电视的作用）急剧变化的条件和科技影响市场对作者和书籍的需求，这明确地告诉我们，文化和商业已经融入更加复杂的叙事。这叙事远比第一章里呈现的情况都要复杂。

因此，给现代性一个宽泛的概念仅仅是摒弃后现代主义的一个手段。它使文化注定成为潜在的经济骚乱可悲的后遗症；它促成这样的假设：没有新的事物；现代主义或者 20 世纪 20 年代的纽约捷足先登；也就是说，过去包含了未来；过去的那种完整性，我们绝对能够重新得到，而且会更加圆满，更加和谐。但是，真正的问题是，在这样的意义上去拥护现代性和现代主义就意味着忽略过去和现在的矛盾和动态。“理性”已经褪去，而且可能回归，而在沃德和聪茨看来，事实并非如此，事实是资本主义理性继续起着作用，只不过是规模完全不同，领域完全不同。在这种情况下，相关的比较并非在现代纽约的镜像及其所认为的作为先锋的镜像之间，而是在彼时的全球城市和当今的全球城市之间的比较。

然而，一个城市何时变成了全球城市？它和“大都市”一样吗？

“现代”城市又是怎样的一种情况？“现代”城市，从它的一个主要用途即强调城市发展的经济、科技和社会特征来说，它是“工业城市”，19世纪的曼彻斯特就是一个杰出的例子。“现代”来源于理性、科学、人类进步的启蒙运动的传统，从这一相关的意义上来说，19世纪末的巴黎就是一个恰当的例子（King，1995：110－111）。欧洲其他的城市（而且这也是以欧洲为中心的传统），比如维也纳或柏林，规模虽然小一些，各自的特征却比较明显，但都属于第二种“现代”类型。然而伦敦在19世纪末就远远地跑在了这两类城市的前面。在19世纪早些时候一直使用“大都市”这个术语形容伦敦，用来帮助理解这个城市面积的增长、它在国内和国际上的功能，到了19世纪40年代它就成为“大英帝国”的商业大本营和世界“金融都市”，远远地跑在曼彻斯特的前面（Garside，1984：229）。到了19世纪90年代，伦敦就是世界闻名的、最大的城市，人口550万（Sutcliffe，1984：5），完全符合安德鲁·利斯（Andrew Lees）解释“世界都市（Weltstadt）”这个相关术语时所提供的描述：“一座具有国际重要性的现代大城市”（1984：67－68）。当时，伦敦是一个明显的帝国城市，正如马斯特曼（C. F. G. Masterman）1901年那直白的标题，伦敦处于“帝国的心脏”，它的每一个优势，尤其是它的港口，都使这个城市保持着商业、行政和政治的世界霸权地位。施内尔（Schneer，1999）根据这些因素将1900年的伦敦描述为“帝国大都市”。这有助于突出伦敦这个类型的全球城市——其卓越的依据自己居高临下的经济、政治地位以及依赖军事、意识形态和行政权力的机制。因此，这种情况下的全球化或者这一种全球化意味着征服和剥削，意味着意识形态的转变、同化和服从过程。“大都市”（希腊语为“母亲城市”）这个术语，还意味着伦敦在大英帝国的权力和掌控中起着调节的作用。也许，城市的类型、风格以及它主要的雇佣形式支撑着这种作用。因此，在20世纪初，伦敦雇佣了两万殖民行政官员，而殖民投资使得富人在伦敦西区定居下来，并享受它日益发展的通讯系统、剧院和新的百货商店（塞尔福里奇［Selfridges］百货公司和希尔斯［Heals］商店分别于1909年和1917年开始营业)。伦敦跨世纪的外貌——在怀特霍尔街以及别处的“爱德华时代的”或者“古典巴洛克风格的”建筑物;金斯威的建成,从斯特兰德大街延伸到霍尔本区成为一条帝国大道——在彰显大英帝国的优点和辉煌方面也起着一定的作用(Schneer,1999:18-28)。

伦敦是世界城市或帝国全球城市的模型,其他欧洲的城市都是基于这个模型的变体。但是,纽约却是一个新的类型。纽约不是一个政治都市而是一个商业都市,最重要的是,它是一个文化城市。在纽约,矗立着举世闻名的、有象征意义的摩天大楼,它首批建成的立交桥有着规模宏大的钢架结构,它的交通系统升入空中,这一切传递的信息是:此时此刻的“现代”就意味着“崭新”。到了20世纪20年代,纽约就是“现代大都市的典型”(Keating,1984:140),这个模型以伦敦、柏林或巴黎不曾使用的方式叙述现在的社会和一个想象的未来的社会。我们不得不承认,这种具有象征意义的作用是纽约全球身份的一部分:塑造未来的事物,呼唤其他历史更悠久的国家和它们的公民走向一个新的未来。

萨斯基亚·萨森(Saskia Sassen)认为,这个未来毕竟会成为过去。因为“我们在纽约、伦敦、法兰克福和东京看见的高层写字楼的建筑群……已经是先进的城市形态的一种表征,是后工业城市的形象”(1996:23)。但是,萨森还说,在世界范围内,城市经济区体现的城市形态的这种同质性,与市郊的其他发展趋势并存,市郊由“远离市中心的”、传统的工人阶层以及新的移民社区构成(23)。因此,金融都市和传统的劳动力、白人中产阶级和贫穷的移民,别别扭扭地共同生存着。萨森持续地阐述着这些群体、这些邻里社区之间的差异和联系。

这种状况与早期的纽约有什么不同?从它总体的结构形态来说,它没有产生差别。和其他的全球城市一样,纽约在这个时期继续表现出同质化与去中心化、跨国与局域、理性与多元化之间的冲突。只是在范围、规模、种类上存在着差异。因为在20世纪后期阶段,全球化已经产生了不同的“世界秩序”,在这之中,控制权力技术的是“电子的人群”（Friedman，1999）而不是腐败的政治团体（Tammany Hall）；而且，服务于20世纪中期资本主义的重要的理念从董事会的会议室转移到环球的、无个性、甚至没有具体地方的信息和金融网络或信息和金融“流”里（Castells，1996）。20世纪最后20年，我们看见第一代全球城市的工业基地逐渐削弱；服务区显而易见的扩展；清一色商场的增多；工人签署短期合同，服务于各个领域；信息技术与媒体技术极其快速地发展，并以不可抵挡之势渗透进各领域。

这些是“后福特主义”的特征。“后福特主义”，如此命名，是因为生产技术、生产经验所代表的工作和生活方式以及实业界巨头亨利·T. 福特（Henry T. Ford）对自己的劳动力和他们家庭的支配性影响已经过去。福特主义呈现的是典型的垄断资本主义，或者说是20世纪早期到中期的现代性：生产型经济进入消费社会前的象征。福特主义的工厂管理方式在阶级、男性、工作场所和工作时间以及女性和家之间奠定了坚如磐石的关系。在后福特主义状态中，这些关系证明是有孔的，可以渗透的，我们的社会、种族、性别、心理生活已经受到传媒技术的进一步塑造。有了电脑显示器或电视屏幕，或者诸如此类的东西，世界就在家里，或者根本没有具体的位置。这种效果，在许多作家和评论家看来，都是戏剧化的，尤其是在城市里，科技的发展产生了一种新的可能性的感觉或自我创造的感觉，无归属的感觉，一种恐惧、多疑、怀旧的城市心态（Kennedy，2000）。

萨森对两种共存的极端做了分析，我也想在她分析的基础上增添一些我的观察。首先，现在的富人、工人阶层、社会上的少数群体从数量、年龄、性别、族群、职业、教育、科技和主流文化来说都与以往不同。第二，在现代都市的城市空间里，空间上的接近和社会经济上的差距有了史无前例的结合：比如，在伦敦的斯皮塔佛德，先进的企业资本主义与酒吧、时装商店、改建的高价仓库、孟加拉的社区每天面对面的接触；20世纪80年代和90年代早期，纽约东村中产阶级化的中产阶级和无家可归者不甚安宁地共存着（见Abu-Lughod，1994和本书第四、六章）。第三，这些特征有一种共同认可的普遍性。也就是说，两个极端之间复杂的联系和断裂是东西方的全球城市共同拥有的。产生的结果是，生产（从手工到高科技）或者住房（扁平的城市上方矗立着豪华的高楼）这种两极分化的模式与相应的阶层、族群共同存在，将“第三世界”带进“第一世界”里。安东尼·D. 金（Anthony D. King，1995：120－121）指出，人们很晚才在西方看出这种效果。如金和其他的学者所认为的那样，倘若人们觉得纽约的一些部分类似新加坡而另一些部分类似贝鲁特或开罗，那么，我想，这就是当今的纽约城和早期纽约的距离和差异之处。

事实上，这用来描绘大都市在“多元化”时代的经济和社会形态。沃德和聪茨将“多元化”这个术语与一种富有活力的民族和文化多样性以及“多样化的人群”联系起来，这“多样化的人群”与那些只看见“表面混乱”和“郊区失控蔓延”（5，9）的建筑商、规划者和地产投机商进行竞争，在竞争的过程中“塑造了居民区”（12）。纽约各个居民区的历史结构，商业和人群最近从纽约城迁移出去，这其中还有更多的故事。因为，正如沃德和聪茨所论证的，在最近几年，美国黑人、西班牙裔美国人、亚洲人和其他更新、更小的群体由少数人逐渐变成纽约城的大多数人口，这一点再次使得这个时期的纽约城与几十年前的纽约大相径庭，这体现在人口数量、民族群体和他们相应的邻里社区上（Brooke，1996，127－130）。伴随着这种变化，而且成为这种变化部分原因的是最近出现的城市去工业化和向外迁移的影响。正如彼得·霍尔（Peter Hall，1984）所说，这两种趋势也是西方主要城市共有的特征。说到美国时，他这样写道：

> 看来，各种经济活动都不再需要直接的、密集的、面对面的接触，而这种接触在 20 世纪 50 年代构成了都市群（metropolitan agglomeration）的基础…… 因此，科技和经济的力量将企业家带到远处更新、更大型的活动中，而社会力量——居民的好恶、对犯罪的恐惧、对优质环境的追求——也把人们带走了（444）。

然而，并非所有的人都迁走了。这个年代的去中心化，朝着郊区和小城镇的“白人迁移”，都使我们明白，时间久的族群、新来的族群，以及现在的失业工人所构成的下层贫困社会都集中在内城。威廉·J. 威尔逊（William J. Wilson，1987）发现，下层贫困社会在城市贫民区的产生，是因为制造业向信息产品的转型。根据斯科特·拉什（Scott Lash）的描述，他们是一个“新的阶层”，完全无法使用信息和通讯设备，“从工人阶层向下沦落”（1994：130）。那么，我们就能明白，在后现代的一种最含糊不清的歧义里，“多元化”以及这个术语所暗示的多样性、去中心化或者去疆域化为什么既可以解读为积极的和解放的，又可以解读为史无前例的不平等、赤贫和漠视的证据。

在彼得·霍尔看来，这些趋势象征了20世纪50、60年代“资本主义生机勃勃的黄金时代”过后“大都市走向衰落的新现实”（1984：431）。他相信，伦敦和纽约有着同样的经历。他论证说，在伦敦，20世纪70年代末和80年代出生率“无计划的”的上下浮动，人们先从伦敦北部迁移到南部然后又迁出城外，这一切都证明了“计划能够产生和谐、稳定的状态这一假设”是错误的（34）。在这个时期人们刚刚认可的“内城”里，制造业规模的缩小产生了失业现象，这成为诺丁山、布里克斯顿、托特纳姆发生的“种族骚乱”的导火线，此时，第二代非洲裔加勒比人抗议社会的弊端和根深蒂固的种族主义。虽然这些情况继续存在，非洲裔加勒比人和越来越大的南亚人的社区（加在一起有100多万的人口）在伦敦南部、西部和东区的截然不同的区域里建立起来。伦敦和纽约以及其他的地方一样，如沃德和聪茨所说，“民族性又重现活力”。要理解变更的身份，理解自我和他者，民族性是一个重点，也是贯穿这本书的一个有趣的要点。但是，应该澄清的是：民族性的范围和意识（再加上与之相关的文化差异、社会不平等和国家的政策等问题）意味着在全球化的这个阶段，从细节上看，这些城市互相之间是不同的，而且从社会和经济的意义上看，它们与几十年前的全球城市又有着本质的差异。①

英国和美国的政治领袖都竭力维持商业和国家之间一种稳定的合作关系。斯拉沃热·齐泽克（Slavoj Zizek）指出，对于布莱尔（Blair）领导的英国工党和克林顿（Clinton）领导的民主党来说，这种所谓的“第三路线”“把我们带回到第一、唯一的路线：戴着人的面具的全球资本主义”（1999：7）。尼克·科恩（Nick Cohen）认为，查尔斯·利德贝特（Charles Leadbetter）的著作《凭空活着：新经济》（*Living on Thin Air*：*The New Economy*，1999）为布莱尔政党的现代性概念进行书面辩护，布莱尔政党的现代性概念是“由计算机驱动的全球知识经济”，其口号是“全球化是好的”（1999：33，34）。布莱尔当然坚持认为他的路线就是“现代的”或“现代化的”路线。垄断资本主义的经济是以社会多样性为名义，以依赖社会平等的另一种统一性为名义而立足的。坚持相信一种可资替代的政治现代性，这意味着去挑战垄断资本主义经济的单一视角。雷蒙德·威廉斯（Raymond Williams）就是一个不厌其烦地提出这种挑战的人。威廉斯不仅仅相信社会主义（对于布莱尔和克林顿来说，这是一个拗口的概念；可想，对乔治·

---

① 珍妮特·阿布-卢格霍德（Janet Abu-Lughod）在她的权威著作《纽约、芝加哥和洛杉矶：美国的全球城市》（*New York*，*Chicago and Los Angeles*：*America's Global Cities*，1999）里面列举了全球城市的特点：市场的国际化；交通和通讯系统的大变革；资本和劳动力的跨国流动；生产的去中心化和经济控制的中心化相结合；商业服务的增长；伴随这些变化的，还有“阶级结构所谓的重新分化……贫富差距加大”（2）。她和沃德、聪茨有些相像，希望证明“至少处于胚胎阶段的所有这些特点”，是在19世纪中期或晚期的纽约出现的（2）。我并不赞成阿布-卢格霍德使用“胚胎”或“胚芽”这种进化论的比喻；不过，她自己确实坚持认为“已经建成的环境不是有机体”，“它已经被创造而且继续被重新创造”（4）。这更加接近我这里采用的现代性的“自反性”观点。阿布-卢格霍德在研究三个美国全球城市的过程中，试图将注意力引向“重要的变体”这个方面，认为这些变体的产生是因为不断地扎根于“一个进化的世界体系中”（1）。我不能明白，她如何或为何认为这种方法适用于城市的共时比较而不适用于城市的历史。

W. 布什来说，这是一个难以想象的概念），还相信“多种社会主义”——因为“既然有许多民族和文化，就有许多种社会主义”，威廉斯如此说（1989b：297）。雷蒙德·威廉斯还说，一种未来的共同的文化，就是“我们可能朝着它前进的一种社会”，与早期的社会形态相比，不会更简单，不会“更单一，更直线发展”，只会更复杂（1989b：37，295）。要探讨这种复杂性，仅靠将现代主义和后现代主义的区别消解为不变的、无所不容的资本主义动态，这是行不通的；我们也不可能重新提起早期的、信以为真的和谐。相反，我们需要依据威廉斯强调的某一历史关头主要的、残余的和新兴的这三种趋势之间的区别，以重申各个历史时期之间的关系，使一种经济秩序内的连续和断裂成为可能。这种经济秩序通过对灵活性、发展性和多样化持之以恒的坚持，才能够看似矛盾地保守自己，保持“不变”。

同时，我们需要使这一模型适应文化内或跨文化的不同时刻。戴维·哈维发现的“空间-时间压缩”的经验，以及与之相随的对个人和社会身份理解的变化，这一切总体上被视为是全球化的主要影响。在本书后面的章节里我会再讨论这个问题。不过我会增加一些内容。约翰·伯格（John Berger）论证说，“现代历史”是“在不同地方不同的时刻”开始的（1992：203）。霍米·巴巴（Homi Bhabha）同样也发现了现代性“模棱两可的短暂性”。因为正如文化现在都遵循自己从过去到现代的这种过渡感，所以“现代性标志的每一次重复都不相同，对自己的历史和文化阐释的状况来说都是独特的”（Bhabha 1994：247）。还有一种东西被称为“变得现代”。根据利奥塔和霍米·巴巴的观点，我们可能把“后”理解为新事物崭露头角的标志：一种运动在当前的主导性秩序里产生，“超越”了现存的状况，到达了明确无误的突破点。也就是说，现在占主导地位的曾经是次要的；现在理所当然的事物曾经只是一种可能性。但是，我们需要把这一过程视为具体历史和文化中不同时代被激活的，而不要把它看作朝着新事物前进的“永恒”动力，这也是利奥塔的观点。因此，克莱德·泰勒（Clyde Taylor）评论非洲的电影时说，当第一个现代主义的阶段“尚未真正开始”时，

“黑人只能含糊地成为后现代主义者”（1988：108）。同样，杰里米·西布鲁克（Jeremy Seabrook）也在东方快速发展的“后工业”的社会里发现一种变化的模式，它重复了英国工业化早期工人的经历（1996：1－3）。这说明，如果微技术和全球化的经济结为联盟，压缩空间和时间，使世界文化均质化，进入一个单一的市场，那么，这些同样的过程已经同时有助于将财富和机会在世界范围内的差异置于明显的位置，横跨时空将相似和差异体现出来，将前现代、现代和后现代在一种文化、社区或城市里结合起来，将规则的顺序推进不规则的顺序里。

自反性（reflexivity）

我认为，我们通常理解的现代和后现代的区别无法成功地描绘作为全球化特征的混合与不均衡发展的过程，也无法成功地描述当今城市所经历的现代生活重叠的多种模式中局域和全球的汇聚和交叉。我想，“现代性”蕴含着这种模式：它尤其出现在城市里，不断更替的关系，多层的转义，普通但是相异的叙事，在衰退、转化和变成现实这一过程中移动。正如哈维所认为的那样，我们需要一个理论模型来理解转化和存在这两种“空间形态和时间过程”，因为“城市化的动态［过程］和城市的构成物［存在］在一种基本的创造性的矛盾中存在”，构成“社会-生态转变的一个关键点”（Harvey，1996：436）。在这里，我赞同哈维的观点，努力构想一个视角，去研究他描述的“‘空间-时间不均衡的发展’”或者“‘地域上不均衡的开发’”（1996：429－430）。我最后想强调“多种现代性”的共存，每一种都是在自己“当前”的时间变成现实的，而且携带着过去形态的痕迹，蕴涵着可能的、可供选择的多种未来。因此，现代性是追溯性的和前瞻性的工程，一个现在的或未来的形态能够评价并使早期的一种表达显得极端，贝克（Beck）和吉登斯（Giddens）在他们的“自反性现代化”的概念里也表达了这个观点。吉登斯说，所有的社会和制度形态极易于“根据新信息和新知识而不断地修正”（1993：293－294）。现代性虽然是启蒙思想的产品，但它的自反性推翻了启蒙思想，破坏了启蒙运动的确定性，置入“怀疑的方法论原理”。这种怀疑的方法原理打乱了思维的标准，“对普通个人来说，带来了与存在相关的困扰”（1993：294）。

从这一点看，自反性也是在自我、身份这些概念的基础上运行的。如吉登斯的结论所说，因为个人现在失去了家庭、社区和国家的确定性，他们注定要创造自己的传记性质的叙事。个人的生活变成这个“风险社会”的一个曾经经历过的例子，而在这个“风险社会”里难以预料的经济、社会或生态的混乱就潜伏在晚期资本主义秩序的机制里。贝克说，“自反性现代化”的内在运行本质是自发的、动机不明确的。“风险”源自冷酷的现代化带来的、意料之外的副作用，比如，全球变暖。但是，贝克分析，这种不自觉的自反性会产生更加反思、更加怀疑的心态，这种心态是更富责任感的社会所必需的一个根基。贝克表明，这种结果会造就“现在和未来‘新的’种类的现代性”（1994：183）。

一种类似的思想在美学领域里出现，我对此很感兴趣。我希望，“后”这个字既然激励我们远离现代主义正统观念的自满情绪，那么我们就可以思考文化秩序的自反性，不去期待更少的现代主义，而是期待更多的现代主义——或者更确切地说，新的种类的现代主义。斯科特·拉什在这个方向提供了一些思考。他说，贝克和吉登斯片面地强调“个体化”：在这种自反性理论中，个人挣脱了简单现代性的结构束缚，可以反射性地监控现代性的结构和他们自己的身份。拉什说，这种理论只有依靠思考自己另外的“文化面”或“对立面”，从而起到自己作为评论者的作用。这意味着描述新的信息和通讯体系所起的作用，阐述美学的自反性而非单纯认知的自反性，为社群而不是为个体、为“我们”而不是为“我”服务（1994：110－174，198－215）。在此过程中，拉什在齐格蒙特·鲍曼（Zygmunt Bauman）的著作中发现了一种与现代主义相似的自反性美学。在鲍曼看来，现代主义是启蒙运动理性的对手，是颠覆性的对手。它通过与突发性和模糊性产生联系，从而起到这一作用。鲍曼反过来又将这种突发性和模糊性与犹太人即陌生人的代表性类型联系起来（141－142）。因此，鲍曼描绘的是伦理道德和民族化的、扩大的美学工程的组成部分。

然而，这种推断有两个问题。首先，将犹太人与突发性和不明确性进而同现代主义联系起来，但反犹太主义的现代主义者比如埃兹拉·庞德和T. S. 艾略特（T. S. Eliot）会断然抵触这种联系。第二，虽然那位“陌生人”（当然，只能按照假定的标准来定义“陌生人”）一直是犹太人（鲍曼的关键所指是大屠杀），在如今变化了的城市环境里，比如在纽约和伦敦，犹太人这个代表性类型已然被理解为纽约城的美国黑人、西班牙裔或亚裔美国人，或者伦敦一些城区的非洲裔-加勒比年轻人或孟加拉穆斯林。另外，陌生人（the alien）[①] 不仅是民族的而且也是性别的或者性取向的“他者”。近期的讨论和“科幻”、“推理小说”的传统都让我们警惕陌生人：“人类”的他者，或者在通讯科技的时代，是通过和机器、微型芯片、生物科技的影响、基因工程等联结后变形了的“人类”。因此，鲍曼的反射性现代主义与早期艺术的正统现代主义不一致，与后期现代性发生了很大变化的环境也不相称。

乔尔·卡恩（Joel Kahn）和沃尔特·卡莱金（Walter Kalaidjian）帮助我们进一步思考早期和晚期现代主义的构形。查尔斯·詹克斯（Charles Jencks）认为洛杉矶代表了现在和未来的城市，它那去中心的、多民族的社会和异质的建筑都使它与众不同地新颖，卡恩对詹克斯的观点却提出异议。卡恩说，20世纪早期的纽约有着类似的特征。然而，更重要的是，他并不认为没有发生变化，不认为20世纪末的洛杉矶和20世纪初的纽约完全相同。他总结说，不同之处源自“城市”不同的“特别的表征，一种多文化而不是同质文化的城市意象”（1995：108）。而且，他并不认为这些表征方式记录了“预先提供的文化现实”，而是认为这些表征方式应当理解为城市的构成部分，是“一种现代想象的构成部分”（112）。卡恩参照哈莱姆文艺复兴（the

---

① the alien，指“性质不同的，异己的”，可指“陌生人”、“侨民”、“外星人”等。——译者注

Harlem Renaissance）时期著名的小说《黑佬的天堂》（*Nigger Heaven*，1926）来表明这种城市想象在整个20世纪是如何进行的。卡尔·范·韦克滕（Carl Van Vetchen）的这部小说是受人喜爱的成功之作，但是黑人知识界不太接纳，因为他们认为小说中的异国情调背离了"新黑人（New Negro）"的理念，而且仅证实了白人作为领袖的固有模式。爵士乐以及它在艺术或文学中的出现，都遇到类似的反应，因为，像卡恩所说的，爵士乐因为它的原始风格和性爱的联想让保守的纽约黑人知识界感觉难堪。

在哈莱姆文艺复兴时期，黑人身份和文化形成过程中存在着内在的差异和矛盾。观察到这一点非常重要，我会在后面提起这个话题。我会参考兰斯顿·休斯（Langston Hughes）的作品，他是为数不多的、支持范·韦克滕小说的黑人作家之一（参见Brooker，1996：184-200）。卡恩认为，《黑佬的天堂》采用了"人种学的"视角，表现了哈莱姆日常生活中存在的特殊的黑人文化。卡恩还论证说，这种视角或表现、构成黑人民族性的方式已经胜过美国白人主流文化的标准以及许多已经内化的黑人自我的形象。从上述谈到的意义来看，黑人街头文化在一开始是从属地位（受白人社会的资助、黑人知识分子的压制），后来就被视为媒介和自我定义的一个积极手段。

在这种思考中，卡恩利用了沃尔特·卡莱金对美国艺术和文学文化中"修正的现代主义"所做的研究。在卡莱金（1993）看来，诸如《群众》（*Masses*）和《解放者》（*Liberator*）这些杂志早期的集体主义-波西米亚式的现代主义在两次世界大战之间都经历过更新和修正。在"语言诗"、社区艺术和装置艺术中，这种激进的现代主义后来的表现形式，在卡莱金看来（尽管不是毫无保留），都是后现代评论的例子（8-18）。因此，早期先锋派现代主义激进自由的民主冲动，被正统现代主义的正统思想遮盖，被重新改造为一种合作的、干涉主义的美学，依据今天信息和媒体引导的消费主义的社会标准而加以利用。卡莱金说，既然这个社会的形态不可逃避，那么一种激进的艺术必须从内部发起运动，运用媒体和广告的风格与技术作为自己的背景。因此，激进的艺术采用“顺势疗法的”① 策略（249）在伦理、性别、种族和生态事宜上推动一个现代的、进步的日程，而且这么做代表的是新的社会群体和亚文化。

卡莱金将瓦尔特·本雅明（Walter Benjamin）和贝托尔特·布莱希特（Bertolt Brecht）归入连接历史性先锋派和后结构主义评论这一传统之中（14－15）。布莱希特“Umfünktionierung”的概念即文化机构、生产的地点和模式的“功能的转化”，的确可用来描绘“修正的现代主义”的主导策略。本雅明和布莱希特这两位学者用其他方式在修改和重申自己观点（比如，本雅明“神韵无存（loss of aura）”和漫游者这两个概念）的过程中仍继续影响着现代理论，后现代理论开始表现出它的自反性。关于后现代的理论，它本身反思这一状况，将表征和概念呈现出来，这些表征和概念均与时间、历史、因而与我们的时代性相关。这种时代性是自反性的根基。

这其中有一个概念，就是雅克·德里达（Jacques Derrida）“定界”的概念，他用这个概念描述这个矛盾的趋势：标明边界或标准，同时抹去这些标记，逾越这些标记。和德里达著作中的其他术语一样，“定界”描写了他自己的解构策略：强调差异的关系和意义的延迟。然而，比阿特丽丝·汉森（Beatrice Hanssen，1998）发现德里达的概念和本雅明的唯物主义史学有一种密切的关系，这很有趣，说明了理论的自反性。本雅明强调在唯物主义解读中发现的震惊、盲点和危险，反对将历史视为沿着线性道路前进的一系列不言而喻的事实或事件这一假设。在这样的时刻，历史非常“闪亮”，过去和现在在“现时”或“当下”聚会。尤为重要的是，本雅明认为历史现象在衰落的时刻，在转变成其他现象的过程中是富于表现力的。从一个瞬间衰落到另一个瞬

① 顺势疗法，是德国医生哈内曼（Samuel Hahnemann，1755－1843）创立的一种药物治疗法，指给病人服用极少量药物，引起与其所患疾病类似的反应，以治疗所患的疾病。——译者注

间，就展示了历史显现的瞬间。因此，本雅明在他对波德莱尔（Baudelaire）的主要研究（1968）中对正在逝去的巴黎拱廊街产生了浓厚的兴趣。

我一直认为，我们大概需要用这样的方式理解现代性：它一直在消逝，一直在转化，在结束又在重新开始。汉森认为，本雅明的史学在德里达的解构里得到了回应。霍米·巴巴在运用解构的视角研究后殖民性时也使用了本雅明"转化的连续性"的概念（1994：235）。对本雅明和德里达这两位当代的学者来说，他们评论的都是一个统一、演变的现代性理论，而且如我们所见，和谐"在场"的瞬间这一假设也在一些文章里出现。

这意味着本雅明和德里达几乎在一切方面都在说同一个道理吗？理论自反性的结局是解构，历史唯物主义还是唯物主义的解构？当然，用解构的视角看待现在，认为现在由过去的痕迹和对未来的预期构成，这样就无法衡量本雅明对历史瞬间的理解。本雅明将这样的历史瞬间看作是"准时的"，其标志物是暴力，是曲曲折折的反对革新的进步而不是直线型的向前发展。巴克-莫尔斯（Buck-Morss）评论说，本雅明"现时"的概念将一个焦点和政治目的赋予历史变化，而解构会把历史变化描述为一个可以阐释的、无穷的、永恒的场景（1995：359）。这说明，利奥塔后现代概念的"不断诞生的状态"这一概念（Brooker 编写，1992：148）必须历史化，成为构成现代性自发运动的自反性动态。同时，德里达的历史唯物主义能够使一个适合晚期现代性的政治目的更清晰吗？卡莱金认为不能。本雅明深信无产阶级是革命变化的媒介——"内在的无产阶级革命的神话一直是现代主义文化的决定性标志之一"，卡莱金说。因此，本雅明和工人阶级团结一致，这将他置于"隔绝现代和后现代时代的鸿沟"的一边（214）。许多人都会赞同这个含义：当代社会是史无前例的消费社会，多元化社会，不是制造业的社会，也不是明显的阶级社会。因此，像布莱希特和本雅明这些左翼现代主义早期的倡导者，以及这些人物倡导的马克思主义传统，都需要深刻的、自觉的修正。事实上，我们可以说这与所说的自反性的传统是一致的。因为本雅明反对教条，支持辩证唯物主义。他说，布莱希特认为他的戏剧势必要重新搬上舞台，得到阐释。但是，最终结果是，马克思主义、社会主义和社会主义现代主义遇到了一堵白墙和开放的思想。因为当这一遗产被僵化、被妖魔化、被摒弃（1989 年共产主义垮台以后，摒弃就更加容易），它又得到重申，尤其是安东尼奥·葛兰西（Antonio Gramsci）的著作和一些意识形态的理论，以及后来对女性主义、种族、民族和生态的关注。卡莱金的研究也是此类文化政治得以重申的例子。

这就是自反性现代性和修正的现代主义的运行机制，至少是笼统的介绍。在这个“引言”余下的部分，我想再叙述自反性现代主义计划的另外两个方面，它们与下面提到的作家和文本密切相关。这两个方面是：社群这个主题和现代主义艺术风格和方法的运用。

社群

斯科特·拉什认为，必须将社群理解为“存在的”，而且“扎根于共同的价值和日常不引人注意的活动”（1994：157）。这些价值和活动首先是学习得来的，但是“变得无意识，仿佛刻在身体上一样”，他如此说（157）。扬（Young，1990）和哈维（1996）怀疑这种理念或理想（对于这两位学者来说，此类同质社区的实际存在值得怀疑）的保守性和排他性，特别是当它建立在一个稳定的、面对面交往的模式时，他们就更加怀疑其实际的存在。我会在第五章再分析这个问题。我想说，这两种立场都不充分。前一个立场无法看到社群尤其是艺术社群不仅仅建立在已经习惯的活动上，而且还建立在共同的利益上（拉什坚持说，“社群和共同的利益无关”。157）；第二个立场不充分是因为没有哪个社群——尤其在大都市里——会完全依赖面对面的交往或者依赖扬和哈维强调的差异。

雷蒙德·威廉斯对社群和社会阶层的思考很有趣。他在文章和小说里描绘的矿工的社群依赖非常强烈的、邻里友好的感觉。这种感觉与一种依附有密切的关系——威廉斯说，不是理想化的依附，是依附于位置和地方。在他看来，一个“共同的文化”或者共享的“情感结构”是由这样一个“可知的社群”维系的。同时，根据威廉斯的描写，现代工业社群的阶级身份源自一个特别的“地方”，其作为一种概念的、政治的、跨越空间的关系不断地发展。例如，威廉斯回顾当铁路信号员的父亲和他的同事们在1926年大罢工时的境况，描写了他们在当地共同的处境，他们如何互相取得联系——通过现代通讯手段，包括铁路。他们“和其他的信号员生活在一个社群里，有很大的社交网络，和工作以外的男人们交谈，这些男人他们可能从未见过面但是通过声音、看法和故事而非常了解他们”（1989：6）。

威廉斯对阶级身份的描述重述了本尼迪克特·安德森（Benedict Anderson）现代“想象的社群”这一理念：在社群里，共同的国民身份也同样被理解为必须调和的身份，它使有空间距离的人们团结在一起。有趣的是，安德森将这个社群与现实主义的叙事模式和“同时”这个术语所表达的时间感联系在一起。这就使“横向的时间跨越”成为可能，“由时间上的巧合做标志，由时钟和日历来记录”（1983：30）。时间上的同步将民族舞台上、小说章节里的演员联系在一起，而演员完全没有意识到他人的存在。霍米·巴巴评论说：“这个时代就是文化现代性的时代”（1994：158）。

威廉斯的集体社群的概念，将面对面友好的接触与同一历史时间、不同地点、共同的政治态度结合起来。但更重要的是，他意识到，从局域的邻里社区过渡到一种集体的认同，认同旨在转化“社会全部关系”的政治运动，这中间连接的桥梁在前进的资本主义的环境下愈加复杂（1989：115）。所有权的集中以及随之产生的社会关系阻碍局部的农工社群的价值观超越社群本身而延伸出去。威廉斯认为，在大都市冷漠的、灭绝人性的权力中心，尤其能够感受到这一点。他在那样的大都市里发现了一种消极的、抽象的政治，反映了物化的资本主义。那么，从某种意义上说，通向社群的障碍就是一种心态，是它在自身中甚至是在对手中产生的抽象的经济、政治的对话。

然而，这里有一个时间的问题——这种现代性的时间，这是按照霍米·巴巴和威廉斯的评论、根据现代性的时间意义而说的。如果我们认为现代性是造就的，尤其是在19世纪晚期、20世纪早期欧洲的大都市里造就的，那么，很显然，这里提到的想象的或以阶级为基础的社群则遇到另一个困难。因为，从20世纪开始，人们感觉“大都市的时间”并非沿着普通时间线的二元、平行瞬间的“同时”，而是对即时性和同时性的一种经历。正如格奥尔格·齐美尔（Georg Simmel）所描写的，其“精神生活”的特征是道德沦丧，是一种自我保护的冷漠和隐蔽的相互仇视（1995［1903］）。① 虽然一些评论家愉快地迎接新的现代化未来的意象，但是大多数人往往对现代工业生活带来的速度、混乱、无个性特征和人与人之间关系的丧失而扼腕叹息（Lees，1984）。人们认为大都市失去了平衡与和谐，其风景线就是身体和心理的极端状况，现代市民承受了城市失控的、无形状蔓生的极端混乱状态，承受了单调的千篇一律的枯燥乏味。无论从哪一方面讲，大都市都意味着社群的终结。想象的民族社群和想象的集体阶级社群，从某种意义上说，都是由这些状况限定的，又是在这些状况之外，以这些状况为背景建立起来的。

然而，至少有一种不同类型的社群是在这些状况中出现的：移民临时的、脆弱的联盟构成的艺术社群。如威廉斯所说，他们的媒介是艺术，是有分歧的现代主义的理念（1992），这一点我们慢慢会了解。他们最感兴趣的艺术媒介被重新利用，来表达一种改变了的心态，同时记录一种新的现代性的时间。因为，如果现实主义是早期的社区和

① 如果我们认为齐美尔对跨世纪的柏林所做的评论过度概括因而不够准确的话，我们可能考虑C. F. W. 马斯特曼对现代伦敦城市类型的评论。马斯特曼看到一种新的、身体和精神的“城市类型”到来了，这种类型“发育不良、胸部狭窄、容易疲劳然而讲话滔滔不绝、容易激动，性情不稳定，缺乏耐力和毅力”。这种类型没有精神价值观，常常“发脾气，情绪无常，容易激动”，急切地寻找酒精的刺激、赌博，寻求新的轰动性的新闻。（1973［1901］：7，8）

同步经历的写实风格，那么描写大都市中无个性特征的人群和大都市的多重时间，人们就需要新的表现风格。因此，就有了蒙太奇和拼贴的运用，还有弗朗西斯·皮卡比亚（Francis Picabia）的描述：他将20世纪最现代的城市纽约描述为一个“立体派的城市（Cubist City）”（Tallack，1991：81）。

沿着这个思路，我们可以将现代主义者视为艺术家的一个或多个社群，这些社群是在现代大都市的时间-空间环境里形成的，并且对这一环境高度敏感。但是这并不能说明这些群体如何看待自己，如何在更广阔的社会里发挥作用。威廉斯的另外一个术语是“文艺社群”，他采用这个术语，将其作为一个概念来指代横跨更广阔社会历史背景的文化团体、文艺运动和趋势的联合体。这是一个有用的术语（1980：149－169）。他特别举出几个例子：戈德温文艺圈、前拉斐尔派诗人和画家以及20世纪布鲁姆斯伯里文化圈。威廉斯认为，像这样的文艺社群皆因为一种社会意识形态、阶级立场、美学理念，更重要的，还因为职业和个人关系、友谊、合作关系和婚姻等将个体汇聚在一起。他们的特征是有共同的目标感，甚至是共同的个人风格，还有内在的差异和摩擦，以及他们的艺术和社会视角与整个社会的冲突。从某种意义上说，他们用社会主流价值认可的各种各样的方法去批判主流价值，与社会保持着一种对话关系。

我认为也可以用这种方式去看待伦敦20世纪前10年的意象主义者、漩涡主义者和20世纪20年代纽约的哈莱姆文艺复兴中的人物，他们都是布鲁姆斯伯里文化圈的同代人。我会在第一章和第二章研究这些群体。在这里，我还想提的问题是：社群或文艺社群（如果这些术语一直在使用）的哪一个概念和近几十年的作家、艺术家有重要的关系？现代的作家、电影制片人、评论家和理论家代表或表达的是什么阶级或阶级群体、城市心态或“情感结构”？“重新运作”、重新定位的政治、文化的现代主义将要与哪些社会参与者或媒介进行对话？我会在后来的章节里讨论这些问题。

要回答这些问题，我们需要将“社群”与上面提到的塑造自反性现代性的其他主题和趋势联系起来，即后福特主义、消费主义、全球化和后殖民主义。有两种特别有帮助的文献源自文化研究，分别来自对亚文化和离散文化的理论研究。在论及迪克·赫伯迪格（Dick Hebdige）对亚文化的研究结果时斯科特·拉什说："这种对亚文化的聚焦在很大程度上也是对自反性社群的聚焦"（1994：147）。"自反性"在这里有两个相关的含义。第一，我们属于一个简单的社群但出于个人的决定我们并不参与其中，与这一社群继承而来的风俗和习惯相比，我们"全身心地投入年轻亚文化这个共同的世界"（147）。第二，亚文化的身份通过象征性的构建过程形成、再形成，在"来源于先前风格的不连续的符号'拼贴'"里形成、再形成。

沃尔特·卡莱金（1993）将战后艺术家与早期现代主义受压抑的、激进的民主形式联系起来，从而进一步地连接亚文化群体与协作的艺术实践。那些他视为"修正的现代主义者"使用陌生化、拼贴和蒙太奇的手法干涉并质疑超前的消费主义和企业权力。因此他说，新的社会运动"针对阶级、环境、种族、女性主义、同性恋权利和公共健康等事宜"，有了这些运动"协作的美学实践"，美国"先锋派的文化批评传统就得以生存"（263）。我打算在后面列举英国和美国的例子，研究若干个这样的联系和社会网络，探讨它们的存在和影响。

另外，"离散"这个概念描述一个"想象的社群"中各种联系，这个社群并非建立在国家或阶级的概念上（当然它也不排除这些范畴），而是建立在民族性之上。"离散"这个概念表达了民族在时间、空间上的分散以及民族为保持"评判性想象的集体社群"而付出的努力（Roger Bromley，2000：9）。也就是说，虽然离散的经历会引起对分散和移民前"真实"家乡的怀旧情绪，但是当它接触、吸收、反抗主流现代性的特征时，它对逐渐改变的传统进行重述、重新想象时就运用了一个评判性的概念。"黑色大西洋"的离散是因为黑人和欧洲之间学术、文化交流而产生的。在保罗·吉尔罗伊（Paul Gilroy）对这一问题的研究当中，艺术、创作和记忆传统的重新改造催生了"黑人政治反文化的表达原则"。这种政治的反文化一方面"源自现代性内部"，另一方面，如吉尔罗伊所说，也“对抗性地受惠”于现代性（1993：91）。

吉尔罗伊的研究表明，离散对于后期现代性来说并不是全新的。当然，在它和离散的美国黑人身份和哈莱姆文艺复兴产生联系以前，几个世纪以来，它一直是犹太人经历的组成部分（Kahn，1995：116－122，Gilroy，1993：209－217）。吉尔罗伊关注的是，在回应自反性现代性不断变化的状况时，现代和未来对离散身份的政治表达是怎样的。考比纳·莫瑟（Kobena Mercer）认为离散社群在20世纪70年代末和80年代的英国获得了文化的力量，那时，“在非洲、亚洲和加勒比交错的离散人群里混杂的文化兴起……指出了在危机和过渡状况下生存和兴旺发达的方法”（1994：3－5）。这种集体意识的发展在城市里尤为明显，比如莫瑟列举的多文化的南伦敦。他认为，这种集体意识逐渐形成“对抗性的社群”（9）。在20世纪80年代，这些社群反对右翼的政府、普遍的歧视和种族主义的治安管理。

因此，离散本质上是自反性的，政治化的，总是与统治者、与历史保持着对话关系，并在现在将统治者和历史当作批判性的资源。离散对地点的概念是立体的；对时间的概念是不同时的；对身份的概念是反本质主义的。因此，吉尔罗伊说，离散意味着一个“无限的身份构建的过程”（1993：223）。然而，离散的概念是重要的，因为他重新设置了“身份”和“社群”，因而也跨越时空重新设置了“同一性与差异性”、“自我与他者”之间的关系。我打算简要地讨论这一方面。

有人将“自我和他者”的二元区分视为现代主义和殖民主义问题的产物（Appiah，1999：69）。由于早期人类学的假设和方法的强化作用，西方现代的和殖民的“自我”被视为是稳定的，合乎规范的，而“他者”则被认为是不发达的，偏离常规的，或者次等的。在帝国主义更加明显的种族主义构想中，西方白人“文明的”自我和非西方、非白人的他者分别被编码为“人的”和“非人的”或“低于人的”。同时，种族主义的成见具有严重的简单性，将所谓的“他者”代表的

“差异性”转化为不具威胁性的同一性形象。现代主义接受西方为中心、非西方为边缘的模式，事实上是鼓励这一模式，将一种选择性的“世界文化”吸收进现代艺术的理念里，但是它不一定认可西方帝国主义的政治假设，在很多时候，也不认可现代性的社会理念。有许多现代主义者是局外人，包括雷蒙德·威廉斯，这是值得记住的。他们肯定不是“第三世界”的移民，但是他们往往是流亡国外的人，将他们自己的他性和各种世界文化的他性带到巴黎、伦敦和纽约。

艾里斯·马里恩·扬对“社群的理想”的反应就是对“自我和他者”这个“现代”二元的反应。她将“自我和他者”解构为以“包容未同化的他性”为基础的差异政治。她和其他学者对“差异”的理论支持与差异的现代性中强化的社会意识相一致。这些差异指性别的、民族的以及性取向的社会关系，这包含西方主要大都市里出现的民族化的、有性别偏见的下层社会。在一些情况下，这促进了对现代主义原始资料的重新解读。因此，汉森发现，瓦尔特·本雅明对未来持开放态度，德里达则认为他者怪异，难以理解。这两者之间有一种密切的关系。她说，这使本雅明和德里达都接近了以马内利·列维纳斯（Emmanuel Lévinas）的民族-政治原则。对列维纳斯来说，“他者”代表自我的限度；是不可共量性的一个标志，在扬看来，是现代社会关系中不可同化性的标志。

这些学者帮助我们认可无法转化、无法顺从同一性的那种根本的差异。同时，斯科特·拉什认为，解构的情感则看见无尽的、无根据的差异，无法产生同一性，因而全部抹杀了一致性和共同行为的可能性。他说，“有寓意的”思想传统而不是社群，产生了一种激进美学的个人主义。但是，如果社群以同一性为根基，在这样一个民族流动、商品流通的世界里，在地区、国家、全球相互交织的世界里，什么是相同的？斯图亚特·霍尔（Stuart Hall）向詹姆斯·克利福德（James Clifford）“移动的文化”这一概念提出了这个问题。霍尔对离散身份的概念与吉尔罗伊和莫瑟上述评论中的后结构主义的观点一样，都强调差异和被构建性。因此，“离散身份通过转化和差异不断地产生，再生”（Hall，1990：235）。在另外的文献里，霍尔通过回应自己的问题，回应后结构主义的政治冷漠，说明“同一性”只能被视为围绕紧迫的现代话题的临时一致的一个点；一个将差异的对话“人为结束”的临时的句号，因为正是这样的一个停顿才“使政治和身份成为可能”（Hall，1997：137）。保罗·吉尔罗伊描写了离散社群的价值，在他的重要论著里，霍尔的思想得以重现。吉尔罗伊写道：离散社群“应当被珍惜”，因为它以“创新和变化”的名义批评了本质论，而且“它能够呈现民族同一性和差异性之间的关系：一种变化中的相同”（1993：x，xi）。

以这样的方式理解离散的概念，其好处是，作为一种社群的概念，它包含了斯科特·拉什无意识的“习惯和共同的活动”，还容纳了更加政治化的瞬间：临时一致性和随时变化的自觉意志。而且，它为我们提供了地区和全球在一个社群相交的例子，在这个社群里，无论是面对面的还是有空间距离的联系，其中跨文化的网络都贯穿了资本主义全球化的各种形式。顺着这个思路，社群就有一种强烈的个人、家庭和集体的历史感，在许多元素都可能“无法同化”的、多文化的今天，社群对一切都重新加以利用。①

针对亚文化和离散社区，我在上文简述的立场，尤其是其中使用创造性方法进行简述的立场，给这本书的各章各节提供了讨论的方向。我所讨论的作家、电影制片人所归纳、所塑造或想象的种种自反性的

① 在一次巧妙有趣的讨论中，詹姆斯·唐纳德（James Donald）找到了一种方法，来重塑让-吕克·南希（Jean-Luc Nancy）“人人一样”的社群概念（1999：154－155）。这个概念意味着大家都丧失了身份。南希说，这种丧失是“社群本身的构成部分”（157）。唐纳德认为这是“邻里友好”的描述，而邻里友好是相对于社群的“共同存在”来说的，是市民政治倾向的基础（166－167）。“人人一样”是陌生人日常共存的一个颇具说服力的描述。但是，政治行为依赖“有共同之处”，比如，因为噪音太大或没有足够的空间而决定联手去游说议员的瞬间，这是唐纳德提供的例子（168）。

社群；在伦敦和纽约，在东京、香港和曼谷这些东西方交汇的地方，他们如何给自己“定位”，定位在何处；他们写的小说、拍摄的电影如何表达了20世纪80年代和90年代多民族的、全球化都市的状况。这一切都是我感兴趣的。社群的概念也使我想到，要用这些思想结束这篇“引言”。当现代主义千方百计要统一支离破碎的文化和社会身份的时候，我们看见，“后现代的”艺术却无意做结论，它对偶然性极其敏感。因此，就有了拼贴这种混合性艺术和社会技巧，它是创造身份、社群和“一致性”的手段，用理查德·罗蒂（Richard Rorty）的话来讲就是，“从小块”拼贴起来（引自 Bhabha，1994：235）。因此，反复使用的关键词——陌生化、拼贴、混合性、溶合——开始作为共同的词汇，用于描写自反性现代、后殖民社群，描写自反性美学混合的话语。

自反性美学

我在上文想概述的是关于自反性现代性、自反性现代主义和自反性社群的思想观点。我们冒着过度简化的风险这么说：在每一种思想下面都有一种自觉的历史感，现在与工业现代性的过去或与福特主义现代性的过去、与现代主义、大英帝国和殖民主义都有一种批评性的关系。当然，20世纪初的现代主义本身也是自反性的。正如T. S. 艾略特所说，我们和祖先的区别就在于我们比他们知道得多，“而且他们就是我们所知道的”（1951：16）。艾略特并非想当然地认为“我们”（他的作品产生了一个“我们”）可能不知道这个传统。另一方面，后现代主义常说的话是，我们已经失去了历史感，在消费社会的运作中，我们被清扫起来，和其他无意识的产品一起回收利用。贝克和吉登斯把自反性现代性视为一股自发的、现代化的力量，他们的看法事实上也强化了这个观点。而拉什认为，贝克和吉登斯的看法没有解释文化的“自反性”领域，包括理论、文学和其他的文化形式。在包含了文化的、延伸的定义里，自反性可以说是敞开了一片“重新评估的空间”，这是罗杰·布罗姆利的术语（2000：1）。在这片空间里，概念性的思想和批评性的小说、电影结合起来阐明、恢复、重新创造一个失去的历史叙事。

我最后想思考适宜于“自反性现代主义”的艺术策略和方法。我们首先记得查尔斯·波德莱尔对现代性的定义，现代性包含了“短暂性、转瞬即逝性和偶然性，是艺术的一半，而艺术的另一半则是永恒、不变”（1964［1863］：13）。他将这一点与现代巴黎的经验和艺术家对巴黎的人群、运动和节奏的反应连接起来。他那悠闲的漫游者所寻求的就是转瞬即逝的瞬间带来的兴奋与激动。这种短暂的瞬间就如同“致一位过路的女子（A Une Passante）”这首诗歌中那个孤独的“街头妓女”，它是高度兴奋而孤苦伶仃的欲望的对象，极好地存在于现在，又永远地消失了（见 Benjamin，1973：44－46）。

这再次证明，人们对“大都市时间”的感受，并非是沿着一个共同时间线的双重、平行时刻的“同时性”，而是感受着正在逝去的存在，经历着瞬间性和转瞬即逝的同时性。因此，若用一种综合的形式，将城市部分和整体体现在一个协调的、清晰易懂的文本里，这样很难理解这个城市。亨利·詹姆斯（Henry James）1904 年回到纽约时至少是这样想的。他发现这个城市无法阐释，从某种意义上说，无法用写作表达，无法理解，超越了文学。他写道：“这个无法读懂的单词……悬挂在美国的天空……不属于任何已知的语言”（1968［1907］：82－83）。彼得·基廷（Peter Keating）表示，詹姆斯对现代城市的景象感到困惑；埃米尔·左拉（Emile Zola）、H. G. 威尔斯（H. G. Wells）要用写实、记录这常见的、富于活力的文学形式来描绘现代性的全部内容，詹姆斯认为这样的抱负是轻率的。左拉缺乏“洞察力”，威尔斯与其说是艺术家，不如说是“记者”（Keating，1984：134－135）。

“科学的”现实主义和外在的、定量的视角，这是两种奢望。对于这两种奢望的批评，詹姆斯的评论当然起了推波助澜的作用。弗吉尼亚·伍尔芙（Virginia Woolf）后来公开地对这两种奢望进行批评。伍尔芙的文章“贝内特先生和布朗夫人”（1924）证明了詹姆斯介绍的理解模式和叙事模式的分离，将艺术和想象力（按照伍尔芙的描述是，包括乔伊斯、艾略特在内的“乔治时代作家”的领域）放在一边，将阿诺德·贝内特（Arnold Bennett）、威尔斯和约翰·高尔斯华绥（John Galsworthy）等“爱德华时代的作家”的社会现实主义放在另一边。“在1910年12月或在这前后，人的性情变了”，伍尔芙的这句名言就在这篇文章里（1992：70）。在现代大都市的时间和地点，这种新的性情需要新的表达方式。“现代主义”艺术家的使命不是代表现代的风景而是阐释个人意识正在变化的内在生活，呈现“猛烈而短暂的、模糊的、不完整的、失败的”经历（87）。如果现实主义是社群早期的瞬间、早期的特点和种类的表征方式，那么内在的独白、意识流、意象主义、蒙太奇和拼贴的出现，是与大都市环境里新的个人身份感和社会集体性相适应的表现模式。然而，最关键的是，这一目标并没有阻止现代艺术家们从事无巨细中推断出普遍的真理或者将片断置于一个有形状、有逻辑的整体中。

事实上，对“正统现代主义”作家来说，波德莱尔对现代性的经典阐释的第一部分说明了人们对社会现代性的体验，而第二部分则描述了与之相关的现代艺术的功能。现代艺术要呈现当代蕴涵的永恒，在片断中看见全部，并且牢牢地守住时间。艾略特曾说，他从詹姆斯·乔伊斯的《尤利西斯》(*Ulysses*)中学到“神话方法”，其好处是，将一种“秩序”给予“现代社会的混乱和空虚状态”（Kolocotroni等编写。1998：373)；而庞德的座右铭是“文学就是永远是新闻的新闻”(1961［1934］：29)。现代主义的技巧——乔伊斯的顿悟、意象的清晰与定向——同样竭力地体现瞬间消逝的动作的本质，或者在漩涡主义里，竭力地抓住动态运动中心的那个静止的点（见Charney，1998)。

在偶然与永恒、混乱与秩序、在场与漂泊这些我们已经认识的关系里，我们逐渐看见早些时期和晚些时期之间关键性的差异。德里达和本雅明可再次帮助我们理解这种变化。因为他们的著作在评论对连续性和整体性的幻想时，已经释放了波德莱尔经典定义里艺术的第一个部分。在现代主义里，城市、故事和诗歌里不断变化的、混乱的因素被城市计划正规的设计控制住（这两方面的努力总体上被视为是失败的），而“短暂性、转瞬即逝性和偶然性”也被后结构主义从它们的另外一半（即永恒、不变）中解脱出来。评论家们都同意，第一部分的特征（德里达将其理论化为痕迹、撒播、延异）在后现代的、全球的或晚期现代社会中得到了加强，因此，自反性现代主义必须再次面对的就是这种经验。

如何做到这一点？重复现代主义的过去或者使其重新运转？因为很显然，尽管人们会说到文化的记忆缺失，当代艺术、创作、媒体、电影和建筑事实上都知道“传统的”或历史的现代主义的过去。艾略特、庞德以及其他一些作家都为了新的、保守的秩序而运用了讽刺、并置、隐喻的技巧，还有蒙太奇的叙事以及混合的风格。在构成主义、勃勒东（Breton）的超现实主义、布莱希特史诗剧里，这些技巧和风格被运用，是为了一个更加“进步的”社会秩序；在达达派的文艺作品里，它们的用途是对秩序的所有概念进行反抗。自反性现代主义可能做出哪些选择呢？

没有简单的答案。但是有两点是清楚的。第一，关于“现代主义”技巧的词汇（陌生化、蒙太奇、拼贴）以及对精选的作家和作品的引用在当代艺术、文学和建筑的讨论中常常出现。第二，如果这些技巧和今天的身份问题、文化政治以及当代物质和社会环境联系起来，那么它们的含义必须重新表达。修正的现代主义与混合性、迁移、融合、阈限、离散的后殖民话语连在一起的运作方式象征了这种运用。正如我们从别的文学和文化介绍有亲缘关系的术语（比如“女混血儿”、混合或者“收回”）（Mudimbe，1999：31）一样，从另一个方向看，一种新的现代主义利用来自后结构主义的概念，比如，去中心、边缘性、根状茎、去疆域化以及强调“创作”或叙事化处理作为理论框架，等等。结果就有了一种适度杂交的话语：巴赫金（Bakhtin）或本雅明与布什亚或德里达互相交叉；法农（Fanon）与福柯（Foucault）互相交叉。

而问题是，社会现代性四分五裂的短暂性在后来的自反性现代主义里是否以不同的方式处理的。弗雷德里克·詹姆森（Fredric Jameson）为任何进步的美学展现了最悲观的局面。他说，所有文化的对立都缓和了。历史的现代主义被纳入研究院，那么关于它的流言蜚语也就被中和了，还有，后现代主义现在也成了消费社会言听计从的走卒："的确，它构成了消费社会本身非常主要或霸权的美学，而且成为品位和时尚的虚拟实验室，为消费社会的商品生产服务"（1988：196）。戴维·哈维非常简洁地再次提出了这个问题："[‘后现代’] 哲学和社会思想强调短暂性、拼贴、破碎，这模仿了弹性积累的状况"（Harvey，1989：302；同时见 Allan Pred 1997：130）。

那么，蒙太奇、拼贴或陌生化是怎样具有人们所说的颠覆性或越轨的效果呢？答案会把艺术的蒙太奇（和蒙太奇理论）与顺势疗法中蒙太奇化的超现代性相对照。在顺势疗法的操作中，一切都依赖药剂的强度和监管的人。沃尔特·卡莱金沿着这个思路对詹姆森悲观主义提出了最强有力的反击。他说，当代"进步的批评"在后期资本主义"当前合法性危机"的环境里重新利用了先锋派合作的民主传统（1993：15）。但是，如果批评被这种体系包围住，它就不会被体系致残。相反，他"利用后现代偶然性的美学潜力"（15）来破坏"新的世界秩序"的外观，利用主流文化工业的场景、媒体形式、符号和神话来对抗财富和财政的不正当行为、性别的不平等和"包罗万象的社会野蛮行为和浪费"（18）。重要的是，卡莱金描写的介入主义艺术的目的就是遵循一种并非出自新社会蓝图的"不可决定性"的精神，打开晚期资本主义，研究它。他引用亨利·塞尔的话，写道："‘不可决定性就是无法提出可能的解决办法或方案的、冲突与对抗的状况’"（15）。

这个原理成为可行的自反性现代主义的重点，是它与正统现代主义之间根本的区别；用艾略特的话说，正统现代主义是调整也是更新"整个现存的秩序"（1951：15）。在与这个思路相关的其他文献里，我想提两处，它们论述全球资本主义的状况以及自反性美学一定产生的从欧洲中心理念的转移。1999 年，伦敦的海沃德画廊（Hayward Gallery）举办了“移动中的城市”的展览，展出的是与亚裔在东西方散居有关的艺术、建筑和电影。这次展览是建筑师雷姆·库哈斯（Rem Koolhaas）设计的，它循环利用了画廊以前的展览设计的作品。库哈斯说，它重复了早期现代主义者库尔特·舒维特斯（Kurt Schwitters）的“默茨堡”建筑——该建筑被描述为“（城市）瓦砾经多次重新收集后的积累”，而且“‘未完成、且有原则依据’”（Koolhaas，1999a：16）。展览的负责人也说到东亚地区新兴的全球城市对本地区在 20 世纪 90 年代“小龙经济”突然失败所做出的反应。他们说，建筑师们“在争论如何改变现代化的模式”（Hanru & Obrist，1999：14）。在曼谷，建筑师们千方百计地改造建了一半的和放弃不建的高楼，使它们“功能重组”：

> 曼谷的建筑师们看见流浪汉住在不断变化的卡纸屋里而获得灵感，正在开发一种新的、灵活的、有意义的和不断变化的城市建筑和艺术语言。他们认为城市空间应该能够自我重建，来应对城市生活移动、变化和沉浮兴衰（包括危机）的情况(14-15)。

实质上这就是拼贴的艺术：延异和目的相结合的艺术，其中，资本中失败的和废弃的产品被挪用，以服务于当地更多的需求。它再次注意到短暂性、转瞬即逝性和偶然性，回避了使历史现代主义得以完全的永恒的整体性。雷姆·库哈斯“差异加剧的城市”这一概念总结了这种新的自反性美学的特点。在这个新的城市体系里，比如，在亚洲的城市里，情况是这样的：

> 每一个部分都和别的部分既竞争又有联系。现在所有这些部分都被基础结构缝合在一起，这样，每个部分都连着，但没有成为一个整体。［“差异加剧的城市”］并不意味着一个确定的构造的稳定性，因为每一个部分都是固定的，不稳定的，处于一种永恒的互相调整的状态，在与其他部分的关系中自我定义。（引自

Hanru & Obrist，1999：10－11）。

“加剧的差异”这个概念和灵活的、具有社会意义的拼贴的例子，比如卡莱金所描述的有争议的平民主义的介入艺术，都说明批评性的“后现代”艺术是如何与所在国后现代的文化保持着一种对话的关系，也就是说，分享它的语言但是质疑它的意思，根据“不明确的”目的使自己的形式和产品转变、混杂起来。按照上文斯图亚特·霍尔的思路来说，它的活动暂时立足于现代社会运动的利益中，在那些活跃在边缘或危机时刻的事件中。在这儿举最后一个例子。彼得·沃伦（Peter Wollen）把现代主义描述为“一个战场，纯粹主义者们千方百计要把差异、过度、混杂性和多义性从他们美丽的新世界里赶出去”（1993：206）。因此，后现代主义可以被视为那些“一直存在的”、被压抑的方面“迟迟浮出水面”（206）。这与上面列举的自反性的观点是一致的。另外，沃伦让我们注意到当前这些释放出来的模式和组合在“高”与“低”以及“第一”和“第三”世界的文化里流通运行。沃伦和卡莱金一样，在一些方面和保罗·吉尔罗伊一样，他看见这种流通在各个等级中的活力和狡诈足以使全球大规模消费的途径不知所措。沃伦发现的并非（詹姆森上面所说的）“中心”对通俗形式的挪用，他发现一种“巴罗克风格的”混合艺术的兴起，它是“不同时期和文化复杂的合成中在边缘发展起来的”（209）。这种离散的文化美学，可以这么说，用一套对话式的关系代替同一性和差异性的二元论（或者统一性和秩序）。沃伦这样总结：

> 现代主义的继承者并非整体化的西方后现代主义而是一种混杂的新美学，在这一美学里，交流和展示的新的团体的形式会经常地遭遇创造和表达的新的民间形式。创造性总是来自下面；它总是利用夜间从垃圾中搜寻的有用之物（209－210）。

我深信，引述混杂在一起的评论家们的观点，这是可能的政治化的自反性美学特征。我已经使用的这些例子主要来自艺术和建筑领域。我在后面章节里将要引用的例子来自文学和电影文本。因此，我的问题肯定是，这些现代文本是否带有这种创造性的特征，以什么方式带有这些特征，这些本文如何促进“更多现代主义”和“更多现代性”之间“更深层次的”对话。

第一章　现代伦敦的美国现代主义者

众所周知，重要的现代主义者往往是那些背井离乡、移居海外的人，他们在异国大都市中心因追求共同的艺术实践而形成特定的群体（Williams，1992：92）。在这一方面，尤其是在多年来被视为现代主义主流的人群中，美国的艺术家和作家占据举足轻重的位置，而他们的背景并非在美国的城市而是在欧洲的都市里。纽约，这座20世纪现代化的城市，是亨利·詹姆斯（Henry James）、惠斯勒（Whistler），接下来还有庞德、艾略特等渴望逃离的地方。因此，在本世纪早期我们就看到新兴的现代主义审美和城市现代性之间的分离（Brooker &Perril 2001）。一个多世纪以来，美国的艺术家感受到文化艺术和飞速的现代化之间的对抗性，因而获得强烈的移居欧洲的动机，先是到伦敦，20世纪20年代时尤其是奔向巴黎，因为他们亲眼看见，欧洲才是救赎灵魂的文明可栖息的家园。

当然，现代主义，抑或侨居国外的美国现代主义者，本身都不是同质同源的实体。他们对欧洲、伦敦、巴黎的认识以及体验也各不相同。目前，我们通常情况下把现代主义视为回溯性构建，就其审美理念、思想体系和文化地域来说都有内在的分歧。人们通常把庞德和艾略特联系在一起，公认他们为典型的、政治上反动的现代主义者。然而，文学正典或英国文化并非以同等的待遇接纳他们（一个微不足道但是颇具说服力的现象即可说明这两位作家的地位：伦敦的导游能辨认艾略特的工作场所和他战后在泰晤士河北岸切尔西的家，却对庞德在这个城市的蛛丝马迹置若罔闻）。还有许多事实证明，他们的人生经历因各自与伦敦交集的时段差异而截然不同。庞德于 1908 - 1919 年在伦敦生活，而艾略特所处的时间段是 1915 - 1965 年。虽然有重叠的时间段，但他们所了解的仍然是不同的伦敦。正如福特·马多克斯·福特（Ford Madox Ford）所说，伦敦不能被视为一个整体，而是由不同的地方拼凑而成的马赛克图案，而人们对这些地方的认识、经历和记忆都是不同的（Ford，1995［1905］）。这里我想详细地阐述这些不同的伦敦，并说明它们如何与下述不同种类的现代主义息息相关。

埃兹拉·庞德：漩涡主义（Vortex）的南肯辛顿

1912 年是庞德在伦敦居住的第四年，他经人引见，认识了政治新闻记者 A. R. 奥雷奇（A. R. Orage），开始为奥雷奇的文学杂志《新时代》（*The New Age*）撰稿。该杂志的编辑和各位撰稿人定期会面，他们每逢星期一和星期四就在奥雷奇位于舰队街附近的办公室或者附近的 ABC 餐馆聚会。其中有一次，新闻记者兼评论员阿瑟·F. 索恩（Arthur F. Thorn）遇见庞德，他们会后步行向庞德在肯辛顿的住处走去。“‘那是’”，帕特里夏·哈钦斯（Patricia Hutchins）转述道，“‘七月份一个美好的夏日’”，庞德“‘大步流星’”，索恩紧赶慢赶方能追上。哈钦斯接着这样讲述：

> 这两个年轻人踏上赞善里，沿着上霍尔本，走过奥雷奇常和朋友一起去看望乔治·罗比（George Robey）和哈里·劳德（Harry Lauder）的霍尔本帝国，然后沿着牛津大街，走过塞尔弗里奇几年前动工兴建的全新建筑轮廓。几年后该建筑项目沦为破产，从对面的窗户依稀可见。他们在大理石拱门转弯，附近就是

泰伯恩刑场的旧址，与绞刑架有关的联想在这个公共厕所的时代早已消失殆尽。在与主干道平行的林荫道上停着几辆马车，上面有枝叶茂盛的大树遮荫，下午的天气依旧炎热，马儿不停地甩动尾巴驱赶蝇子。

肯辛顿公园与海德公园一栅栏之隔，公园里的栗树，树枝低垂，树荫下坐着看顾孩子的保姆们，还有一对对的夫妻。人行道向低处延伸，消失在小河谷和意大利花园里。蓝天映照在四个很大的水塘里，池中荡漾着柔和的涟漪。湾水路旁房屋的主要背景，掩映在树木当中。

这两位行人，一个着装比另一位更为传统，但两位相貌都很英俊。他们的谈话大概太投入，因而没有留意脚下的路是一个上坡，黏性的石灰，散发着一丝丝清新的气味，在发白的草地上留下褐色的灰尘。他们没有注意到这些，也没有看一眼圆池周围的孩子和他们的父母们。穿过主林荫大道时，他们竟也忽略了宫殿窗外威廉三世那庞大的雕像。经过角落那片冬青树林的时候，他们方才发现旁边就是伦敦富豪的深宅大院。这深宅大院的围墙和另一片外观简陋的房屋之间有一条狭窄的通道。他们穿过通道，步入教堂街，然后路过荷兰街庞德过去常去吃午餐的那间咖啡馆。他们最终来到圣玛丽修道院后面的一个小院里。

"我记得庞德在前面走进 10 号，带我径直来到二楼一个房间里。他脱掉外套，动手在煤气炉上烧水沏茶。"

他们讨论与《新时代》或其他出版物相关的书籍和人物，一谈几个小时。"我记得埃兹拉给了我一张名片，我现在依然在一个地方保存着这张名片。那天晚上我动身回家，要回到我那稳定的家，当时我意识到庞德那时是孑然一身。"

(Hutchins，1965：108－109)

这段叙述有一些重要的特点。索恩在 20 世纪 50 年代中期与哈钦斯的谈话中回忆了这一天的情况，哈钦斯则以索恩的记忆为依据，经过想象加工之后，融入她 1965 年出版的著作中。原始的事件有据可查（《新时代》的聚会，步行去教堂路 10 号庞德的住处），然而这些事件的性质和意义，依赖的是索恩的记忆（七月那个美丽的日子，庞德走路的样子，他回家做了什么）、索恩的推测（庞德是孑然一身）还有哈钦斯的推测（这两位行人没有留意路旁的树木、人以及威廉三世的雕像）。另外，哈钦斯把这多层的重建置于一幅图画中，附上有关乔治·罗比、哈里·劳德和塞尔弗里奇的信息，看似题外话，却为该市建筑物经历的变化提供了证据。所提及的一切突出地显示了那次聚会之后时光荏苒，岁月流逝。哈钦斯后来的叙述竭力用现在的即时性呈现索恩和庞德的那次会面。两个不同的时间交织在一起，说明整个事件的本质有可辩论的余地，内外细节明显的真实性并非依据事实本身而是依赖两层间接文本重建中对真实性的一种“修辞”。

哈钦斯的描述说明，回忆和传记如何必须超越散乱的片断和空白的时间，使早前某个时刻的人物在一个具体的物质环境里鲜活起来。我无意批评或“纠正”这幅图画，而是要强调对过去的这种叙事势必要选择性地构建-想象和报道并重。我如此强调，部分原因是为了预测接下来要发生的事情。伦敦的世界是由物质事实和社会事实构成的。这些事实不是绝对的，其本身是毫无生气的。倘若没有关切的眼睛和心灵赋予它们以价值和意义，这些事实就是隐形的。哈钦斯重塑了 20 世纪初期的十年生活在肯辛顿的埃兹拉·庞德。伦敦的导游不认可、不重视庞德和伦敦的亲密接触，自然不会记载它。那就是说，逝去的要么依然活在现在，要么果真逝去了。

索恩说庞德“那时是孑然一身”。庞德留给他这样的记忆，着实让人吃惊。他们均来自众人定期参加的、共同关注艺术和政治的一次聚会，然后一起谈着话穿过伦敦城。还有，在庞德接触奥雷奇和《新时代》以前，他已经进入了伦敦的文艺圈，且不久后，他就把自己的单身房间变成了与多萝西·莎士比亚（Dorothy Shakespear）同居的一个“稳定的家”。索恩只是指出庞德的伦敦岁月中隐私、单独活动以及社交活动规律的一个方面。我们对庞德和多萝西·莎士比亚婚后的家庭生活知之甚少。然而，他对文学艺术这一公众生活的参与情况，我们却了解很多。大都市文艺圈的成分和作用对庞德战前和战争岁月中现代主义的诞生产生了极其重要的作用。而在战后岁月中，当文艺“阶层”起来在广泛的意义上抵抗一个新兴的、富有活力的保守阶层时，它的退缩、它力量的大大削弱也同样意义重大。庞德在伦敦最后几年承受着孤立感，深感自己遭受背叛。在巴黎的三年时间里，他大多处于先锋派活动的边缘而不是中心（Clearfield，1978：130；Wilhelm，1990：277），之后他在意大利北部的拉帕洛（Rapallo）落脚。现代主义也许和城市休戚相关，但是庞德的现代主义著作《诗章》（*Cantos*），大部分是在拉帕洛写成的，是在距离大都市相当遥远的地方写成的。

哈钦斯说，庞德曾写过一张关于《新时代》聚会的便条，这激励着她去和索恩取得联系。那张便条是庞德于 1953 年在华盛顿的圣伊丽莎白医院（为患有精神病的刑事犯而设的医院）里写的。庞德被安置在这里，因其精神状态不适于经受叛国罪的审判。显然，此时庞德的一切活动无论在空间还是时间上都远离了他记忆中的伦敦。人们会想到他早些时候对熟人和肯辛顿的回忆，出现在《比萨诗章》（*Pisan Cantos*）、《诗章》第 80 章中，尤其是在 1945 年写进作品的内容。他在自己的思想里重新播放着尚存的（蛇河、圆池、低洼花园、肯辛顿皇宫花园里的雏鸟）、已经消失的以及有可能消失的人和事（现在丘吉尔已下台，劳动党执政，银行可能会国有，1975：516，514）。从他“当前”的时间和地点（比萨劳改培训中心），庞德想象着另外一个地方，以过去的记忆中的时间和尚未发生的未来的时间为维度，其中所选择的实物地点、时间瞬间和人物唤起一个人的历史感和价值感。因此，伴随着肯辛顿皇宫花园里的物质形象，《诗章》第 80 章又回忆了 1911 年拜访毛里斯·休莱特（Maurice Hewlitt）在索尔兹伯里的家，携多萝西·庞德去游访表兄查尔斯·陶尔博特（Charles Talbot）在约克郡的一处宅子，在那里他们目睹了《大宪章》（the Magna Charta）的一个珍本。本章以及前后的诗章，在杂乱无章的暗示、人物和地点中，出现了叶芝、福特、艾略特、刘易斯（Lewis）、奥雷奇。《诗章》第 81

章提到了 1914 年为威尔弗雷德·斯科恩·布伦特（Wilfred Scawen Blunt）这位反帝国主义诗人筹划的荣誉晚宴。这些人物在一种高度省略的蒙太奇手法中转眼成为过去，而更多公开的文艺活动、战争以及庞德离开伦敦的原因，却只字未提。也就是说，庞德在 1945 年通过一种片断式的、个人的描述将定义赋予 20 世纪初期的伦敦。“哦，多想在英格兰，现在温斯顿已下台”，还有那伤感的“上帝知道我们的伦敦还剩下什么/我的伦敦，你的伦敦”（1975：514，516），这些模仿勃朗宁（Browning）的诗句奠定了诗章的基调。

我们也许仅仅把这一切称为“怀旧”——尽管庞德将这些事件镶嵌在时光一去不返而新开端尚属可能这一总设想中，尽管诗人在《诗章》中思考人权、正义以及戴维（Davie）所称的“英国之要事”（Davie，1975b：77）时，《大宪章》的珍本、反帝国主义的布伦特确实起着主题的作用。因此，庞德呈现的伦敦是选择性的，而且这种选择性极富针对性。颇为重要的是，在以《诗章》为整体的格局中，这个伦敦附带着庞德早先于 1919 年创作《诗章》第 14、15 章时对伦敦的评判，而这两个诗章将伦敦描述为地狱（Paige，1971：191，210，239）。

显然，“同一地方”因为庞德的视角和处境的变化而变化，从而成为一个不同的地方。“他的伦敦”遵循着一个评价体系：第一阶段自 1908 年至第一次世界大战期间，第二阶段从他离开伦敦到 1919 - 1920 年创作《休·赛尔温·毛伯利》（*Hugh Selwyn Mauberley*）和“地狱诗章（Hell Cantos）”这个期间。我们可以说，第二次世界大战再次改变了他的视角，源于战争的后果，源于被囚的个人地狱，庞德能够在《比萨诗章》里回归他早期对伦敦的预言。

我尤为感兴趣的就是这早期阶段。庞德给帕特里夏·哈钦斯写信说，她的著作所描述的 1913 年前那最初几年，不能称为“庞德的伦敦”，应该命名为“庞德的肯辛顿”。我们也许会想，人们对日益扩展的大都市有一种去中心的、因而势必偏颇的体验，而福特·马多克斯·福特对这种体验的理解影响了庞德。然而，事实上，这些年，一个概念（尤其是在《比萨诗章》中）成了另一个概念的转喻词：庞德的肯辛顿就是庞德的伦敦。他说，他的活动范围向东没有超过柯西特大街（《新时代》的办公地址）。因此，他对伦敦东区一无所知；作为城市现代性标志的城市扩张所带来的“四郊无情的乏味”（Wilhelm，1990：4），庞德未曾体验过。他的伦敦毫无疑问就坐落在伦敦西区，更确切地说，是伦敦西区的文艺圈。他说，他来到伦敦就是因为叶芝在这里。他停靠的第一个港湾就是叶芝的出版商埃尔金·马修斯（Elkin Matthews）在维果街经营的诗歌书店（the Poetry Bookshop）。路对面就是约翰·莱恩（John Lane）出版公司，已经出版了文学杂志《黄书》（*the Yellow Book*），即将出版两期《风暴》（*Blast*）杂志。庞德在教堂路 10 号住下后，在往返大英博物馆的途中，经常在诗歌书店逗留。在维果街，他与欧内斯特·里丝（Ernest Rhys）邂逅，里丝就帮忙让自己的出版商丹特（Dent）出版了庞德的文集《罗曼斯精神》（*The Spirit of Romance*）。在维果街，庞德还遇到了一些长辈，比如维克托·普拉尔（Victor Plarr）和劳伦斯·宾扬（Laurence Binyon）。值得注意的是，后来庞德正是由这两位长辈陪伴，于 1909 年在新牛津街的维也纳咖啡馆（the Vienna Café）和温德姆·刘易斯（Wyndham Lewis）会面，这个场景在庞德的《诗章》第 80 章里重现（1975：506－507）。

还有其他的聚会地点，比如 ABC 餐馆、迪厄多内餐馆、索霍区的埃菲尔铁塔餐馆、雕塑家戈蒂耶-布尔泽斯卡的居所以及庞德最喜欢去的其他几个地方：皇家咖啡馆、摄政路附近的伦敦首家夜总会金牛犊。庞德喜欢光顾的餐馆还有帕加尼餐馆，1909 年他曾带 D. H. 劳伦斯（D. H. Lawrence）去那里用餐；他还喜欢去老康普顿街的贝洛蒂餐馆。有时候，庞德会在沃本大楼叶芝的家或在弗里思街休姆（Hulme）的住处参加朗诵会。在肯辛顿，庞德常和福特·马多克斯·福特、维奥利特·亨特（Violet Hunt）会面，或者定期去坎普顿山的南洛奇拜访他们。据他说，1911 年，所有的下午他都和福特在一起，晚上则和叶芝在一起（Hall，1962：36）。福特创办的杂志《英国评论》

(*English Review*)，办公室就设在荷兰公园大道，附近就住着埃德蒙·杜拉克（Edmund Dulac）、爱德华·沃兹沃思（Edward Wadsworth）、布里吉特·帕特莫尔（Brigit Patmore）、梅·辛克莱（May Sinclair），还有庞德经常拜访、一起用茶的莎士比亚母女。其他的作家，如D. H. 劳伦斯、威廉·卡洛斯·威廉斯（William Carlos Williams）、约翰·科尔诺斯（John Cournos）、约翰·罗德克（John Rodker），还有日本演员、舞蹈家米肖·伊托（Miscio Itow），他们会去教堂路拜访庞德，罗德克和伊托则在庞德搬家后直接接手这一住处。理查德·奥尔丁顿（Richard Aldington）和希尔达·杜利特尔（H. D.）就住在对面，奥尔丁顿和杜利特尔、庞德和多萝西·莎士比亚均于1914年结婚。这两对夫妇婚后搬至肯辛顿荷兰街公寓楼里两套毗邻的公寓。在这里庞德遇到了艾略特，并引见他和温德姆·刘易斯互相认识。据说，庞德在荷兰街的一个咖啡馆里选编杜利特尔和奥尔丁顿的诗，然后将它们当作意象主义的首批作品投寄给芝加哥的杂志《诗歌》(*Poetry*)。

因此，意义重大的会面、交谈、事件实际上都是在这些地点①“发生”的。用漩涡主义的语言说，肯辛顿是伦敦的“活力社区或圈子”，庞德以此为中心向外辐射，他和其他的人“在这里、通过这里”交流他们的作品和思想。然而，这并非意味着他不走出这个圈子，他的确外出走动——去休莱特的家，与叶芝同去苏塞克斯郡的石屋，去巴黎，游法国的南部，1912年到过纽约。他积极主动地与伦敦以外的人士通信联络，有芝加哥的哈丽特·门罗（Harriet Monroe）和玛格丽特·安德森（Margaret Anderson），纽约的约翰·奎因（John Quinn），

① 关于这一点，时有争议，但不足为奇。例如，希尔达·杜利特尔（H. D.）和理查德·奥尔丁顿认为，意象主义的诞生以及杜利特尔成为“H. D. 意象主义者”，这一切是在大英博物馆的咖啡屋里发生的，不是在肯辛顿。意义重大的时刻被错记或忽略，这源于他们个人的或文化上的价值观，这使得他们争相媲美地叙述与这些关键时刻有关的故事。

还有威廉·卡洛斯·威廉斯。庞德与自己的父母也保持着大量的通信联系。所有这些与人的联络、与各地的关系几乎都是围绕文学事宜的，其宗旨有两项：把功率加大的充电器插在肯辛顿这个中心上；把现代的“文艺复兴”的宣传信息从伦敦这个根据地散发出去。

我们必须补充一点，“庞德的肯辛顿”，不能简单地说是庞德眼中的伦敦。庞德的肯辛顿，也区别于那个19世纪80年代开通了地铁、拥有新百货商店因而在别人看来“崭新”的肯辛顿。与未来派艺术家（Futurists）或漩涡主义画家不同，庞德对现代化的标志没有表现出浓厚的兴趣。他宁肯与他人齐心协力谱写大都市“文化层面”的乐章。因此，他的日常生活、典型的行程安排展现的都是对这个城市一种认知的、更加突出文化因素的地图，而非简单的城市街道地图。即使如此，这个城市的“文化”和这个城市本身一样，无法构成完美的统一体。最为明显的是，庞德积极参与并全心去塑造的这个文艺圈，与另一个性质和地点均截然不同的团体——布鲁姆斯伯里文化圈——形同陌路。事实上，后来艾略特与这个文化圈之间的关系，与庞德的方式也不同。因此，我们需要观察这个基于肯辛顿的文化圈，仔细看看它的构成。

首先，伦敦为庞德提供了美国所欠缺的文化财富，而且是另一个意义的“文化财富”：由作家和艺术家构成的社交网络所蕴涵的生机勃勃的传统。这个网络中的长者有埃尔金·马修斯（Elkin Matthews）、哈罗德·门罗（Harold Monro）、宾扬、里丝、普拉尔、赛尔温·伊马吉（Selwyn Image）、福特和维奥利特·亨特，他们对庞德友好相助，帮他出版作品，还使他接触了前拉斐尔派的诗人和画家以及19世纪90年代的伦敦诗人俱乐部（the Rhymers Club）。莎士比亚母女给予庞德女性温柔的友情，并介绍他同叶芝相识。奥利维亚·莎士比亚（Olivia Shakespear）是莱昂内尔·约翰逊（Lionel Johnson）的嫡表姐，且和英国历史悠久的陶尔博特家族是亲戚关系，庞德在《比萨诗章》里对这点有所回忆。

如D. H. 劳伦斯所说，庞德认识“所有的名人”（Stock，1974：

97)。他正在一心一意地让自己闻名遐迩，能进入这个圈子，他满心喜悦。他把自己的成功告知父母，写信给威廉斯说他“进入了这里一个有影响力的圈子。伦敦，这个古老的伦敦，是诗歌的天地”（Paige，1971：7），随即附上威廉斯应该阅读的书单，并建议他走同样的路，“漂洋过海”来伦敦。显然，庞德仍然是一个背井离乡的美国人，用《休·赛尔温·毛伯利》里面的话说，是“出生在一个半野蛮的国度”，为获得“文明”而壮志凌云。庞德走在伦敦大街上、出席社交场合时所展现的形象，可以淋漓尽致地让我们看见，文明对于他到底意味着什么。与他同时代的人总是评价他的外貌：他那让人震撼的红头发（有些人说，是金色的或赤褐色的）和尖尖的胡子，他的玉石耳环，灰色的丝质外套和方形的天青石纽扣，还有他那乌木手杖。你眼见心明：这是一个追求19世纪90年代时尚的波西米亚人，而这种时尚是渗透在罗曼司文学和罗塞蒂（Rossetti）、斯温伯恩（Swinburne）的风格里。然而，在英国，爱德华七世时代的文学圈子本身已进入保守状态，反对放荡不羁的风格，现在是亨利（Henley）、纽博尔特（Newbolt）、威尔斯（Wells）、萧伯纳（Shaw）和高尔斯华绥的世界。庞德所钦佩的人们，已然成为前个世纪所谓的“颓废作家”和唯美主义者的终结，而不是开端。用《毛伯利》里面的话说，庞德和他们一样，“过时”了，“和自己的时代格格不入”了。就这一方面来说，早期的庞德，作为诗人，他的思想引人注目但是有些过时，他没有新人物那么“现代”，比不上纨绔子弟的游手好闲，无法静观世界反而招摇出丑。这一形象，再加上他那非同寻常的目的性以及宣传性的说教，说明了他不是纨绔子弟，仍是一个美国新英格兰人。因此，依唐纳德·戴维（Donald Davie）的描述，庞德作为一个“美国的欧洲人”步入伦敦的文学圈，他那过时的、法国化的格格不入对于爱德华时代人们的情感来说虽然有些怪异，却可以接受；然而，人们很难接受的是，他对自己的学识、抱负、专业水平的炫耀（Davie，1975a：23）。伦敦是生存、发展的地方，又是“诗歌”的天地，这正说明19世纪末唯美主义者和20世纪有进取心的人两者之间的融合。

庞德在伦敦后来几年的故事，呈现的是他艺术个性的第二个方面，即他的“美国性”及其如何将他艺术个性的第一个方面现代化到了这般程度：他太时髦了，令英国大都市的文学团体无法接受。这个团体原本打算宽容这个谙熟罗曼司文学，能够写出“咏挚友”（*The Goodly Fere*）的怪人，然而当庞德加速升级为一个现代派的形式和风格，煞费苦心地要创造而不是去加入一个文学圈子的时候，这个圈子就对他忍无可忍了。他对盎格鲁-撒克逊、拉丁语和汉语文学作品的“创造性翻译”冒犯了学术上的正统观念；由于《每季评论》（*Quarterly Review*）的编辑 G. W. 普罗瑟罗（G. W. Prothero）的恶评，庞德对《风暴》杂志的供稿便给人留下“非常不利的”印象（LE358）。结果，庞德失去了约稿的机会，也因此失去收入。庞德自此无休止地说普罗瑟罗就是自己厄运的源头，说他就是丧胆的、垂死的文化罹患的病症：既无勇气又无智慧，无法支持自己的艺术家。然而，属于这种文化的艺术家们业已消失或惨遭溃败。福特隐退到苏塞克斯郡，后辗转至法国和美国；意象主义已经屈服于埃米主义（Amygism）①，被乔治时代的英语文学选集击溃。刘易斯承认，是战争毁灭了漩涡主义。奥雷奇转向唯心论，隐退至法国。休姆和戈蒂耶-布尔泽斯卡战死沙场。文化上的保守主义，文艺圈和社交网络的丧失，这两种形势加剧了庞德自伦敦的逃离以至后来的流放。

庞德在“地狱诗章”里表达的痛楚是毫不掩饰的，情况的逆转也因此完成。伦敦最终未能给庞德提供文明的模范。倘若他那宏大的史诗试图效法但丁的《神曲》（*Divine Comedy*），伦敦正是所需的地狱。这个城市塑造了《诗章》，塑造了我们后来所见的一个单枪独斗的、反动的现代主义者面对当代社会和经济的现代性时所流露的典型的反对姿态。

---

① 埃米·洛威尔（Amy Lowell），美国评论家和诗人，1912 年出版第一部诗集，后来成为意象主义的领袖。她的诗歌主张与庞德不同，所以庞德指责她，并讽刺说意象主义（Imagism）变成了“埃米主义”（Amygism）。这两个词语的读音和拼写巧妙地增强了讽刺意味。——译者注

艾丽丝·巴里（Iris Barry）：生活与交往

现代主义和现代伦敦需要这样产生分歧吗？从某种程度上说，这也许是庞德自己提出的问题。当庞德在战前（或战后）的另一时间以另一方式在《比萨诗章》里思考的时候，他也许有这样的疑问。当然，最明显的“另一方式”就是艾略特的方式。在“1914 年的男人（Men of 1914）”① 中，唯独他在这个城市和英国人中间找到了一个安定的家。其代价就是一种被社会认可的现代主义，我在下面会研究这宗讨价还价的条件。这里我想说，在庞德肯辛顿的漩涡里周旋的还有其他人物和事件，这涉及性别、性行为以及女人在文化圈的角色等问题。有几位女性作家与伦敦也有联系，比如多萝西·理查森（Dorothy Richardson）、杜立特尔、梅·辛克莱，当然还有弗吉尼亚·伍尔芙（Virginia Woolf）。她们代表的是一种不同的现代主义，有时是立足于城市的现代主义，对她们的研究已经有其他相当丰硕的成果（du Plessis，1986；Bowlby，1988；Radford，1991）。我只想研究一篇随笔，通过探索这篇别具一格的随笔来阐述庞德肯辛顿的方方面面。这篇随笔是艾丽丝·巴里写于 1931 年的回忆录，名为“埃兹拉·庞德时期”。

艾丽丝·巴里的文章以有趣的方式带我们回到那个伦敦。它势必仍是一篇对过去选择性、评价性的构建。原因之一，这是回忆的行为；原因之二，如文章题目所示，她是通过庞德来看待上述 1914－1918 年转折时间的文艺环境。然而，文章提供了人们观察不到的、不曾记得的或未见诸报端的资料，从创作活力、性别状态和圈内的男女关系几个方面呈现这个文艺圈的活力，这是非常有趣的。

这篇随笔提到，在 1916 年一个狂风大作的日子，她和庞德在温布

① 1914 年的男人：“Men of 1914”这个短语在 20 世纪英语文学中时常出现，是一个转喻词，表示面对第一次世界大战的这一代人。——译者注

尔登公地见面，庞德交谈时使用他那惊人的异质口音①。文章说到，战争期间，他们开始是“在索霍区一个廉价餐馆里”每周聚会，进一步地讨论问题。然后，巴里把一些不同的事件融合在一个普通的章节里，说到他们常常在摄政街 164－165 号一个无名的餐馆里用餐。1931 年撰写的这篇随笔，其结尾段说庞德是一个“隐形”人，除了他的诗歌以外，“最近几乎听不见”他的声音（171）。除此以外，从 1917 或 1918 到 1931 年这段时间没有提及，也没有提到她来伦敦前和庞德通信的情况（Paige：76－106）。更没有提及这段时间以前或以后她分别在伯明翰、在伦敦以及在美国的情况（参见 Meyers，1980，1984；Wilhelm 1990）。

餐馆对于这个时期文艺圈的生活非常重要。T. E. 休姆和诗人俱乐部在索霍区的埃菲尔铁塔餐馆聚会。1909 年，庞德在这家餐馆朗读了“六节诗：阿尔塔佛特（Sestina：Altaforte）”，这是他在伦敦出版的第一批诗歌中的一首。他们还喜欢去皮卡迪利大街附近位于赖德街的迪厄多内餐馆。1914 年 7 月 15 日，也就是在温德姆·刘易斯装修了餐厅后不久，漩涡主义者们首次在这里举办宴席，庆祝《风暴》杂志的出版；两天以后，埃米·洛威尔（Amy Lowell）也在这里为意象主义者们举办了庆祝宴会。漩涡主义者的另外一次聚会，标注的日期是“1915 年春”，显然是后来在埃菲尔铁塔餐馆举行的，会议主题是威廉·罗伯茨（William Roberts）的绘画（他的一幅画被选作一本流行的意象派诗集的封面插图，这种做法是文学史上的奇思妙想）。艾丽丝·巴里在自己的叙述中既没有指出餐馆的名字，也没有提到这其中的各种关系。她提到的第二个餐馆也没有给出名字（在这个地区有

① 巴里写道，庞德的“美国口音，混合着拙劣模仿的‘英国社交界’和伦敦土话共十几种口音，还有法语、西班牙语、希腊语的感叹语、奇怪的惊呼和尖叫声，语言里有奇怪的屈折变化，再加上停顿和音量上的渐弱”（1931：159）。他这高度综合性的语言反映的是每周在餐馆里聚在他周围的“奇怪的、形形色色的人们”。

皇家咖啡馆，还有斯特林堡太太的“夜总会”，但不是这两个地方）。诺曼（Norman）和斯托克（Stock）说，那是一家中国餐馆（Norman 1969，197；Stock：1970：242），可是在巴里的叙述中寻找不到依据。餐馆的名字和地点并不重要，因为它代表的不是一个场所，而是一个地方的精神，人们“在1917和1918期间”（165）去过的一个模糊的场所，人们来到这个场所是为了更加明白“战争不是永恒的”，“更为重要的终将是崭新的音乐，崭新的充满生机的文学作品和创作欲望”（168）。庞德是一个固定联系人，他们去他的住处：他现在不再是新来的人或者外来人，而是新旧因素的稳定的乐队指挥，精心地协调漩涡主义伦敦的节奏。如巴里所说，他竭力“将一切凝聚在一起”（170）。

巴里介绍了定期或不定期参加这个聚会的人。这个群体多姿多彩，有年龄跨越很大的学者和艺术家。名气不大的人物，有埃德加·杰普森（Edgar Jepson）、杜拉克（一位常客），还有阿瑟·韦利（Arthur Waley）。阿瑟·西蒙斯（Arthur Symons）也会来“一两次”。福特到场，穿着制服；叶芝偶尔也会带着几个年轻人一起来，比如奥尔丁顿和刘易斯（这两位也穿制服）以及艾略特。还提到其他到场的一些人：阿伦德尔·德尔·雷（Arundel del Re）、梅·辛克莱、玛丽·巴茨（Mary Butts）和约翰·罗德克。还有许多在庞德“时期”崭露头角的人物没有来赴宴，巴里的描述即使提到他们，说的也不多，这样的人物有：埃尔金·马修斯、庞德的出版商休姆、F. S. 弗林特（F. S. Flint）、埃米·洛威尔（在有关意象主义的叙事中，他们时而是伙伴，时而是对手），还有福特大力提携的D. H. 劳伦斯（Stock：175）。劳伦斯首先触及“现代主题”，给诗选《一些意象派诗人》（*Some Imagist Poets*）供稿，据说和希尔达·杜立特尔是情人关系（Wilhelm：222）。虽然庞德靠着A. R. 奥雷奇的《新时代》谋生同时向他学习经济理论知识，奥雷奇却不在场。来自美国的编辑和资助者中，对庞德的总体设想至关重要的人物有：哈丽特·门罗、玛格丽特·安德森、约翰·奎因，这几个人物在艾丽丝·巴里的叙述中没有出现。巴里说，另外一个美国人，艾略特，有时来赴宴，但是维维恩·艾略特（Vivienne Eliot）并未一同前来。福特远远地离开维奥利特·亨特坐着，他现在已经与这位情妇分居了。庞德现在的情妇伊索尔特·冈恩（Iseult Gonne）不在场；莫德·冈恩（Maud Gonne）虽然现在和叶芝一起待在伦敦，她也不会来这里。而与庞德同居了很久的情妇布赖德·斯克莱顿（Bride Scratton），无论从任何意义上来说都不“在场”，她从不和庞德一起在公共场合露面。多萝西·庞德像一阵风儿似的优雅地穿梭着，俨然“一位维多利亚时期的年轻女士在外面滑冰”的样子（165）；希尔达·杜立特尔“比庞德夫人还要沉默寡言”（166）。哈丽特·肖·韦弗（Harriet Shaw Weaver），是刊物《唯我主义者》（*Egoist*）“勇敢”的资助者，她端端正正地坐着，表情严肃，“神情紧张”，如同“一位牧师的女儿”（167）。艾丽丝·巴里与其说是这个聚会的一个参加者，不如说是一个旁观者。巴里属于那“三四个年轻女士”中的一员，她们一边坐着，一边仰慕着艾略特，或者被毫无条理却“喋喋不休的”维奥利特·亨特抓过来聊天（165－166）。

我们不难发现，女人遭到一定程度的贬损和轻视。她们就在女人圈里谈话，她们安静地待着，抑或静静地旁观，或者干脆就不在场。在漩涡主义的伦敦，这些面孔和身影加绘上去，漩涡主义的庞德就成了一张男权主义的集体照。然而，在这张照片上，女人被赋予比男人更低劣的角色，而且充满着浓重的性爱的联想。仅就文艺圈中这繁乱的男女私通关系就能说明这一点。

庞德对这个时期的看法也能证明这一点。庞德从雷米·德·古尔蒙（Rémy de Gourmont）的作品《爱的自然哲学》（*Natural Philosophy of Love*）、《神秘的拉丁语》（*Latin Mystique*）中找到了性能力与智力、创造力相结合的理论：“身体和灵魂的相互渗透”，性被视为“美学领域”必不可少的部分（Pound，1960：341）。庞德依据德·古尔蒙的文本，如是推理：男人射精，是发明者，与“新的姿势……野性的镜头……新的勃起”息息相关；而女人是“保管者，过去姿势的继承者，……不具有发明的才能，一直是发明者最好的门徒”（1958：204，213）。他在另外的作品中也想象过“大量崭新的、尚未探索的艺术和事实……涌入伦敦的这个漩涡”（1970：117）；他描述说，男人阴茎“正面冲击女人那混沌的深渊”，这是一种象征意义，并坦言道，“男人自身已经感受到，这样做就是把新的思想注入伦敦那巨大的、顺从的阴道里”（1958：204）。那时的伦敦（文学、女人）是庞德千方百计要穿透，要插入的。男人勇往直前的阴茎/智慧实实在在地“传播”了思想；思想如精液一样喷射、散播。庞德说，战争年代是他性欲最旺盛的时期（Wilhelm：210）。这和他创作最多产的时间相吻合，他写政论文章、随笔，以“现代派”诗人的身份将诗集《反驳》（*Ripostes*）（1914）、《神州集》（*Cathay*）（1915）、《大袚集》（*Lustra*）（1916）展现出来。他始终如一地强调，现代主义运动需要杂志、期刊、出版商和资助人，将它最好的作品“传播”出去。《英国评论》（*English Review*）、《诗歌》、《意象派诗选》（*Des Imagistes*）、《风暴》、《唯我主义者》、《小评论》（*Little Review*）、《日晷》（*the Dial*）还有其他的期刊、杂志，庞德的肯辛顿拥有了这一切，其在多个餐馆活跃着的文艺圈就形成了自己的文化网络和基础结构。与此同时，正是在这样的创作和出版水平高度上，现代主义运动也遭遇到了敌视，比如普罗瑟罗对《风暴》杂志作出的敌对反应。倘若创作与发行（如庞德所理解的创造力、性欲，经济政治、身体政治）受阻，你就没有了文化和文明，文化和文明的缺失就意味着地狱。

庞德在他1920年论述德·古尔蒙的随笔结尾处，故意附上普罗瑟罗的信。这篇随笔的副标题是“一种差异”（A Distinction），因为庞德深信，法国和德·古尔蒙（对年轻一代的法国诗人以巴黎为根据地的“漩涡”来说，德·古尔蒙是奠基人，1973：386）会支持一个培育文明的国际刊物，而英国却不会。显然，就性爱和艺术的社会态度来说，巴黎做出了一种放任的选择，与伦敦那故意刁难的、清教徒式的、“恶臭的”态度截然相反。英国排斥庞德，这使他更坚信自己的看法：英国已自动弃绝它原本和法国、西欧共享的，颇具历史意义的共同文化（Davie，1975b：79）。

在艾丽丝·巴里来到伦敦之前，庞德从1916年4月起写给她许多信。参照他对德·古尔蒙感兴趣的背景，他的这些信件可作为依据，证明他确实把沟通思想理解为性交活动。信件里充满阅读书目，勾勒一种不可能的“完全的文化”（KOMPLETE KULTURE）（Paige：86）。阅读书目越多，庞德作为教师的角色所展现的才能就愈加杰出。他集波洛尼厄斯（Polonius）①、教师和阴茎为一身。我们看不到艾丽丝·巴里给庞德的信，这也许无须说。据我所知，也没有人仔细研究过她“意象主义”风格的诗歌（Paige：76）。她从外地来，以心甘情愿的学生身份出现，甘愿成为一个接受器，完全依赖庞德。“埃兹拉·庞德时期”这篇随笔对这一点没有交代，当然不会直说，也没有说到在她的生活和与人交往中到底发生了什么事。杰弗里·迈耶斯（Jeffrey Meyers）明确说明，在1918－1921年间，巴里显然陷入了一种灾难性的关系，她成了温德姆·刘易斯的保姆和情妇（Meyers，1980：89－93，351－352；1984，同时参见Wilhelm，185－187；Carey，1992：183－184）②。据说，她为刘易斯生了两个孩子，可刘易斯不承认是孩子的父亲，或干脆不承认这两个孩子的存在。刘易斯的看法和做法（他把妻子和情妇们都隐藏起来，而且曾夸口说把一个孩子从空中抛下摔死）着实不可原谅。然而，刘易斯居然在美学中利用这些想法和做法，这相当有趣。按照凯里（Carey）所说，刘易斯和其他现代主义者公开支持西里尔·康诺利（Cyril Connolly）的警告：“客厅里的婴儿手推车”是美好艺术的敌人（Carey：170）。我们习惯于思考右翼政治和革命现代主义的悖论了。我们应当在这幅图景上附加上对女人剥削的、深度畸形的态度；最好还要加上对儿童的漠视。

---

① 波洛尼厄斯（Polonius）：《哈姆雷特》中饶舌自负的老臣，为奥菲莉亚（Ophelia）和雷尔提斯（Laertes）之父。——译者注

② 刘易斯的许多素描画和油画，都是由艾丽丝·巴里充当模特的，最明显的是他的那幅“普拉可西特拉（Praxitella）”（1920－1921），简·法林顿（Jane Farrington，1980）将这幅油画放在自己的作品《温德姆·刘易斯》里，是一页整版彩色插图。伦敦：伦德·汉弗莱斯（Lund Humphries）出版公司。

无论是艾丽丝·巴里所写的关于庞德的随笔，还是她发表的其他的作品，均未涉及这种关系，这的确令人惊奇。也许她想忘怀。然而，倘若用另外一种方式，她的经历也许可以解释为：大都市里一个思想解放的阶层对反资产阶级的、放荡不羁的生活态度的欢迎和拥抱。巴里在对庞德的叙述中提到，有必要抵制“格伦迪太太（Mrs. Grundy）[①]”，同时引用庞德的观点，说有必要对劳伦斯的《虹》（*Rainbow*）遭受的压制以及乔伊斯（Joyce）的印刷商的胆怯做出回应（163）。也许她所寻求的正是这个在各种餐馆活动的艺术、文学和风流的阶层，也许她赞同庞德的（和刘易斯的）“地方风俗是敌人”的观点。当然她没有回到伯明翰[②]。她做秘书和速记员，帮助哈丽特·肖·韦弗准备《尤利西斯》的第二版，与他人共同创立伦敦电影协会，寻觅到了自己的事业：先是为《每日邮报》（*The Daily Mail*）和《观察者》（*Spectator*）写影评，然后，（在第一次婚姻以后），在纽约现代艺术博物馆的电影馆当馆长。她在英国发表了两部小说，还有一本著作，名曰《我们去看电影吧》（*Let's Go to the Pictures*，1926）。在美国，她发表了一部关于格里菲思（D. W. Griffith）的专著。她在美国时，嫁给了博物馆的一个主管。当刘易斯来到纽约为她丈夫的兄弟画像时，她还借钱给他。用迈耶斯的话说，这种情况是“微妙的”（1980：251；同时参见 1984：288）。

我们如何从社会和文化的角度看待这些关系和这一事业？伦敦的这个现代主义的人群，以庞德为中心，向家庭、孩子、性活动和性自

---

① 格伦迪太太（Mrs. Grundy）：拘泥世俗常规的人，以风化监督者自居的人。源出英国剧作家托马斯·莫顿（Thomas Morton，1764－1838）所作《快快耕耘》（*Speed the Plough*）（1798）一剧中的人物名。——译者注

② 在这篇随笔里，她如果不提刘易斯，就不会提到他们的孩子们。迈耶斯说，她把孩子们视为“干扰她事业”的“负担”（Myers，1980：91）。她曾刊登广告，求人收养她的女儿；儿子则由她的母亲照料，后来进了孤儿院。多年后，孩子们才知道自己有同胞手足的存在，知道他们的母亲是巴里，父亲是刘易斯。

由的方向辐射。我们该如何看待这个群体的态度呢？按照艾丽丝·巴里的描述，哈丽特·肖·韦弗资助刊物《唯我主义者》，成立唯我主义出版社，出版了乔伊斯的《画像》（*Portrait*）和《尤利西斯》、艾略特的《普鲁弗洛克》（*Prufrock*）和刘易斯的《塔尔》（*Tarr*）。韦弗作为自助者和出版商，她“勇敢”但是严肃。巴里没有提到周报《自由女人》（*the Freewoman*，1911 年 11 月 - 1912 年 10 月）的联合创办者多拉·马斯登（Dora Marsden）。马斯登还是文学月刊《新自由女人》（*the New Freewoman*，1913 年 6 月 - 12 月）的编辑，在庞德成为《新自由女人》的文学编辑后，该刊更名为《唯我主义者》，马斯登同样任刊物的编辑。多拉·马斯登在《自由女人》中竭力充分阐述女性主义，使其超越选举事宜，走向对性行为的思考。根据露西·布兰德（Lucy Bland）提供的信息，所有为该刊供稿的人，尽管会在很多话题上存在分歧，但都认为女人在性行为上是活跃的，女性对自己的身体有控制权，而且一直对男性性行为持批判态度（Bland，1996）。多拉·马斯登本人支持“新道德准则”，该准则赞同“有限的一夫一妻”和“自由结合”（Bland：86），涉及经济独立和女人就业，还涉及到有关性的大范围改革，要求男人深刻改变态度和行为。该刊最激进的撰稿人斯特拉·布朗（Stella Browne）提倡性的快乐而非在婚姻中履行性的义务或者互相克制。她在 1915 年写道：“让（女人）提出自己的要求，大胆地享受符合自尊的生活和性爱（Bland：92 - 93）”。

艾丽丝·巴里可否听说过或者看过《自由女人》《新自由女人》以及布朗后来的随笔，我们无从知晓。但是，多萝西·莎士比亚、希尔达·杜立特尔、布里吉特·帕特莫尔、梅·辛克莱和多萝西·理查森都订阅了第二份刊物（Handscombe & Smyers：167）。多萝西·庞德和希尔达·杜立特尔都是新近结婚的，前者过着比较传统的生活而后者却身处一种更加开放的“现代婚姻”里（Wilhelm，1990；132）。维奥利特·亨特和福特已经体验了离婚的丑闻，在这之前，福特的第一任妻子不允许维奥利特·亨特随意称她为休弗（Hueffer）。亨特和福特很快就分道扬镳，因为福特和斯特拉·鲍恩（Stella Bowen）开始一起生活。这个文艺圈里的女人或遵循、接受婚姻这一传统，或受苦，抑或在开放的关系中堕落。艾丽丝·巴里看来就是最后一种女人的一个极端的例子：她在“有限的一夫一妻”关系中过着多拉·马斯登的“无政府主义的个人主义”的生活（Bland：79，86），同时，也体验着布朗所提倡的大胆享受性爱的生活。

倘若巴里不是直接从《新自由女人》了解到这些观点，那她就不了解《唯我主义者》。露西·布兰德暗示说，庞德接管该刊物后（“它最初女性主义的思想就无处可寻了”），早期的那些观点就消失了。汉斯科姆和斯迈耶（Hanscombe & Smyers）则有相反的观点，她们指出，多拉·马斯登同意庞德将文学因素注入这个刊物（168），并且同意将刊物改名。她们说，刊物的文学内容和美国的《诗歌》相匹配，而刊物的其他部分则登载多拉的“个人主义者”的社论和一些激进的文章，论述对女性有特殊意义的社会问题（169）。如果抛开性的改革话题，或者更确切地说，如果抛开对性行为的表达所做出的努力，孤立地去看与《唯我主义者》相关的文学运动，就会在更深层次的意义上起误导作用。乔伊斯、劳伦斯和庞德都受到过审查：庞德的《大祓集》受到当时还算友善的出版商的审查，《暴风》刊登的他的诗歌，有些词语被人涂抹。这个时候，引起反感的词汇与其说是色情的，不如说是隐情的，只有内行才懂，然而，这种反应就是清教主义的一个标志，让庞德感到受挫。我们可以说，这种清教主义迫使他离开了伦敦。这同样的氛围也使《自由女人》受到重创：1912 年因受到刊物销售商 W. H. Smith & Sons 抵制而瘫痪。当艾丽丝·巴里写道“一个‘新的’审美和道德准则”（161）谈到“要坚持自由，打败不公平和格伦迪太太”（163），这就是她所想的：性态度自由化的运动在女性主义的期刊上进行，也在文学文本中进行——更有可能在这个文艺圈成员的私人生活方式里进行。庞德反对吹毛求疵的人群，其反对的理由显然和巴里是一样的。

我们既然在这里看出庞德和巴里的相似之处，那么他们之间的差异就在她那篇随笔文章的框架之外显露出来。庞德追求艺术的理由，是非常清楚的精英主义；而巴里在现代艺术博物馆所做的馆长的工作则符合一种更宽泛的艺术理念。1926 年，她在《我们去看电影吧》中写道，卓别林、“菲力猫”都精明老练、大众化而且“文化修养尤其高”（166）。她赞扬欧洲的和美国的电影，和电影的大多数观众（主要是由女人构成的）有共鸣，尊重电影的观众，呼吁停止对女性的墨守成规的人物塑造，呼吁终止爱情和婚姻故事中标准化的情节，鼓励女性观众支持原创的、现实主义的电影，捍卫她们在工业中作为工人发挥的越来越重要的作用。她的研究展现了早期出现然而被忽视的、针对现代大众传媒的一个现代女性主义的视角。她的研究对当代现代性的主要商业艺术和大众艺术形式持有开放、敏锐的态度，这让“1914 年的男人”中至少有三位不寒而栗。巴里在回忆“埃兹拉·庞德时期”时没有联系自己的故事，这表明：那时，而且从那时开始，为大众或“乡土的现代主义”去辩护是困难的。①

T. S. 艾略特：双重生活

在庞德看来，英国背叛了与法国之间的历史性亲缘关系，事实上已经与欧洲脱离，而伦敦已从一个理想的、崇高的文化都市堕入现代地狱的深渊。与此同时，艾略特即将宣告庞德的地狱是“他人”的地狱（Eliot，1934：47）。对于艾略特来说，当代历史的同义词是“虚无和无政府”，而不是功利（Kolocotroni 等编著。1998：373）。战争岁月和 20 年代的伦敦是一个反乌托邦的地方，是极度绝望的地狱，或者，更确切地说，是四处弥漫着空虚和孤独的炼狱。至关重要的是，艾略特不仅在他人身上而且在自己身上看到了这一点；实际上，他首先是亲身体验了这一点。《荒原》（*The Waste Land*）呈现了一个内心世界，

① 米里亚姆·汉森（Miriam Hansen）在一篇讨论早期电影的颇具说服力的文章（1999）中提出了“乡土现代主义”（vernacular modernism）这个概念。

情绪的烦躁不安和精神的崩溃；它揭示了那些充满同情心的评论者的文化状况，尤其那些和现代大都市息息相关的评论者。然而，艾略特的《荒原》不只是一篇报道；它展现了一种状况，同时也是一个挣扎的场所。在这里，一个生命充满了自我折磨，充满了琐碎的无以释放的烦恼；这个生命奋力地挣扎，渴望获得稳定和宁静。

当有人请温德姆·刘易斯回忆早期在伦敦的艾略特时，刘易斯说他突然意识到自己居然“不知道艾略特住在何处”（1965：32）。在刘易斯仅有的记忆里，他第一次邂逅艾略特，是在荷兰街公寓楼庞德的三角客厅里。据刘易斯自己说，这是在《风暴》的第一期和第二期之间，大约是在1914年6月和1915年7月之间。刘易斯坦言，庞德主宰了他的视角；庞德一如既往的活跃，一副“老埃兹大叔”① 的形象，“满口浮夸的语言，日耳曼式的宽厚亲切”，咯咯地笑着，像一个魔术师一样把他的最新发现——诗人T. S. 艾略特——不知从何处变了出来（29，26）。刘易斯在对艾略特的回忆录里，把庞德放在最明显的位置，这实际上也使刘易斯回想到自己时运不济的岁月，想到约在1914和1915年间与那个三角客厅相连的、成三角之势的现代主义。他的描绘相当真实。艾略特夫妇主办的晚宴属于“遵循传统的宴饮交际类型”（Ackroyd：94）。福特·马多克斯·福特和维奥利特·亨特煞费苦心安排的那种文学聚会，庞德在莎士比亚母女家或者别处参加的那种茶会，叶芝、庞德和休姆在“文学的伦敦”日程表上安排的晚间读书会和讨论会，这些类型的聚会艾略特夫妇均未操办过。这也许是因为战争改变了一切。因为维维恩的偏头疼、艾略特的劳累或是其他什么障碍，连他们的婚约都推迟了。在婚后的前几年，这对夫妇分居了好几个月，维维恩住在奇切斯特附近位于博瑟姆的一个乡村小屋里，而艾略特在工作日都住在伦敦（Ackroyd：95）。有时候艾略特也会在没有维维恩陪伴的情况下独自去参加晚宴或拜访他人。总之，他们过着有别于庞

① 老埃兹大叔（ole uncle Ezz）：埃兹（Ezz）是庞德的名字埃兹拉（Ezra）的简称。——译者注

德或刘易斯的另外一种伦敦的生活：这对年轻的夫妇，经济拮据，个人窘困，健康不佳。维维恩的信件尤其充满了对这种生活日复一日的担忧。她担忧金钱、食物、衣服；担忧艾略特的健康和工作；最担忧的是她自己的疾病和精神状况。

在艾略特夫妇婚后的前几年，自1916年年中开始，他们就住在贝克大街附近克劳福德公寓楼的一套小公寓里。开始他们为之感到“非常自豪”（Eliot，1988：139），但是一年以后，它就变成了“一个闹嚷嚷的小角落”（186）。维维恩说，这公寓就像“一片荒野，我们就是两个流浪儿，在我们小小的公寓里暂时歇脚”，在这里，“周围无人认识我们，无人看见我们，甚至无人介意我们做什么或如何生活。”（186；同时见Ackroyd：94－95）。当艾略特初到伦敦时，他特别积极地响应这个城市的声音。当时，正值他接受法语的熏陶，伦敦城里多姿多彩的民族和语言，向他展现了一个大都市生机勃勃的氛围。然而，克劳福德公寓楼周围的环境，“嘈杂、邋遢”，让他们夫妇深恶痛绝（1971：xx）。至少对维维恩来说，她父母住在汉普斯特德坎佩恩街郊区那座房子里，有通风的房间，安静祥和的环境，令人心旷神怡，再看这里的“贫民窟、低俗的街道、商店里廉价的物品”，两者反差太大（Eliot，1988：186）。

后来在1920年，他们极其艰辛地搬家到摄政公园东面的克拉伦斯门街。两处住址均未出现在艾略特的诗句和记忆中，这和庞德对肯辛顿的记忆截然不同。因此，温德姆·刘易斯不记得艾略特的家庭住址，这也不足为奇。然而，还有其他与艾略特有关的地址和房屋。这些地方将艾略特同另外一个现代主义的文学圈子以及英国中产阶级联系起来，而这个圈子和阶层是刘易斯和庞德讥笑的对象（Ackroyd 73－74）。艾略特夫妇和奥托琳·莫雷尔夫人（Lady Ottoline Morrell）以及弗吉尼亚·伍尔芙是朋友（不过莫雷尔和伍尔芙对维维恩并不友好，所以她偶尔也会借故不去看她们。）事实上，刘易斯的回忆录刚好和克莱夫·贝尔（Clive Bell）的随笔在书的同一卷里。根据贝尔的记忆，艾略特1916年独自一人出现在布鲁姆斯伯里的戈登广场；《普鲁弗洛克》出版时他在奥托琳·莫雷尔的加辛顿庄园；他“常常造访”伍尔芙夫妇在罗德梅尔的家；在20年代他曾去苏塞克斯郡的查尔斯顿，参加过贝尔夫妇家举办的一次晚宴（Bell，16）。贝尔还列举了其他在场的人：赫胥黎（Huxley）、梅纳德·凯恩斯（Maynard Keynes）、凯瑟琳·曼斯菲尔德（Katherine Mansfield）、米德尔顿·默里（Middleton Murry）。贝尔根本没有提到刘易斯和庞德，也没有提到维维恩·艾略特，这也不奇怪①。

艾略特还有一个更重要的地址：工作地点。自1917年3月开始，在伦敦的康希尔17号，劳埃德银行的殖民地与海外部。艾丽丝·巴里在她论述庞德的那篇随笔里有这样的暗示：艾略特直接从银行到“中国”餐馆。艾略特和庞德与文学刊物《准则》（*Criterion*）② 有关的通信，他也非常明确地让庞德使用他在银行的地址。后来，他离开劳埃德银行，与维维恩分居，租房子住下，事实上也是躲着她。从1934年开始，艾略特搬进肯辛顿格伦维尔街圣司提反教会的长老住宅里，在几间空荡荡的屋子里过着“僧侣”的生活（Ackroyd，210－212）。随着他的名望如日中天，他的地址也就如愿变成了沃本广场的费柏与格耶（Faber & Gwyer）出版社（也就是后来的Faber & Faber出版社），这是一个为人熟知的、蕴涵文化的地址，如今在一栋以棕色石板装饰为标志的、非常显眼的建筑物内。1925年，艾略特成为这里的一位主编，步入事业与诗歌这鱼与熊掌兼得的生活。维维恩这些年都无法和他取得联系，感到他已然消失了（她曾经登报恳请他回家）。有一段时间，她自己也消失了，让全世界误以为她回美国了，而事实上，这个

---

① 伦敦的现代主义一方面有意象主义和漩涡主义，另一方面又有布鲁姆斯伯里文艺圈。艾略特在这些圈子里周旋，这是独有的（他的作品发表在芝加哥的《诗歌》，还有《唯我主义者》、《风暴》以及伍尔芙夫妇的霍加斯出版社）。这也许说明了他在英国文艺界和社会阶层上准备奋斗多远。

② 《准则》是诗人、文学批评家艾略特创办的并于1922年10月至1939年1月间经营的文学杂志。艾略特自始至终都担任编辑，他的目标是通过这个刊物，使欧洲文艺阶层保持水准并且凝聚在一起。——译者注

"黛西·米勒（Daisy Miller）"[①] 就住在他们一起生活过的、倒数第二个家——克拉伦斯门街 9 号（Ackroyd：157）。他们是在 1920 年搬到这里来的，后来，艾略特因"精神崩溃"而搬到马盖特，又去了洛桑，接受维托兹（Vittoz）医生的照料。此时，正是他创作《荒原》的阶段，或者我们也可以说，是他"编纂"《荒原》的阶段，因为要把尚存的部分拼接起来，同时庞德和维维恩既担任编辑又充当读者。

此时的庞德感到自己"对英国没有丝毫的兴趣"，认为它不配拥有像艾略特的《新准则》（*New Criterion*）[②] 这样的文学杂志，也不配拥有其他的文学刊物（Eliot，1988，511）。用维维恩的话说，他已经被伦敦吵闹的社会生活"摧毁"了（301），他"退出伦敦"，这是"英国人的一个污点"（570）。而维维恩自己"极其憎恶伦敦"，认为这个城市"讨厌透了"（570）。在《荒原》出版的时候，她感到这首诗歌"已经成为我的一部分（或者我成为它的一部分）"（584）。后来，她又说，"如汤姆[③]所想，我就是他的思想"（Gordon，79）。他的所思所想是她，他的梦魇也是她：到了这样的程度，我们可能会把"这首诗的基本内

---

① 黛西·米勒是美国小说家亨利·詹姆斯（Henry James，1843－1916）1878 年出版发表的中篇小说《黛西·米勒》的主人公。黛西·米勒是一位来到欧洲的、年轻漂亮的美国女孩儿。这个天真、无拘无束的姑娘渴望自由，追求爱情，不顾及他人的风言风语而我行我素，终病于异国他乡，香消玉殒。——译者注

② 文学刊物《准则》最初是由罗瑟米尔夫人（Lady Rothermere）资助的，但是她阅读了第一期杂志后，便写信给艾略特，为后面再出版的杂志提出意见，比如收录凯瑟琳·曼斯菲尔德的一个短篇小说。四年后，她不再提供资助，刊物就由艾略特的雇主费柏与格耶（后来的费柏与费柏）出版社兼并。自 1926 年始，费柏就成为该杂志的出版商。1927 年 1 月杂志更名为《新准则》。——译者注

③ 指 T. S. 艾略特（Thomas Stearns Eliot）。——译者注

容”——“提瑞西阿斯（Tiresias）① 所见的”（Eliot，1974，82）——看作是她与他共度的六年时光中痛苦的心理剧。因此，诗歌中的“伦敦”多半就是“她的伦敦”。

对艾略特自己来说，《荒原》恰恰“就是一篇有韵律的牢骚话……一个人对生活不满而释放完全无意义的怨言”（1971，未标记页码）。书信中谈到不断的生病，崩溃的神经，其中描述的磨难和痛苦使我们能够理解他的个人生活，理解他对个人生活的不满和怨气。艾略特夫妇的生活是当代大都市心态的写照，所以这首诗歌自始至终都是个人的，同时也超越了个人。单单诗歌的标题本身就把艾略特的牢骚归纳进一种文化不安的韵律中：在这种“抱怨”中，个人健康的衰退，争吵，伴随着婚姻失败，相互的误解和不安全感，时断时续的文学生涯，所有这一切，在这个虚幻的城市的精神全貌上，都找到了自己客观的关联物。

休·肯纳（Hugh Kenner）评论说，“欧洲和北美东北部的大城市正在变成庞大的机器，主要是把大批大批的人迅速塞进地下，又迅速地弄出来”（1987：26－27）。他的意思是，艾略特所属的社会具有新科技以及相应的文化形式；再进一步看艾略特，他“毫无疑问是他这个时代的重要诗人，吟诵着闹钟，家具齐备的公寓，无所不在的电话，乘车上下班的人群和电动的地下火车”（25）。在这一方面，肯纳将艾略特和叶芝进行比较（“仅仅设想叶芝把电话写进诗里，这已经很滑稽了”：25）。倘若叶芝对现代化的标志充耳不闻，那么庞德又会怎样呢？虽然别的意象主义者会把电话、闹钟或地铁写进诗歌里，但是庞德没有任何一首诗利用过这样的材料（Thacker，1993）。我们当然会想到庞德的诗《在一个地铁车站》（In a Station of the Metro）”。但是我们注意到这首诗里的城市是巴黎而不是伦敦，这很特别。庞德在伦敦步

① 提瑞西阿斯（Tiresias）：希腊神话中的盲人预言家。据说，他双目失明是因为激怒了赫拉，他根据自己独特的经验反驳赫拉，称女子从性爱中获得的要比男子多。他的预言天分是宙斯补偿给他的。——译者注

行出门（走的路线和上下班的人群不一样）；如果费用允许，他乘坐公共汽车，不搭乘地铁。他写关于公共汽车的诗歌时，题目是“Dans Un Omnibus de Londres①”，这也很独特。所涉及的地点具有审美情趣，且是文本性的：法国骑士和吟游诗人伯特朗·德·伯恩（Bertran de Born）的普罗旺斯；诗人李白的中国，这是受美国汉学家欧内斯特·芬诺洛萨（Ernest Fenollosa）的影响；还有塞克斯特·普罗佩提乌斯（Sextus Propertius）②的罗马。《休·赛尔温·毛伯利》，发表于1920年，是庞德“对伦敦的永别”。作品中的伦敦，涉及到的诗人和画家超过涉及到的地名。提到的地名仅有两处：伊灵和舰队街。

庞德在1914年说他看到了《J. 阿尔弗烈德·普鲁弗洛克的情歌》（*The Love Song of J. Alfred Prufrock*）这一作品。此时的艾略特已经比其他人更迅速地将自己“现代化”了（Paige：40）。我们也许认为，这多半是因为他与现代化的标志更强烈地合拍。肯纳证实，艾略特谙熟在出租屋居住的那种低微的生活，能够想像现代的、凄凉的图景：打字员晚上回到家里，吃罐头食品，坐在床椅兼用的长沙发上，沙发上散落着她的“袜子、拖鞋、小背心和用以束身的内衣”（Eliot，1974：71）。艾略特从摄政公园东南部他和妻子租住的房屋（这出租屋使他们灰心失望）搭乘穆尔盖特（Moorgate）方向的地铁，到劳埃德银行上班（Southam 1977：88）。从闹钟响起到上午9：30，他就在“乘车上班的人群”里。坡（Poe）、波德莱尔、格奥尔格·齐美尔在文学和社会学的论述里有相似的观点，都把“乘车上班的人群”视为现代城市的关键性特征。

《荒原》中最重要的一部分描写了大都市一个搭车上班的人一天的开始。阿克罗伊德（Ackroyd）暗示说，艾略特在劳埃德银行工作，开

---

① 庞德直接用法语创作的诗，标题的意思是“在伦敦的公共汽车里”。该诗发表于1916年。——译者注

② 普罗佩提乌斯：古罗马哀歌诗人，写有四卷哀歌，大部分为爱情诗。——译者注

启了一种“非凡的双重生活”（79）：在长达几乎8年时间的日日夜夜里，艾略特既是银行职员又是诗人。正是这种紧张状态造就了《荒原》中最有趣的一部分：

并无实体的城，
在冬日破晓时的黄雾下，
一群人鱼贯地流过伦敦桥，人数是那么多，
我没想到死亡毁坏了这许多人。
叹息，短促而稀少，吐了出来，
人人的眼睛都盯住自己的脚前。
流上山，流下威廉王大街（King William Street），
直到圣马利吴尔诺斯（Saint Mary Woolnoth）教堂，那里报时的钟声
敲着最后的第九下，阴沉的一声。
在那里我看见一个熟人，拦住他叫道：“斯代真（Stetson）！
你从前在迈里（Mylae）的船上是和我在一起的！
去年你种在你花园里的尸首，
它发芽了吗？今年会开花吗？
还是忽来严霜捣坏了它的花床？
叫这狗熊星走远吧，它是人们的朋友，
不然它会用它的爪子再把它挖掘出来！
你！虚伪的读者！——我的同类——我的兄弟！”①

从新的郊区乘车到城里上班的人群，是城市逐步扩大引起的，也是为了城市逐步扩大而产生的。这个群体包括新一代中低阶层的职员、打字员（对于亨利·詹姆斯来说，“打字者”是人而不是机器本身，这

---

① 本段为赵萝蕤的译文，出处：《外国现代派作品选》（A卷），袁可嘉、董衡巽、郑克鲁选编，北京燕山出版社，2006年。57-58页。——译者注

是不久前的事）。艾略特接受了劳埃德银行殖民地与海外部的职位，接着就加入了这个群体，参与帝国大都市金融中心的工作。庞德在发起运动拼命反对银行制度以前，就一直反对艾略特的选择。然而，无论如何，艾略特的选择是向资本主义现代性的运行体系所做出的妥协。我们只需比较艾略特和早期的庞德，就能看出艾略特的选择在其他方面的益处。虽然艾略特感到自己的薪水不够用，到1920年他的薪水已经升到500英镑时他仍然觉得不够，但是他的起薪是每年270英镑，比银行业以外的普通职员都要高（Ackroyd：77；Eliot，1971：xviii）。根据庞德的计算，从1914年10月到1915年10月这一年他只挣到42.10英镑（Hall，1962：32）。他“在接下来的几年里一直缺钱”（Stock：234）。菲莉斯·博顿（Phyllis Bottome）说，庞德在20世纪30年代生活“极其简朴”（引自Davie，197：300）。艾略特穿上这个城市正式的工作服：黑色的夹克衫，有格子图案的裤子①。事实上，他比自己的同事还要拘谨，一丝不苟。有些读者猜测，上面引文中“斯代真”这个人物就是美国人庞德，对这一猜测，艾略特回答说道，他的朋友庞德在“威廉王大街”会显得“不合时宜”的（Southam：79）。同样，艾略特在肯辛顿、索霍区甚至是在布鲁姆斯伯里，也不合时宜。弗吉尼亚·伍尔芙评论说，艾略特的“四件套”装束曾是一个公认的笑话（Bell：16）。庞德那19世纪90年代的穿戴虽然本身就有装腔作势的派头，却向伦敦人展示了他的身份：一个艺术家。艾略特的拘泥形式却富有欺骗性。在办公室里，他像牧师；在教堂里，他似商人（Ackroyd）。然而，任何时候，他都不符合人们大脑中诗人的形象。当庞德走进上下班的人流中时，他或者独自一人，或者和亲密的朋友、同事一起，他大步流星，在伦敦穿过数英里的距离，他脑子里所想的，

① 有格子图案的裤子（sponge bag trousers）：男装裤，有格子图案，款式似旅行用的盥洗用品袋（sponge bag）。sponge bag trousers这一说法于1915年在弗吉尼亚·伍尔芙的作品《远航》（*Voyage Out*）中首次出现。——译者注

口中用“完全独创的口音”所说的，都是文学（Barry：159；Hutchins：108；Lewis：31）。刘易斯描述道，他“用自己的脚趾尖走路，充满活力”（29）；巴里描绘说，“他高昂着头看每一个事物，看每一个人”。而艾略特是这样描绘伦敦城里的工作人员：他们低着头（每个人的眼睛“都盯住自己的脚前”），走向工作场所。他们是坡的小说《人群中的人》（*The Man of the Crowd*）里面上班的人。坡的这篇故事背景设在伦敦，作品中人们那种全神贯注的神情、唐突的举止，按照瓦尔特·本雅明（Walter Benjamin）的话说，酷似“推动物质的机器设备和驱动商品的繁荣经济”（1973）。庞德的所为、所言，目的在于造就“文明”；而城市里的人群却效仿“‘物质生产’以及与之伴随的商业运作的‘狂热的……步伐’”（Benjamin：53）。

即使艾略特在这个人群中，他和他们也不是同质的。他墨守成规的外表和他们很相像，但是他展示的却是一个更具挑战性的、更现代的一个艺术家的形象。他的装束很像他们，他却不像他们那样低着头盯着自己的脚前，他紧盯着的是他们，甚至看穿他们。本雅明把这拥挤的、机械地前进着的人们视为小丑；艾略特也以类似的笔触在《荒原》的草稿中，竭力描绘这“拥挤在一起的、奋发的、茫然的、幽灵似的”上班的人群，并写下这样的诗行：“伦敦！你的人口捆绑在轮子上/记录这些马路玩具颠簸的运动”（1971：37）。此时此地，艾略特的眼睛、心思都集中在这群人身上，他此时和庞德更加相像，他体察到其他的人物正穿越伦敦早晨的“黄雾”，这些人物来自神话和文学的其他时空：波德莱尔的巴黎、但丁的地狱，或者迈里。当然，这种含沙射影的隐喻，通过一种类似电影的叠化手法将上班的人群这一景象融入一个背景当中。这些隐喻唤起人们去回忆那正在消逝的传统；在提供这多层次多视角的同时，事实上就给予一个“真实”的尺度用以衡量当前的城市是“虚幻”的，从而有力地证明那正在消逝的传统所蕴涵的价值。

自由党的政治家、社会评论员C. F. G. 马斯特曼把上班的人群这一新现象描述为“那数不清的、衣衫褴褛的人们，行色匆匆地过桥，从地铁中心站的出口蜂拥而出”（1911：104）。和艾略特一样，他描述的人群也像河水一样“流淌”，偶尔遇到阻拦物，就会逡巡不前，仿佛“水中的漩涡”（104）。但是马斯特曼是从远处观察这个群体及其潜在的威胁的（“一张张白色的小脸长在扭曲或畸形的黑色小躯体上”，105）。作为一个集合体来看，人的个性特征均已失去：“人已变成乌合之众”（106）。在艾略特丢弃的手稿中，他也表达了这种恐惧和轻蔑，但是前面引述的那段诗文却承认他在人流中，既是参与者，又是局外人。这种矛盾冲突可能使我们以为艾略特或诗中的叙事者与波德莱尔的“漫游者”具有同等的处境。但是，事实并非如此，矛盾冲突也不相同（艾略特意味深长地引用了波德莱尔的诗《致读者》(*To the reader*)①，并没有引用《漫游者》中的《致过路人》(*To a passerby*)。其中的差别与时间、地点有关。那位“漫游者”在闲暇时穿过19世纪的巴黎有拱廊的街道，而艾略特是前去工作场所的，去伦敦的金融中心，并非去一个消费场所。他按时到达，准时离开。他是一个守时的员工，不是泰晤士河上的船员，也不是伊丽莎白时代的渔夫，更不是（还不是）一位牧师，更加不是手捧素描簿、爱好艺术的漫游者。

另一方面，在工作时间以外，艾略特又是一个诗人。当他观察、目睹和描绘这个群体的时候，他是一个诗人。上面那段诗文让我们看见他作为职员和诗人的双重生活：日常工作的程序重新播放，人群中发出令人惊骇的声音，那是眼光疏离的诗人发出的陌生的声音。这样，英国中产阶级老掉牙的早晨问候语（谈论花园的对话）中最具梦游特征的一句，就笼罩上一层哥特式的阴影，仿佛晨报将当地的一个花卉展览与一个轰动性的神秘谋杀案混淆在一起。

去年你栽在你花园里的那具尸体，

---

① “虚伪的读者！——我的同类——我的兄弟！”这句诗见波德莱尔《恶之花》的序诗。该序原名《致读者》，艾略特所引用的原文是：“Hypocrite lecteur，—mon semblable—mon frère！”。——译者注

开始发芽了没有？今年会开花吗？

这段诗文整体上是建立在相似的对应物上：真实与虚幻，尘世的平凡与死亡的惊悚，过去与现在，文学与现实。其中一个尤为重要的文学隐喻，直到最近才被人注意到。罗伯特·克劳福德（Robert Crawford）说，艾略特取材于吉卜林（Kipling）的小说“世上最好的故事（The Finest Story In the World）”。这篇小说的人物既是银行职员又是诗人，他经历过文兰①传奇故事里划桨的奴隶和海员的生活，如今生活在伦敦，对那些经历的叙事便成为“他人的、一片嘈杂的声音”（Crawford 1987：132－136）。

和艾略特一样，银行职员兼诗人这种双重生活令吉卜林的这个人物相当苦恼。我们也能从当代文学的其他地方感受到这样双重身份的苦恼，当然，在这些例子里，这种苦恼更加深刻。如约翰·凯里（John Carey，1992）所表明的，许多小说都塑造职员这样的人物。在一些小说里，职员是新的类型；而在另一些小说里，职员则是笨拙、庸俗、自命不凡、不受欢迎的人。艾略特塑造了“一个小公司的职员”，“那长疙瘩的青年”和打字员机械地做爱，这属于第二种类型的职员。艾略特对他蔑视的原因留在了手稿里。和福斯特（Forster）的小说《霍华德庄园》（*Howards End*）中的职员伦纳德·巴斯特以及弗吉尼亚·伍尔芙的小说《达洛维夫人》（*Mrs. Dalloway*）中的职员塞普蒂默斯·史密斯一样，这个小公司的职员对文学或艺术生活充满了渴望。《荒原》的手稿中说，他一直待在皇家咖啡馆里，并向人透露他“今天和内文森（Nevinson）在一起”（1971：33）。福斯特和伍尔芙都处理了自己的职员：伦纳德·巴斯特遭到谋杀，塞普蒂默斯·史密斯

① 文兰（Vinland）：北美东北部的一片森林区。大约11世纪的时候，莱弗·埃里克松（Leif Ericsson）率领古斯堪的纳维亚人来到这里探险。北欧英雄传奇中记载着维京人（Vikings）到文兰的资料，因发现有野葡萄，故称“酒之地（Vinland）”。——译者注

自杀。他们的命运和中产阶级的命运休戚相关：巴斯特属于新贵，为了中产阶级的缘故，他必须遭到压制，并回归他最初所处的“深渊”；而史密斯只是充当了中产阶级社会和心理无常的替身而已。

就艾略特的情况来说，这位职员对他构成了严重的威胁，所以他在手稿里袒露自己对这位职员的蔑视。这个自以为是的年轻男职员喜欢提起大人物的名字以抬高自己，离开女打字员后，摸黑前行，中途“停下脚步，只为了撒尿、吐痰”（1971：47）。因为庞德的阻拦，艾略特才没有再更多暴露自己的蔑视态度。职员和诗人之间有多大的差距，当前的诗歌和诗歌中流露的学识（波德莱尔、但丁等足以打败“内文森”）是最有力的证明。《荒原》不只是描绘了一个双重的生活；它还将这种生活付诸实践；更重要的是，它不遗余力地将它的作者——诗人 T. S. 艾略特——与银行职员 T. S. 艾略特划清了界限。一旦跨过这座桥，这种生活的零零碎碎就抛诸脑后，或者说，这些零零碎碎在一个人和谐统一的生活结构中得以升华。这是《荒原》的思想目的，当然，也是艾略特所有作品的思想目的。当然，如前所述，这里面有个人的因素，也有文化的因素。《日晷》给《荒原》的奖励，文学刊物《准则》编辑的职位，费柏与格耶出版社（很快获得了《准则》杂志的经营权）提供的职位，这一切都说明外界认可了艾略特的诗歌内在的成就：诗人、批评家和商人集于一身的社会身份，是信仰和文化完美统一的绝佳匹配。因此，诗人-牧师要替代诗人-职员，在这个自我造就的过程中，《荒原》是艾略特迈出的第一步。

远离过去那种分裂的生活，明显地使诗人艾略特（因《荒原》而得的身份）与他的个人素材（诗歌的内容和题材）产生了隔离。也就是说，与维维恩·艾略特产生了隔阂。在 20 世纪前 10 年，艾略特夫妇断断续续地分居；到 20 世纪 20 年代中，艾略特开始坦率地思考这个问题。他走进教会，不管这起到了什么作用，这都为他宣誓禁欲、结束婚后性生活的困境铺平了道路，也使他对性的厌恶做了自我辩解。之前，艾略特很赞赏波德莱尔在诗歌中展现的众多城市的意象。波德莱尔相信与性之“恶”有关的罪，艾略特于 1930 年发表评论波德莱尔的文章时，认可这位诗人的观点，认可他“对女人的谩骂”（1982：429；Carey，1992）。艾略特以这种方式解读波德莱尔，以至于他在文章的结尾将波德莱尔和休姆联系在一起，为那种“经典的、反动的、革命的”极端保守主义辩护（Ackroyd：143）。因此，艾略特也就有了一种极其怪异的立场，他希望揭示整个国家的文化状况，使之成为一个基督化的社会。这一立场的前提是：从早期伦敦岁月的矛盾冲突中摆脱出来，也可以说，是从其中得以雕琢，升华。我们能从《荒原》中看到这些矛盾冲突，也看到他克服这些紧张情绪所做出的努力。切断现在与过去的联系，其中所付出的努力并非彻底地成功，我们从艾略特后来的剧本中可以看到这一点。尤其与维维恩性生活中的挫败和愧疚，仿佛栽在花园里的一具尸体，不会总是埋在地下。只有当艾略特与自己的秘书瓦莱丽·弗莱彻（Valerie Fletcher）结婚以后，他才得以放松，他那蒙娜丽莎式的笑容才绽放开来。现在，这位成功的诗人和文人已彻底与职员的生活决绝，可以与自己的秘书和谐共处。事实上，命运赐给他名誉和幸福的婚姻之后，他在伦敦的生活就能够从头开始了。非常合宜的是，艾略特夫妇婚礼喜宴是在庞德的旧屋教堂街 10 号举办的。现在住在这里的，除了几个幽灵外，是一位责任牧师。

第二章　延迟的现代主义：哈莱姆的蒙太奇

华盛顿西北区北街 1814 号的布鲁斯

1926 年 1 月 15 日，兰斯顿·休斯（Langston Hughes）在华盛顿剧场，接着在巴尔的摩朗诵他新出版的诗集第一卷《疲倦的布鲁斯》（*The Weary Blues*）①，到了月底，又在纽约哥伦比亚大学附近克莱尔蒙特大街的会场朗诵。这一卷诗集是由阿尔弗雷德·A. 克诺夫（Alfred A. Knopf）出版的，书皮的颜色是红、黑、黄相间，鲜亮醒目。封面上是墨西哥漫画家米格尔·考瓦路比亚（Miguel Covarrubias）画的一位瘦骨嶙峋的布鲁斯钢琴家，为书作序的是白人作家、哈莱姆的一位经理人卡尔·范·韦克滕。韦克滕是休斯的朋友，也是“黑人文艺复兴”其他人物的朋友。克诺夫出版休斯的作品，韦克滕起了重要作用，还在 1925 年 11 月专门为休斯举办了一次宴会。韦克滕有一部颇具争议的小说《黑佬天堂》（*Nigger Heaven*），于 1926 年问世。

---

①　见阿诺德·兰博赛德（Arnold Rampersad）（1986），123 - 124。我在本章中提到的关于休斯的生平信息，大部分取自兰博赛德所著的传纪《兰斯顿·休斯的一生》（*The Life of Langston Hughes*）上、下卷。

在华盛顿的朗诵是由阿兰·洛克（Alain Locke）主持的。洛克是位于华盛顿的霍华德大学（Howard University）的哲学教授。就在前一年，洛克担任《图解调查》（*Survey Graphic*）关于黑人艺术和文化特刊的编辑工作，并在此基础上编辑了有名的文集《新黑人诠释》（*The New Negro: An Interpretation*）。①这一切宣告了"新的群体心理"和"种族合作的集体努力"到来了，由"更先进、更具代表性的阶层"引领一个社会工程，重申美国民主的精神和优势（Locke 编 1925：10，11）。洛克写道，"黑人的思想触摸到的，不是别的，正是美国的渴望、美国的理想"（11－12）。洛克强调说，文集中的诗人、小说家、插图画家、随笔作家针对圣歌、爵士乐、黑人文化及哈莱姆的独特性所写的作品，让人们看见文化复兴的标志和证据。洛克如此强调，终使得《新黑人》成为崭露头角的"哈莱姆文艺复兴"象征性的代表作品。

休斯朗诵诗歌时，许多人肯定体会到了美国黑人获得这一新的文化身份带来的些许激动情绪，但是，人们也毫无疑问地感受到了这一身份的形成蕴涵的紧张情绪和矛盾心理。此刻，面对文艺复兴，有友好的立场，也有反对的看法。而我想让读者关注的是文艺复兴在整体上动态的、矛盾的、种族内以及种族间的结构。在1926年1月的这个夜晚，回顾一个相当有限的时间段，可以追溯至1920年同名诗"疲倦的布鲁斯"创作的时段，再把这几年一系列纷繁的事件和经历拽回到这个晚上：休斯首次发表了自己的诗歌，最著名的是"黑人说河（*The Negro Speaks of Rivers*）"；他在墨西哥最后和父亲决裂；他到非洲、欧洲去旅行；他在哈莱姆的聚会和文学活动中首次遇见洛克、康提·卡伦（Countee Cullen）、杜波依斯（W. E. B. Du Bois）、杰西·福赛特（Jessie Fauset）、布兰奇·克诺夫（Blanche Knopf），还有其他人物；1925年11月，在沃德曼公园酒店，维切尔·林赛（Vachel

① 对《新黑人》所做的广泛的讨论以及该文集与《图解调查》特刊之间的区别，可见哈钦森（Hutchinson，1995）。

Lindsay）慧眼识人，“发现”了休斯这个黑皮肤的年轻诗人；休斯的同龄人都劝他回到哥伦比亚大学或者申请哈佛，他却决定就读林肯大学，一所黑人的大学。

范·韦克滕为休斯的诗集推荐书名，这令休斯的诗人朋友康提·卡伦失望，这就产生了对立的情绪。卡伦认为，范·韦克滕取悦白人，白人“想让我们只做黑人的事情”（Rampersad 1986：63）；在评论这本诗集时，卡伦怀疑布鲁斯促成诗歌的可能性（Mullen［编］：37－39）。卡伦“在一些方面和休斯完全相反”（Rampersad：63），与民间音乐的形式和习语相比，他更喜欢欧洲传统的诗节形式和措辞。卡伦和《危机》(*Crisis*）杂志著名的编辑、全国有色人种协进会（NAACP）的领袖杜波依斯一样，认为新黑人必须展现黑人种族艺术和智力上最好的一面。杜波依斯把满含愠怒的观点写在他对范·韦克滕的《黑佬的天堂》和克劳德·麦凯（Claude McKay）的《回到哈莱姆》（*Home to Harlem*）的评论文章里。牙买加裔小说家麦凯在《回到哈莱姆》里毫无约束地描绘哈莱姆黑人的生活、爱情和音乐。他成为一个范例，同时他也是社会主义的杂志《解放者》（*Liberator*）的副编辑，这给休斯很深刻的印象。①

也就是说，在文艺复兴运动一开始，对于“艺术”合适的来源和定义都渗透着非常矛盾的观点。这些分歧因为黑人知识分子和作家与白人朋友、支持者、赞助者（范·韦克滕是其中之一）的关系而复杂化。资助是常见的，但是在人们看来，资助使个人和艺术的尊严均遭受危险，使“民族自豪感”丧失。这是司空见惯的。这种想法大多针对范·韦克滕，后来，有人感觉他歪曲了休斯的作品——休斯却驳斥这一指控，他在为《黑佬的天堂》辩护时充分而坦率地表达了自己的观点。休斯与范·韦克滕是终生的朋友，但是与卡伦、洛克的友谊显

---

① 杜波依斯把《黑佬的天堂》视为“一张漫画……大量的真伪混同……正中脸部的一击”。他发牢骚说，《回到哈莱姆》“让我恶心”。见 Singh：30，44－45；Ogren：126－129。

然遭遇了冰霜。一个因素是，这三个人都是同性恋，不过范·韦克滕和卡伦都结婚了。休斯的性生活一直是神秘的，但是卡伦和洛克向他提出过猥亵的要求，这一点很清楚。洛克在巴黎与休斯见面，请他给《图解调查》供稿，接着两个人一起旅行至意大利，并在那里分道扬镳。这种暧昧、短暂的激情和误解都是在休斯诗集的出版以前发生的，所以，毫无疑问，当休斯朗诵诗歌时，有更深一层的暗流在北街1814号涌动。

休斯作为黑人文艺复兴运动的一位诗人，携带自己出版的第一本诗集到场。在种族、艺术和性的问题上，休斯到场这一时刻，只有真诚的、共同的目的，没有明显的、内在的分歧。我想说，这个时刻本身就是一幅图画，勾勒了文艺复兴运动整体上复杂的结构。我会详细说明，在1925至1926这两年里，无论地域的远近，有三种一直活跃的因素渗透进休斯的作品里，也渗透进“文艺复兴”的特征里。第一，文艺复兴在哈莱姆的主要地点；第二，布鲁斯和爵士乐在种族化的黑人审美和黑人身份形成过程中的作用；第三，在这个特定的地域环境和历史时期，现代主义已经获得的（和我们可能赋予的）含义。

文艺复兴的爵士乐

说到青年时期的休斯，一个最明显的事实是，他云游四方。这从某种程度上预示了他最终穿越文学的各种类型，成为首批公开自称为职业黑人作家中的一员。1926年他发表《疲倦的布鲁斯》，当时他24岁，在这之前他在克利夫兰、墨西哥和华盛顿生活，曾在船上当服务员航行6个月到西部非洲，两度乘船到荷兰，还在巴黎和意大利忙忙碌碌地生活、工作。[①] 在《新黑人》中，哈莱姆被视为“种族首都”、

---

① 保罗·吉尔罗伊（Paul Gilroy，1994）根据这些理由，把休斯引述为“黑色大西洋（*Black Atlantic*）”离散的学术、文化交流活动的一个典型人物（13）。

"城中的城"。休斯于1921年首次到纽约在哥伦比亚大学进行的学习时，他就感受到了哈莱姆积极的影响。他在《大海》（*The Big Sea*）里用他当时常用的辞藻描写了他1921年到达第135街地铁站的情景："成百上千的黑人！……我走上台阶，走进九月那灿烂的阳光里。哈莱姆！我站在那儿，扔掉背包，深呼吸，又感到幸福了"（81；同时参见Mulvey 1990）。但是，休斯在一开始并没有长住在哈莱姆。例如，1926年1月他到纽约朗诵诗歌，当晚立刻乘火车回到华盛顿母亲的住处。在20年代，他倘若不是在美国以外的地方旅行，就都在费城的林肯大学学习，是学生身份，后来住在新泽西，只在周末时才来到哈莱姆。从《大海》中的叙述来看，他在哈莱姆参加文艺和社交聚会，朗诵会，演出，"聚会了又聚会"（247）。在这些场合中，他有时感到不自在，不再陶醉于这些活动的资产阶级氛围中。

因此，对于休斯来说，哈莱姆是一个活力中心，用欧洲意象主义的语言说，是"一个向外辐射的中心点或一个群"；甚至是一个漩涡，通过这个漩涡，"思想不断地涌入"；他自己也通过这个漩涡以一种不规则的方式来来回回。詹姆斯·韦尔登·约翰逊（James Weldon Johnson）不愿意把这个地区定义为聚居区或贫民区，而愿意将它定义为"城中之城"（1925：301）。对于休斯来说，如同选择去巴黎自我流放的麦凯一样，哈莱姆是一个更大的地理、社会、艺术网络的中心点，它的能量沿着人们生活和工作的力线来回传递。休斯和其他地方、其他民族（包括艺术家和作家）的联络，符合詹姆斯·德荣（James de Jongh）详细阐述的文艺复兴的离散性质。这一点从文艺复兴一开始就显而易见，可从一些事实中找到证据：《新黑人》认可哈莱姆黑人的西印度、非洲裔美国人的混合身份；像杜波依斯和洛克这样的知识分子、像保罗·罗伯逊（Paul Robeson）和约瑟芬·贝克（Josephine Baker）这样的爵士乐手和名人，都与欧洲、尤其是与巴黎一直保持着联系。

因此，哈莱姆是一个离散文化的"流动的"、活跃的中心点：艺术家和居民在地图上这个确切地点找到了一个文化土壤非常肥沃的社群，正如当克劳德·麦凯在描述自己1914年到达这里时，说它是"我的人民的天堂”（Cooper：70－71）。但是人们对哈莱姆象征性价值的感受超越了这个地方本身，也超越了这种直接的乌托邦式的归属感。我们还需要回忆，这些意义和联系是如何从一个变化中的、绝非固定的地点辐射出去，曼哈顿网格地图上的这个地点如何在过去20多年间在实际形状以及经济、文化特征上发生了翻天覆地的变化。在20世纪初，黑人都住在曼哈顿下城①的油水区②。到了1910年，随着人们从南部乡村移居到北部，纽约的黑人也从几百人上升到五千人。这时候，黑人也开始向这个城市的北部迁移，进入哈莱姆，先是住在出租屋里，然后作为拥有房屋的资产阶级进入凯尔纳（Kellner）称为“米色聚居区”的第五大道西面的第一个街区（XV）。白人抵制，遗弃这个社区，房价下跌。在20世纪20年代早期，黑色哈莱姆包含了第125和131街之间的六个街区，东面是第五大道拥挤不堪的罪犯出没的贫民区的公寓楼；西面是第八大道和糖山区中产阶级豪华的公寓楼。北面，从第145街开始，在“库根的峭壁”不足两平方英里的范围内，住的都是黑人，大约有20万人。莱诺克斯大道的两旁是台球房、卡巴莱夜总会、低级酒馆，还有一些餐馆和剧院。然而，最吸引人眼球的是第127至134街之间第七大道上的“黑色百老汇”：教堂、剧院、商店、餐馆和非法酒馆，重大活动的开始总是一声响亮的喇叭。凯尔纳写道，第七大道“一整天都是繁华的，光鲜的，热闹的，从下午五点钟直到半夜时分，这里都是辉煌的、光彩照人的，让人兴奋不已”（xviii）。

---

① 曼哈顿下城是纽约市曼哈顿岛最南面的部分，最常见的定义是北到14街，西到哈德孙河（the Hudson River），东至东河（the East River），南到纽约港。当提到曼哈顿下城商务区时，通常指北到14街以南大约1.5英里，和该岛最南端以北一英里，从哈德孙河附近的钱伯斯街，东到布鲁克林大桥出入口和立交桥。——译者注

② 油水区（The Tenderloin district）：在19世纪末20世纪初，纽约的行政区曼哈顿中心区域的娱乐和红灯区得到“油水区”这一命名。城市中奢靡繁华、警察可从中大捞油水的地区，叫“油水区”。见陆谷孙编著的《英汉大词典》（第2版），上海译文出版社，2007。——译者注

这就是詹姆斯·韦尔登·约翰逊在《新黑人》里所描写的哈莱姆，现在已经扩大到第125街以北，增长到了“25个实实在在的街区”(301)；它是一个“内城”，拥有精美而昂贵的住房、独立的经济，兴旺发达的娱乐业，活跃的艺术文化生活。《新黑人》没有描写《图解调查》最初陈述的那种贫穷和歧视，其他的作家诸如詹姆斯·瑟曼(James Thurman)、休斯和麦凯接着以别具一格的方式呈现了文艺复兴全盛时期的哈莱姆。20世纪20年代末，哈莱姆逐渐衰落，到30年代进一步急剧恶化，沦为吉尔伯特·奥索夫斯基（Gilbert Osofsky）所描述的那种贫民窟。

可以说，哈莱姆在20年代不停地扩大。但是，如前所述，伴随着这种动态变化的，一方面是人们强烈感受到的集体的统一；另一方面是社会、种族区分的一个复杂的模式。到了20年代中期，哈莱姆无可置疑地属于黑人，有17.5万黑人居民，在莱诺克斯大道和第五大道周围人口最密集的地区，每平方英亩有233个居民，而整个曼哈顿是每平方英亩133人。多数黑人都是体力劳动者，或者做低下的维修的工作或家政服务。许多黑人处于赤贫状态，困在拥挤的、罪犯出没的贫民区的公寓里，无法像文艺界的黑人名流那样来去自由（Osofsky：137－138)。这些黑人名流和白人一样，在一天内不同的时间、因不同的事由来来回回。在莱诺克斯大道附近的10个街区里有120个娱乐地点，在第133街西边的丛林巷有大约25个娱乐地点（Ogren：62；Shaw：59－60)。众所周知，有一些娱乐地点，观众是多种族的；还有一些娱乐地点，比如棉花俱乐部（the Cotton Club)①，是专门为白人开设的。在哈莱姆有为黑人举办的收费家庭舞会，在市中心也有其他种类的聚会。

这其中存在的区别，可由一个与休斯相关的发人深思的例子来佐

---

① 棉花俱乐部是20世纪20年代和30年代在哈莱姆的一家夜总会，位于第142街和莱诺克斯大道的交叉口。该夜总会非常时髦，集合了当时全美最棒的黑人表演者，但是黑人顾客禁止进入。——译者注

证。这个实例是1925年的一个聚会场所，表面上看非常随意。查尔斯·S. 约翰逊（Charles S. Johnson）在曼哈顿市中心第24街附近第五大道上的一个餐馆里举办了一场盛大的宴会，宣布《机会》（*Opportunity*）杂志主办的诗歌比赛的获胜者名单。兰博赛德写道，这是“黑人文人和白人文人在同一个房间里的最盛大的聚会”（1986：107）。休斯因为那首“疲倦的布鲁斯”而获得一等奖。宴会结束后，休斯接到范·韦克滕的邀请，邀请说要和他还有其他人在哈莱姆“狂欢一夜”，先去曼哈顿赌场，然后去班维尔俱乐部（the Bamville Club）。棉花俱乐部的乐手会接着去更加平等的班维尔俱乐部，在那里黑人和白人混合在一起跳舞。

显然，哈莱姆——其中的地点和礼仪有内在的、不同的解读——对白人来说，是一个歌舞表演的地方，一个“奇异的边缘地带”（Ogren：57）或者“色情的乌托邦”（Osofsky：186），在这里，白人可以在深夜探索他们更加黑暗的自我。休斯第二天带着诗稿去拜访的范·韦克滕，住在市中心第55街西头。休斯经常在这里逗留，或者参加范·韦克滕举办的远近驰名的宴会。另外一位客人，是一位名叫阿莱拉·沃克（A'Leila Walker）的黑人，是巨额财产的女继承人，也经常举办盛大的宴会。1926年1月，她让华莱士·瑟曼（Wallace Thurman）帮她获得休斯亲笔签名的《疲倦的布鲁斯》。她的宅第位于第126街，她用休斯的诗“疲倦的布鲁斯”中的一部分装饰了她那精美的“黑塔（Dark Tower）”茶室的一面墙。哈莱姆的黑人也有富有的中产阶级。

因此，“城中之城”被内在解读为（贫穷的和工人阶层的黑人的）住宅区和（中产阶级的黑人和白人的）娱乐中心，与曼哈顿本身以及之外的白人和黑人世界有着亲密的联系。不断涌现的科学技术和生产模式加强了这种社会和空间的混合性。比如，重要期刊和白人拥有的出版业把办公地点设在曼哈顿，自从20世纪10年代，全国有色人种协进会和国家城市联盟（National Urban League）就设在那里。正是这些以物质为基础的文化机构（在哈莱姆有剧院、俱乐部、转瞬即逝的杂志、纽约公共图书馆在第135街的分馆里面的重要会议；在曼哈顿有资助者、出版商以及相关的组织）支持着文艺复兴的作家，并把他们带进公众的视野里。同时，也正是这种新发展使哈莱姆迥异于休斯首次朗诵《疲倦的布鲁斯》的城市华盛顿。哈莱姆比华盛顿更加“现代”，因为纽约在科技、通讯和平等的文化方面比华盛顿更现代，是出版现代“新黑人”思想的一个中心，而且在全国有色人种协进会和国家城市联盟来看，它又是改革和有组织地抵制种族不平等的一个中心。

在纽约这个更大的现代化大都市里，哈莱姆并非一个孤立的地区，而是一块磁铁一般具有吸引力的地方，如《图解调查》特刊的副标题所说的，是“麦加”。它把不同的种族、不同的思想都吸引过来，同时扩大，散发，在讯息传递过程中经过一系列的缺口、网状阴影线等技术手段重新塑造了这个正在发展的城市。哈莱姆作为一个多阶层的、具有渗透性的、异质的城市这一图景出现了。同时，人们也感受到哈莱姆既独立自主又有依赖性，更重要的是，它是隶属于大都市背景的一个社区。作为一个动态的、实际的地点，哈莱姆本身表达了W. E. B. 杜波依斯家喻户晓的观点——美国黑人的“双重性”，在空间关系上反映了这一悖论和希望：既是黑人也是美国人。恰如詹姆斯·韦尔登·约翰逊所描述的，在审美的现代主义所发出的非故意的但是却反映内心的回声里，哈莱姆是“种族问题中一个大型实验室里的实验”(310)。

1926年1月，当休斯再次于华盛顿朗诵诗歌时，他为休息时间安排爵士乐表演。他本来选了一位来自第七大道一处贫民窟的乐手。阿兰·洛克却介入此事，雇了一位能够表演更高雅的爵士乐的演奏者(Rampersad：123)。这件事很清楚地显示，社会阶层和艺术情感的差异是如何对新黑人艺术的形象和消费起决定作用的。这一点通过音乐表现出来显得尤为重要。休斯已经把审美定位于美国黑人和“民间”的艺术上，但是很明显，民间艺术和音乐的地位，对于文艺复兴的知识分子和支持者们来说，是模棱两可的。和杜波依斯一样，洛克指望从黑人的圣歌中寻找其民间音乐的源泉，对洛克来说，这的确是黑人民间音乐的“核心”，因其“广博”、复杂、“悲剧性的深邃”而受赞美（1925：210，199－200）。这样，黑人的圣歌有望获得黑人“经典民间音乐”的地位，也有望成为“美国的民间音乐”（199）。《新黑人》表达了洛克的思想，同时刊登了J. A. 罗杰斯（J. A. Rogers）论述爵士乐的文章。哈钦森（423）和吉尔罗伊（1997：108）认为，罗杰斯证明了爵士乐对民主精神的影响，但是在罗杰斯的文章中，他的观点也与其他矛盾的思想同时出现。当罗杰斯在别处对黑人音乐进行论证和讨论时，这些矛盾的思想一直存在。

尤其是当罗杰斯认为“爵士乐的本质”是“原始的”（223）时，上述的矛盾就浮出水面。在一种联想中，“原始”等同于“率真、诚恳”和“质朴”，以此推论，它是“造就民主的均匀剂”（223）。另一方面，爵士乐原始风格的自发性和“自然基础”又导致了“它目前的堕落，庸俗，它对于性的不拘礼节，它道德上混乱的本质”，它迫切需要音乐上的升华和教化。罗杰斯说，这一点是可以做到的，“保罗·怀特曼（Paul Whiteman）和文森特·洛佩斯（Vincent Lopez）的那种白人管弦乐队正在展示使爵士乐变得优雅的可能性”（221），法国的作曲家们以令人瞩目的、讨人喜悦的方式把美国黑人的爵士乐引进“严肃的、现代主义的音乐”里（222）。在一个乐句里原本“庸俗化”的因素变成另一个乐句里“原始的、崭新的活力”。罗杰斯在文章结束时呼吁，要“提升并把它导入更高贵的轨道里”（224）；后来洛克在提出的进化模式里，重申了这样的观点和使命（1936）。按照这样的思维模式，芝加哥“节奏急促强烈的爵士乐”的粗糙经过纽约的音调更加优美的“甜派爵士乐（sweet jazz）”的过滤，就产生了第三种，一种升华了的大交响乐团的“爵士乐经典”和巴黎的“交响爵士乐”或“经典爵士乐”。洛克评论说，爵士乐虽然是黑人的，“幸运的是，……有足够的人性，因而在吸引力和表现力方面是属于全世界的”（72，也见Burgett）。

洛克意识到诗歌的商业化，尽管他有明显的文化精英意识，他仍然积极地承认爵士乐手的技术专长。其他人，比如康提·卡伦，压根儿不愿意考虑民间素材。在评论《疲倦的布鲁斯》时，卡伦质疑布鲁斯或者爵士乐诗歌是否应当被纳入“我们称之为诗歌的、高尚的文学表达的范畴，那种精选的、一丝不苟的范畴”（1926，重印，Mullen［编］，1986：38）。他说，他自始至终希望成为“一个诗人，而非黑人诗人”（Jemie：7）。这一主题由乔治·斯凯勒（George Schuyler）继续，而休斯则在他 1926 年发表的那篇著名的文章“黑人艺术家和种族的山（The Negro Artist and the Racial Mountain）”里回应了这两个立场。他在文章里抨击“自鸣得意的黑人中产阶级”，说他们被潜意识里的窃窃私语——“白是最好的”——所困扰（载 Meier 等［编］：115）。休斯自己则转向“普通人民”以及“他们的孩子”——爵士乐。他认为爵士乐是“美国黑人生活内在的表达”，是“反抗白人世界里的疲倦而鸣响的锣鼓声”（112，114；同时参见 Brooker 1996：181－182，187）。

休斯巧妙地反驳卡伦和斯凯勒，这是他对一个“美国黑人”诗人使命做出的宣言。他这么做是冒着得罪黑人或白人或双方都得罪的风险，却重新表达了白人美国的黑人成分。然而，当时有两件事情显示，这项使命是多么的令人忧虑。兰博赛德说，范·韦克滕曾把爵士乐视为“美国唯一土生土长的、真正优秀的音乐”（1986：109）；他还向休斯请教布鲁斯音乐方面的问题，作为研究黑人文化根基的一部分，并在《名利场》（*Vanity Fair*）杂志上发表了一篇文章。休斯在华盛顿朗诵诗歌以后，他在巴尔的摩遇见贝西·史密斯（Bessie Smith），询问她如何看待范·韦克滕的文章。史密斯对这篇文章嗤之以鼻，认为布鲁斯就是一个赚钱的工具。即使休斯本意要和这种黑人布鲁斯的情感保持联系，他也没有保持这样的联系，更没有认可范·韦克滕对轻爵士乐天真的新萌发的热情和品位。作为一位“美国黑人”诗人，他将自己置于一个中立的位置，支持原生布鲁斯的歌声和白人随笔作家，同时仿佛身居城市的另外一处，从美国的黑人领袖中走出来。

因此，在新黑人问题上的分歧，其本质是：艺术家和知识分子竭力代表和引导的“黑人”或“平民”文化，民间艺术、布鲁斯和爵士乐，其构成是有争议的。这些模糊不清的地方是：圣歌、布鲁斯或爵士乐应当平等地、有尊严地被视为是对文化积极的、真实的表达，还是被视为种族身份耻辱的代表而遭到摒弃。休斯的文章中提到的那些缺乏理解力的“近乎知识分子的黑人”往往站在原始主义者和本体论的角度，认为在很大程度上，爵士乐以让人难受的方式表达了非洲民族主义者的或美国南部乡村的民间文化。他们把爵士乐视为现代城市黑人屈辱的文化。对于那些追求文化提升的人们来说，爵士乐显然污渍斑斑：缺乏艺术性，未受专门训练的表演，性欲的不加掩饰的流露，廉价的酒店，酗酒，混乱，总之，是这个城市外在和内在最“低俗”的部分。但是，爵士乐也是用不同的方式构成的。低级酒馆、卡巴莱夜总会可能构成了哈莱姆象征主义的核心，是符合其身份的“时空体”，在这里演奏的爵士乐重复了模糊不清的地方：用罗杰斯的术语，是“一种快乐的反抗”，所有压抑的感情的释放（217），还有堕落、庸俗、混乱的场景。

文艺复兴的领袖们害怕的是，“纵情于爵士乐”（罗杰斯创造的词语，220）最终会向白人中的窥淫癖者，文化的仲裁者，从而向黑人自己证明：对黑人最坏的成见都是真实的。因此有人开始争论说爵士乐需要锤炼，并且为经过稀释的、欧洲式“经典”的爵士乐形式进行辩护。而另一方面，音乐的“原始”成分是这样获得尊重的：在这一点上，拥有万贯家产的白人资助者夏洛特・鲁弗斯・奥斯古德・梅森（Charlotte Rufus Osgood Mason）夫人动员佐拉・尼尔・赫斯顿（Zorah Neale Hurston）和休斯帮忙，以拯救美国黑人业已丧失的非洲文化的精粹。自1928年开始，梅森夫人就资助休斯上大学、旅行以及在新泽西的住宿。这种经历是痛苦的，这种关系也恰恰因为“原始”这个问题而破裂（赫斯顿和洛克也在此事中是同谋）。在《大海》中，休斯对此事简明扼要地做了显然是选择性的叙述：梅森夫人反对休斯的诗“沃尔多夫・阿斯托利亚的广告（*Advertisement for the Waldorf Astoria*）”，因为这首诗揭示了这一新旅馆如何加剧了哈莱姆贫穷的黑人和公园大道白人巨富之间的差距。她说，休斯不仅辜负了自己也辜负了她。他静静地坐着听她说完。他事后琢磨，说这事又回到“白人和黑人那古老的僵局”（325）。但是，如果这是一次关键性的破裂，那么这件事本身打着的烙印有社会阶层的差异，以及黑人原始和艺术创造力的概念，双方的心理需要，一个与家人疏远的、年轻的黑人男子面对一个坚持被称为“教母”的年老富贵的恩人。赫斯顿和洛克从头到尾介入此事，范·韦克滕从远处参与最后的争吵和决裂，这都说明，这些一般性的问题又一次和朋友、合作者之间性别的、性的和职业的关系交织在一起。我们使用“哈莱姆文艺复兴”整个名字来统一囊括的文化、艺术运动再次证明它是一个反复无常的文艺圈子，在不同的层面上，展现了个性和观念，事业的异同，支持与对立，权力的不均衡。

1930 年与梅森夫人的痛苦决裂，意味着打破休斯带着感情色彩的规划，也中断了伴随其中的对升华的黑人民族自豪感的呼吁。“我没有感到原始的韵律在我身体里汹涌，”他写道，“……我只是一个美国的黑人——热爱过非洲的外表和非洲的韵律——但是我不是非洲。我是芝加哥、堪萨斯城、百老汇和哈莱姆”（325）。他从困境中出来，拥有立足社会的对黑人文化的自我认同感（体现在他的文章“黑人艺术家和种族的山”里）以及立足自己阶层的根深蒂固的忠诚。正是出于这一点，我相信（说起来好像有些矛盾，但是我相信），当文艺复兴接近尾声时，休斯渐渐地发展了立足于城市的平民主义者的现代主义。

两种现代主义：兰斯顿·休斯和梅尔文·B. 托尔森 (Melvin B. Tolson)

在 20 世纪 30 年代，我们看见，休斯面向黑人无产阶级的生活经历而且偏爱爵士乐而不是布鲁斯的文化表现形式。J. A. 罗杰斯认为爵士乐等同于美国的风尚：它“和电影、美元排列在一起，是现代美国风尚最前沿的代表”，它吸收了“美国人的精神，无论白人还是黑人，他们都有蓬勃的生气，紧张的情绪，不循规蹈矩的精神，与英国人或德国人那种拘谨的、正式的风格截然不同”（216，220）。对于欧洲人和德国的先锋派来说，他们尤其喜欢爵士乐和美国，并视之为机器时代联合的符号（Tower 1990）。黑人爵士乐手和美国，两者都受到仰慕，被视为互不协调的标志，代表异域的“他性”与疯狂现代性的结合：原始性与新世界狂热的碰撞。同时，“新潮”、“文艺复兴”——在这 10 年里相当活跃的词语，尤其是与爵士乐联想在一起的城市生活和交通（使乐手在城市甚至是在大陆之间巡回演出）、通讯、录音和推广领域中日新月异的技术手段，这一切证实了爵士乐与社会进步、社会的现代性之间比喻意义上的联系。①

但是，如果哈莱姆、新黑人和爵士乐是“现代的”，那么爵士乐也同样是“现代主义的”吗？我想，答案是这样的：20 世纪 20 年代的爵士乐是崭新的，但是是逐步发展的，不是革命性的；其中与性相关的氛围，如同欧洲一些现代主义的派别一样，对中产阶级的体面是公然的侮辱；在乐队之间，比如弗莱彻·亨德森（Fletcher Henderson）和保罗·怀特曼的乐队，尽管在肤色和商业行为上存在差异，爵士乐基本上是舞蹈音乐，和其他现代主义的派别不同，爵士乐大体上是社会的、大众的艺术。我相信，在公认的文艺复兴时期过后，在 20 世纪 40 年代和 50 年代出现了一种“现代主义”的爵士乐，伴随而来的是惹人注目的经久不衰的现代派的“爵士诗歌”的榜样：休斯创作的《延迟之梦的蒙太奇》（*Montage of a Dream Deferred*，1951）和《问问你的妈妈》（*Ask Your Mama*，1961）。接下来，我想讨论这第一首诗，并且和另外一位风格不同的现代派黑人诗人梅尔文·B. 托尔森（1899 -

---

① 南利（Nanry，1982）证明了爵士乐与资本主义扩张、批量生产的技术手段、现代城市之间的关联。但是，他的文章标题中的“现代主义”指的是现代性和“现代化”的过程，并非美学上的现代主义。哈维（Harvey，1991）在自己的文章里重复了罗杰斯的观点，认为 20 世纪 20 年代爵士乐的“现代主义”蕴含着对传统的反叛。

1966）的作品进行简单的比较。

当然，本次讨论在很大程度上取决于我们对现代主义的解读。从其最无争议的含义看，它意味着在某一媒介范围内进行的明显的、正式的实验。因此，现代主义的艺术需要具备关注自身利益的自主权——早期的爵士乐乐队和强节奏爵士乐乐队不具备这一点。本次讨论更多地还要取决于现代主义内在的创新是如何面对社会现代性的“新潮”的，这样的社会如何接纳它，社会阶层、性别、种族渊源在意识形态上对它的影响，以及它和大众文化的关系。与黑人创作和文化有关的现代主义的构建，针对这一点进行的辩论，所使用的术语在休斯顿·贝克（Houston Baker）、乔治·哈钦森（George Hutchinson）和迈克尔·贝鲁布（Michael Bérubé）的观点中都得到了阐释。有趣的是，他们的观点都涉及到：休斯的诗和托尔森的作品一直以来是如何解读的，有可能如何解读。我想首先回顾这些观点。

贝克在《现代主义和哈莱姆文艺复兴》（*Modernism and the Harlem Renaissance*，1987）里直接挑战现代主义文学中盎格鲁-美利坚-爱尔兰正统的主导地位。针对19世纪80年代到20世纪30年代这相当长的现代时期“美国黑人颇富表现力的文化”，贝克提出“复兴主义”（8）这个术语，取代盎格鲁-美利坚-爱尔兰正统的对“文明”局限性的解读以及伴随着的支撑性的批评理论。他认为，美国黑人传统行使的是“权力的形式”或“权力的歪曲”：美国黑人的文化运用这样的话语策略吸收或重新利用居主导地位的白人的话语模式，为的是使美国黑人“典型的”精髓或种族“精神”受益（1988：5）。哈钦森批评贝克模式的二元对立及其引发的对黑人特性的本体论观点。哈钦森强调“种族间、民族间多种多样的文化资源”，而有人坚信哈莱姆文艺复兴中“美国黑人的文化财富”以及“美国黑人文学的现代派”之间产生了碰撞和紧张关系（19915：25）。但是，哈钦森的看法最终不具有说服力。原因之一是，“文化之间的母体”、超越种族传统明显差异性的“亲缘关系”，对这些概念的描述，有碾平艺术、社会、种族化的不平等这样的风险。第二，当哈钦森说到“美国的现代主义”、“美国黑人的现代主义”时，他没有在审美上或者形式上给出充分的定义。①在他的研究中，现代主义毗邻“文化民族性的争议问题”（7），现代主义是由实用主义哲学、人类学和民主理论的思潮构成的，而且他倾向于认为这些思潮在现代主义参与者的思想中起积极的作用（30）。毫无疑问，他避开美学现代主义，是因为它已经被欧洲高雅现代主义的倡导者所占有。不过，结果是这片艺术活动的领域被移交而不是被重新占领。

然而，迫切需要的倒不是给出形式主义的定义或重新定义，而是需要详细地描述术语和标准，这种详述会是哈钦森所涉及的知识分子根深蒂固的创作条件的延伸版本，“高雅现代主义”就是依靠对术语和标准的详述成为尘埃落定的正统理论。详述术语和标准会澄清一个事实：除了格雷夫斯和赖丁（Graves & Riding）1927年发表的《现代主义诗歌鸟瞰》（*Survey of Modernist Poetry*）以外，对现代主义的定义并未再出现，直到20世纪50年代美国的批评家开始深思这一文学范式的消逝（Brooker，1992：5－13）。因此，“现代主义”是一个回溯性构建，它的参与者们和它后来的保存者们的脑海里所思所想迥然不同，不可同日而语。只有在后期阶段，有了不同类型的现代主义，“后现代主义”也开始崭露头角。贝克1987年的“复兴主义”驳斥了早期的业已萎靡的模式，驳斥其历史的、种族化的视角存在的局限性。贝克在重置20世纪早期（以及以后的）黑人文学和艺术时，他实质上也在批驳20世纪中叶的批评体系。虽然那种正统的批评体系是贝克的对手，但是他和哈钦森一样，倾向于忽略它，也因此忽视了它所诠释的文学。

① 哈钦森后来引用《新黑人》中休斯的诗“我，也，歌唱美国（I，too，Sing America）”作为这种“亲缘关系”的例子（414）。这么做却忽视了诗人在诗中声明“我，也是，美国（I，too，am America.）”时所处的不利地位。当哈钦森处理定义这个问题时，他说哈莱姆文艺复兴的现代主义汲取了现实主义和自然主义话语的传统（117－120）。这是有趣的，对休斯来说，也是恰当的。但是，我们为什么把他所讨论的“知识分子的传统”称为“现代主义的”而不是“现代的”，这还不甚清楚。

贝鲁布直接思考权威的现代主义的构建，综述了从20世纪50年代到90年代人们对托尔森逐渐变化的接受过程。正如他所希望的，这段时期，批评倾向的变化，意味着我们愿意理解托尔森在过去二三十年被忽视的状况，而且愿意想象“他的作品，以期对其作品的视角得以重建”（1992：188）。这一观点试图以新的方式使“复兴主义”和“民族间互文性”的实践具有历史真实性，因而有助于准确找到托尔森和休斯在现代主义的塑造和重新塑造过程中所处的具体位置。

不过，这两位诗人各自的创作方案尚需加以说明。休斯的诗歌仿照美国平民主义者或民主主义的榜样，这些榜样既有黑人也有白人，即：沃尔特·惠特曼（Walt Whitman）、卡尔·桑德堡（Carl Sandburg）和克劳德·麦凯。在《延迟之梦的蒙太奇》里，休斯运用源自欧洲电影和绘画的理念即“蒙太奇”手法，将上述这些传统上的资源财富与爵士乐的习语和结构融汇在一起。休斯早在《单程车票》（*One-Way Ticket*，1948）里就给其中的一首诗命名为“蒙太奇”；兰博赛德说，休斯把蒙太奇视为“20世纪最重要的媒介”，此时，他刚好也意识到迪齐·吉莱斯皮（Dizzy Gillespie）、特洛尼斯·蒙克（Theolonius Monk）和其他博普爵士乐手、比博普爵士乐手在爵士乐上已脱胎换骨（1988：151）。这是爵士乐创作的现代主义时期，此时纽约以世界上的“爵士乐之都”而非“种族之都”而闻名。在40年代末，重要的黑人音乐家，特别是迈尔斯·戴维斯（Miles Davis），开始和白人音乐家一起演奏，比如格里·马利根（Gerry Mulligan）、吉尔·埃文斯（Gil Evans）和肯尼·贝克（Kenny Baker）。

休斯在给自己的组诗最初写的序言里，其创作意图显而易见：

> 说到当前美国黑人的流行乐和它发展至今的源头——爵士乐、雷格泰姆音乐、强节奏爵士乐、布鲁斯、布基伍基乐和比博普爵士乐——这首诗说的是哈莱姆，它如同比博普爵士乐一样，充满了冲突性的变化，音调突然的变化，突兀鲁莽的感叹语，断裂的节奏；诗节有时似爵士乐即兴演奏会，有时仿佛流行歌曲。这个

过渡中的社区，其音乐里的连复段、急奏、即兴独奏华彩段和唱片的失真等不时出现。

《蒙太奇》最终追踪的就是这个社区：它通过一张哈莱姆多个地点（莱诺克斯、明顿俱乐部［Minton's］、“小小”爵士俱乐部［Small's］、哈莱姆基督教青年会［The Harlem Branch Y］）构成的心理地图，记录着街道上的生活，用从早到晚的时间流逝来呼应黑人和白人之间朦胧的地带和明显的反差。这首诗的社会内容、通俗的习语和爵士乐的表达形式都是无可置疑的。这是一首有声音、有语言的诗歌，其爵士乐式的连复段、颤音、杜撰的新词（“结合［combinate］”、“诡计［trickeration］”）和偶尔出现的布鲁斯式的叠歌，这一切不时地打断一连串常常是并置的“对话式的声音”——孩子、女人、男人表达逆来顺受、大胆的自我肯定、愤世嫉俗以及“在所有错误的地方”以大笑反击他人的讥笑这种幽默的表达（“电影［*Movies*］”，1986b：230）。

这些声音述说着这个世界根深蒂固的不平等（“我知道我当不了总统”，223），说到这个世界的种族主义、歧视和哈莱姆的相对安全（“这不是电影［*Not a Movie*］”）、白人和黑人之间转瞬即逝的平等（在“地铁站的高峰时间”［*Subway Rush Hour*］里，“呼吸和气味混合在一起，如此近……如此近，没有恐惧的空间”，265）；他们更深刻地表达自己持久的、复杂的、不情愿的互相依赖（“你中有我，老师。/ 你是白人——/ 然而我中有你，正如你中有我 / 这就是美国”，“为英语 B 而写的作文［*Theme for English B*］”，248）。这首诗在单个的音符、旁白、独唱中随着梦想的情感节奏（“哈莱姆的心跳”，227）蜿蜒流淌。这延迟的梦想在诗歌的下层发出隆隆的响声，冲破表层，仿佛一场由母题、主题和语言构成的爵士乐即兴演奏会，将这首诗推到激情愈加澎湃的结尾。

我们可以带着些许公正的心理，认为休斯的诗既是“对话体的”的诗歌又是一首“爵士乐式的诗歌”。说它是“对话体的”，因为巴赫金在运用“对话体”这一术语时结合同意的声音和异议的声音；说它是“爵士乐式的诗歌”，因为这首诗符合爵士乐演奏中的节奏、和声和不谐和音。人们认为，到目前为止，拉尔夫·埃利森（Ralph Ellison）对爵士乐作了最好的描述。埃利森认为自己在休斯认识博普爵士乐的过程中起了一定的作用；而且，“蒙太奇”这首诗也是写给拉尔夫·埃利森和范妮·埃利森（Fanny Ellison）的。埃利森在描述爵士乐的时候，脑子里浮现的是比博普爵士乐和查理·帕克（Charlie Parker），他笔下的爵士乐是对话式的，准备好要去战斗的艺术，每一次即兴的独奏都源自对其他乐手的挑战——他把“每一个真正的爵士瞬间”都视为“对身份的一个定义：是个人的、集体的一员还是传统链条上的一个环节”（1967：234）。

埃利森的描述非常接近上述对“现代主义”的总体描述，以及哈维对“现代主义”的描述（1991：135－137）。爵士乐凭借其内在的、形式上的实验而成为“现代主义的”，而比博普爵士乐尤其符合“现代主义”的定义。但是，倘若我们能走进爵士乐创新性的独奏、集体的活力、爵士乐的传统以及标志着社会现代性的个人与社会群体之间的紧张关系，悟出所有这些因素的含义，那么我们就可以突破“现代主义”的定义。事实上，南利对爵士乐和现代性的描述只是暗示说，在这个新的、现代化的城市里，爵士乐的创作、个人与社会集体之间的关系，这二者之间有同源性。爵士乐，尤其是比博普爵士乐，渐渐地呈现城市居民所经历的“分离和流浪”以及人们那被迫的、“常常是痛苦的”对“共性”的寻觅（1982：49）。

在休斯的这首诗里，社区意识是碎裂的，潜伏的。梦想那秘而不宣的“布基伍基乐曲式的隆隆声”作为共同的认识而出现（“你可曾听见?”），或者说这声音为了一种共同的意识——知道并体会到这梦是延迟的——提供了节奏。这首诗里解释性的段落文字抓住了那些带来好运的时机或明媚阳光的周日（此时，“哈莱姆有它自己的/洗了又熨又去清洗的最美的外表），呈现了生存和社交的策略。有时候，这个社区的人们会在歌曲、舞蹈或者街道的游行队伍里体会到片刻的喜悦和融为一体的完整性。这首诗在即将结束时，将自己的同情心延伸到其他的种族，哈莱姆的犹太人和西班牙人，在少数情况下，也会延伸到市中心的白人（“同样［*Likewise*］”，“早上好［*Good Morning*］”，“在路缘上的对话［*Comment on Curb*］”）。

梦想惨遭挫败，处于下层社会的人们都有这样共同的经历，这首诗代表他们问了一个问题：“延迟之梦会怎样？它会枯萎、腐烂、萎靡，还是会爆炸？”（268）。因此，这首诗针对20世纪30年代哈莱姆出现过的那种动荡和骚乱提出了警告，但是通过任何有组织的社会机构来做动员都是不明智的。这首诗表达了集体的挫折感，并竭力寻求一个集体的解决办法。这一解决办法首次出现在“自由火车（*Freedom Train*）”这首诗歌中，出现在其中蕴涵的对美国政治本质和命运的信条里。但是，休斯把这首诗从他1959年的《诗选》中删除了。美国民主的“梦中之梦”剩余的部分是这样的一个幻觉：跳吉特巴舞①，歌唱哈莱姆的团结（“展望［*Projection*］”）以及包裹在“舞声”中的“金、棕”双色（“大学的舞会：复兴赌场［*College Formal: Renaissance Casino*］”，“岛［*Island*］”）。早期固执地坚信黑人的民主会像火车不可逆转地到达终点那样最终会实现，而“自由火车”这首诗歌的删除，也就等于撤销了早期的信心，不过，民主的理想并未放弃。我们可以说，作为结果而产生的紧张情绪就体现了它最终的情感结构：一个无法分解的二重奏，白中有黑，黑中有白（“我中有你，正如你中有我”）。

在一个重生的文化和意识形态的统一体里，当人们表达一种尚未完整却满怀希冀的意识和一种焦躁不安的仅存于口头上的信心时，他们会体会到上述的紧张情绪。因此，我们还可以说，这种紧张情绪也是许多“经典的”现代主义诗歌的特征。这并非意味着我们最终或从

① 吉特巴舞（jitterbugging）：一种紧张激烈的舞蹈，伴有快节奏的摇摆或爵士舞曲，由不同的两步舞步组成，并有旋转等装饰性舞步，有时还有特技动作。——译者注

根本上要像解读《荒原》或《诗章》那样解读《蒙太奇》。《蒙太奇》确实和这些还有其他现代主义的文本有共同的表面结构或错综复杂的问题群，这是一种渴望实现协调又遭到挫败的结构。但是《蒙太奇》有自己的渊源，对社会有愤懑的情绪，也有民主的情绪，因而又极大地区别于其他现代主义文本。传统的时期划分可能将休斯的现代主义视为“延迟的”。贝克的理由是，黑人的创作是在盎格鲁-爱尔兰-美利坚正统的标准范围以外自我重生的，因此，他认为我们应当视黑人的作品为反现代主义。不管怎样，休斯的诗歌在重要的方面都是从自己与现代主义正统观念的关系中获得意义的。20 世纪 50 年代一直到 60 年代，拉尔夫·埃利森和梅尔文·B. 托尔森所开辟的其他版本的“黑人现代主义”也是如此。当然，这两位作家的作品与休斯的作品又迥然不同。我想简单地回顾托尔森和休斯之间的差异。

托尔森生长在一个循道宗的牧师家庭，早年的家庭生活使他拥有宽松的、接触欧洲艺术和哲学的环境。后来，他在菲斯克大学和林肯大学学习，在德克萨斯州和俄克拉何马市有从教的经历，这使他在美国黑人的社会圈子里有更加稳固的地位。他早期的诗歌、短篇故事都是用黑人轻快的方言写的，在 20 世纪 30 年代末面世，也得益于他于 1930 年到 1931 年在哥伦比亚做研究生时对哈莱姆文艺复兴的研究。他的第一本诗集《与美国约会》(*Rendezvous with America*，1944) 探索的是黑人历史上被人遗忘的名字和事件。然后，在 20 世纪 40 年代末，他自觉地投入现代主义的实验，这戏剧性地超越了他作为诗人的使命感。他宣称，“这是 T. S. 艾略特的时代”；不可能偏离“这现代的语言”(Bérubé，1992：65，66)。结果，长诗“E. & O. E”(1951) 和《为利比亚共和国作的歌词》(*Libretto for the Republic of Liberia*，1953) 就诞生了。前者是一首高度引经据典的长达 15 页的诗歌，带有脚注，发表在《诗歌》杂志（该杂志和现代主义文学已经有长期的联系）上。卡尔·夏皮罗（Karl Shapiro）时任《诗歌》的编辑，此前他曾经拒绝发表休斯的诗歌。《纽约时报》(*The New York Times*) 热情地赞扬托尔森的《歌词》，认为它可以和艾略特的《荒原》、克莱恩

(Crane）的《桥》（*The Bridge*）和威廉斯的《帕特森》（*Paterson*）媲美。艾伦·泰特（Allen Tate）在给这首诗写的“序言”中赞扬托尔森，说他是首位能“彻底领会并运用这个时代完全诗意的语言，即盎格鲁-美利坚诗歌传统语言”的黑人诗人（Rampersad：235）。兰博赛德则把《歌词》一诗描写为“黑人作家曾经创作的超欧洲的非平民主义的诗歌”（235，同时见 193，201）。托尔森已经成功地，或许看起来已经成功地为少数人创作了一种有学问的现代主义，并且成功地推出自我，成为后期的现代化版本的渴望成为“诗人而非黑人诗人”的康提·卡伦。这一独特之处，如泰特的“序言”所说，意味着“诗歌”在严格的意义上是无色的艺术，超越了种族和种族渊源。①虽然托尔森是一个黑人诗人，他是否为 T. S. 艾略特的仰慕者们创造了一种“白色的现代主义”？如其不然，用贝克的术语说，他是否实施了“权力的歪曲”，重新运用霸权的现代主义为黑人的文化服务？现代人们接受这首诗歌，这是对第一个问题的说明。但是，贝鲁布认为，无论是泰特的“序言”，还是夏皮罗善意地回答说“托尔森使用黑人的语言写作和思考”，其效果都掩盖了托尔森的创作理念。托尔森在晚年时曾说：“我，作为一个黑人诗人，汲取了伟大的白人世界里伟大的思想，将它们置于我民族的语言的大熔炉里来解读。我的根扎在非洲、欧洲和美洲”（Tolson：1999：xii）。1966 年托尔森辞世时，作为美国黑人生活史诗第一部分的《哈莱姆艺术馆》（*Harlem Gallery*）仍在创作中。对于贝鲁布来说，这部作品就是托尔森创作理念之诗的见证。

诗歌《哈莱姆艺术馆》有 24 个部分，每部分都由一个希腊字母开头。负责这个艺术馆的“馆长”，给其他艺术人物、艺术理念安排位置

① 当然，这一观点仅仅证实白人拥有的权力是人们认可的、看不见的种族和文化标准。见理查德·戴尔（Richard Dyer）的《白色》，伦敦：劳特里奇（Routledge）出版社，1997，2－3。

时给出的理由，与希德霍·海茨（Hideho Heights）① 这个人物批驳性的诗歌艺术形成鲜明的对比。贝鲁布说，这一冲突体现了现代主义核心中长期存在的与艺术自由和大众社会（mass society）有关的辩论，也正是这首诗的中心“议题”（1992：67）。这首诗最终解决了这一冲突，支持“馆长”先锋派的倾向，支持文化的“垂滴”理论：“艺术”，若因其遇到困难、面临阻力而屹立，随着时间的流逝，必然会使大众社会中的“平民百姓”受教育（127－132）。贝鲁布认为，当这一结论有可能走进现代主义的艺术馆并赢得学术界的认可时，托尔森却把这一美学“神话”当作一个计策，一种“伪装”，这首诗在乔装打扮之后方能实现其真正的目的（131，139）。贝鲁布论证说，如果 T. S. 艾略特代表的是一个无法逃脱的模式，那么托尔森恰好是用“逃脱”的方式有意“扭曲”这一模式，仿佛奴隶时代逃跑的奴隶将主人洗劫一空（Bérubé：145，190）。因此，用贝鲁布的话说，托尔森的目的是“做 T. S. 艾略特的主人”（64），把欧洲现代主义进一步解读成为非洲裔美国人的现代主义。②

贝鲁布表明，批评性解读和判断的术语已经发生巨大的变化，因而要重新解读托尔森。除了他自己的研究以外，能支撑这一观点的还

---

① 希德霍·海茨（Hideho Heights）是《哈莱姆艺术馆》里一个虚构的黑人诗人。他的名字来源于爵士乐手凯布·卡洛韦（Cab Calloway）（1907－1994）的音乐签名 Hi-De-Ho。——译者注

② 奥尔顿·L. 尼尔森（Aldon L. Nielsen，1992：266）认为贝鲁布的观点“有一半是对的”。尼尔森论述说，托尔森竭力证明：从文化和历史的意义来说，非洲裔美国人的现代主义，其存在领先于盎格鲁-美利坚的模式。如果从相反的角度去思考，就意味着“忽视托尔森诗歌的本质以及其语言的广度”（245）。他曾说过，“14 世纪非洲的文化与欧洲的文化地位等同”，并强调说，贝宁（Benin）工人的技艺可以被视为是“和切利尼（Cellini）最好的雕塑同等的”（249，250）。遗憾的是，尼尔森提出这些论据只是为了敦促用另外一种体系代替这一种族化的文化等级体系，仅完成政治化解构一半的使命。另外，正如尼尔森所论述的，“他诗歌的本质”是从意识形态和文化的意义上决定的。

有更多的事实：托尔森的作品出现在大学的课程里，被收录在文学选集里，出现在网站上；评论性论文的发表，学者撰写的注解的出版；《哈莱姆艺术馆》20 年后又有了一个新的版本。但是这一切仅就解读的术语和臆断提出了更宽泛的问题，因为这些术语和臆断在评论、文学和文化范围内确定并修改。20 世纪 50 年代和 60 年代的现代主义是由一种盛行的文化“品位”决定的；它混合了批评家的权力、已确立的“现代主义的”传统以及尊重复杂性、严肃性和艺术奉献的美学标准。在这样的环境之下，托尔森被当作一个严肃的现代主义艺术家而得到认可（这有些讽刺意味），而休斯则被排除在外，他的诗歌缘于所谓的简单、商业主义、民间习语的运用等因素遭到抛弃抑或受到礼遇。事实上，这意味着现代主义或它作为“艺术”的正统构建所依赖的严肃性与通俗性之间的鸿沟会加深。夏皮罗是托尔森最坚定的支持者中的一员，他如果想到一个“真正通俗的”艾略特或庞德，会不寒而栗（Bérubé：42）。对现代主义和先锋派的不同理解，仍然取决于挑剔的、势必是少数人的艺术与大众社会的一致性之间的距离。值得注意的是，这并非等同于黑人现代主义和白人现代主义之间的差异，因为标准的文化“品位”不会因为肤色而变化。埃利森严肃地奉献于“艺术”，因而在这一点上他和休斯就有了隔阂。20 世纪 40 年代和 50 年代的爵士乐，不遗余力地营造一种欣赏复杂性的品位，结果就超越了白人的商业，超越了前一个时期标准化的、黑人和白人共同参与的爵士乐，从而奠定了它作为黑人先锋派艺术形式的地位。

如果休斯和托尔森都利用了爵士乐，那么休斯更想在比博普爵士乐实验性的、新颖的表现形式和平民的语言之间求得平衡，而不是魔术般变出一种新的多语言混杂的风格。他的作品更明显地是乡土的、平民主义的现代主义。若说托尔森的作品是周游列国的交响乐团，那么休斯的作品就是当地的一个小乐队。按照查尔斯·伯恩斯坦（Charles Bernstein）的评价，休斯创作的《蒙太奇》就是“一首伟大的反史诗”；依照埃兹拉·庞德对“史诗”的定义，它又是一首“代表现在”而非“涵盖过去”的诗歌。伯恩斯坦说，休斯胸怀“这样的设想：把美国的诗歌深深地扎根于普通的语言而不是文学的语言中，不依赖文学的象征手法和传统的英语韵律，而是将口语中的习语视为音乐的源泉”（1992：149）。在两个主要的方面——史诗的概念和诗歌的语言——托尔森就处于休斯的对立面。我们一旦从 20 世纪 50 年代和 60 年代失实的陈述中安全地走出来，如何分别看待他们平民主义的现代主义和先锋派的现代主义，这就涉及到一个问题：文学的学术文化无论是对这些诗人的重新审视，还是对自己的臆断和价值观的修正，都是在哪种意义上进行的？已经走了多远？打算走多远？托尔森是否真的“歪曲”了高雅现代主义？他这么做是为了使高难度的知识和文学资源与通俗的、被重新重视的非洲裔美国人的传统渊源保持一种富有成果的关系吗？倘非如此，他是想“升华”这种通俗文化吗？还有，从根本上来说，投去赞赏目光的文学学会通过托尔森的作品，是否既赞扬少数人的文化凌驾于大众文化这一熟悉的等级体系，又找到了排斥现代性末期的文化、支持“现代主义”艺术和技巧传统概念的方式方法？编纂一部为课堂使用的现代派和后现代派诗歌的选集时，倘若编辑有意识地进行干预，他们会以一种有趣而稍微不同的方式提起这个话题。他们在接受了托尔森诗歌的革命性主张后，评论说：“尽管如此，其作品的宏大、与他熟知的文化和亚文化保持联系、失去联系的方式等，方方面面都不可思议地缺乏人们的认可”（Rothenberg & Joris 编，1995：614）。

因此，少数人的现代主义和平民的现代主义，它们各自的主张和对它们的评价，这个问题就涉及到它们与文化的关系还有它们的支持者们。我原本为托尔森提出这个问题，但是在同样的意义上，它当然也适用于休斯，而且，正如我一直想强调的，它也适用于构成支持者或产生支持者的文学学会。这两种现代主义和这种批评话语与哪些文化、亚文化有关系？答案往往会像最初的问题：任何的进步都会因为旧的现代主义根深蒂固的自相矛盾而受阻碍。也许雷蒙德·威廉斯可以提供一个方法，让我们走出僵局。威廉斯说，我们可以思考我们如何造就“一个现代的未来，其中的社区可以被再次想象”，这样我们就能迈出必要的一步，跨越过去和现在现代主义（和后现代主义）的固定性（1989a：35）。总体上来说，休斯“平民主义的现代主义”，用《蒙太奇》里的话说，是一个“展望”，它运用传播信息的简单性和严肃、光怪陆离、有商榷余地的复杂性，面向未来。我们可以说，它把没有精神创伤的生活梦想成为现代的、黑人的和美国的生活。而托尔森用一种不同的毫无疑问是更具挑战性的风格，产生了一个带黑人口音的未来的世界主义。他是全球的，而休斯是地方的。现在，我们可以把早期的他们视为是反现代主义的，因他们竭力反对威廉斯说到的那种“固定性”。他们过去是，而且一直是充满希冀的。因此，他们促成了一个“现代的未来”，依靠两个途径：第一，从某种意义上说，他们提出了现在的问题；第二，用威廉斯的话说，他们鼓舞人们去想象一个选举区或社区，在这个社区里，再极端的分歧都能弥合。《蒙太奇》和《哈莱姆艺术馆》，都印着一个明白无误的标志，指明未来是这样的一个世界：旋律调合，和平共处；有住宅区，有闹市区；有博学的，也有通俗的；有少数的，也有大众的；有扎根本土的，也有离散的；有黑人也有白人。一旦跨越这些固定的配对，他们的差异就变成了延异①：保持着联系，又接触不到，既蕴涵着过去又体现了现在，但是更重要的是，当那种现代的未来仍处于塑造当中的时候，它势必是延迟的。

---

① 延异（différance）是法国哲学家德里达一个自创的符号，他将差异（difference）中的一个字母e变为a，在法语中此处－ance和－ence读音没有差别，人们就听不出“差异”和“延异”的不同。“差异”和“延异”发音同，而后者却是对前者的扩大、补充和散播。这是德里达的解构策略：借助一个常见的符号，予以适度变更，引起同一体的爆裂，并散播出更多的差异。——译者注

第三章　在民族性之内：市郊人的内心世界

黑皮肤的英国性（Black Britishness）

斯图亚特·霍尔（Stuart Hall）的文章“新民族性”（*New ethnicities*，1996［1988］）试图描述20世纪80年代英国在黑人文化政治上的“转移”，并将其概念化。这个时期，独立的黑人电影公司或合作公司形成，英国第四频道（Channel 4）出现，面向少数民族节目的委托制作的新政策出台，新的黑人作家、剧作家、乐队和歌手不断涌现，这一切是大势所趋，霍尔文章的论点也紧跟时代的趋势。所有这些变化，考比纳·莫瑟（Kobena Mercer）已经在他的文章“为种族和民族的叙事重新编码”（*Recoding Narratives of Race and Nation*）中详细地做了描述。英国当代艺术学院在伦敦召开某次大会后，这篇文章就和霍尔的文章一起发表在《黑人电影/英国影院》（*Black Film/British Cinema*，1988）上。这次大会本身也标志着英国黑人文化政治中的“转移”，就是霍尔要竭力确定的那个术语。这一新的思维模式在霍尔其他的论文（“多重小我［*Minimal Selves*］”，1987，“文化身份与离散社群［*Cultural Identity and Diaspora*］”，1990）以及下面讨论的早期的电影和文学文本中得以成形。可以说，霍尔的文章“新民族性”

以及相关的讨论回应表现了更广泛的社会、政治趋势：随着撒切尔主义（Thatcherism）的生根发芽，英国的“种族关系”进入与警察直接冲突、一触即发的关键阶段。马丁·雅克（Martin Jacques）和霍尔分析说（1983，1988），撒切尔主义是一种“专制的平民主义”。他们赞成激进的、进步的平民主义，质疑那种霸权的形式，他们在20世纪80年代早期就开始了自己的论证。

因此，“新民族性”这篇文章置身于英国20世纪80年代的众多事件和不断变化的政治文化风云中。它努力思考这些事件和变化，并使之连贯起来。霍尔论证说，关注的焦点已经从“表征的关系”转移到“表征的政治”。他说，前者围绕着“黑色”被用作一种假想的共同的身份。但是，霍尔用自己的例子在他的文章“多重小我”里说，“黑色”是他慢慢地认可、采用的一种身份，不是他自动去拥有的。而且，“是黑色的”这几个字在本质论上的含义，以及对非洲裔加勒比人、亚非人包罗万象的简单描述等，愈加证明是错误的，伤害人的。因此，霍尔说，有必要认识差异和多样性，结束“意识形态的无知”。这种无知使人想起本质的、共同的“黑色”，认为这能够在一个简单的逆转行为中代替一个霸权的“白色”。“表征的政治”最终注意二元分法的评论，注意欧洲后结构主义在思考意义的差异和延异时的重点所在。但是，观察“能指的无限滑动”可能会引起形式主义和政治退让，霍尔对此小心提防（1996：447）。相反，他效仿佳亚特里·斯皮瓦克（Gayatri Spivak）“策略本质主义”的概念，寻找表征的策略，使身份和定位的临时瞬间成为可能，使“政治行为……成为可能”（1997：137）。正如他在自己的文章“多重的小我”中所表达的，这样的瞬间就像话语中的标点符号；在连续的差异中，它不是句点，而是逗号：“我们把‘自我’、‘社会’、‘政治’称为未完成的结束”，他如此说（136）。

同时，这篇文章如标题“新民族性”所暗示的，旨在提出一个超越“种族”范畴（“种族”服务于“黑色”的本质论和种族主义）的思路，全新地理解民族性。这种理解与民族性传统的概念不同，甚至是相反的。民族性传统的概念用来支撑保守的民族主义。在福克兰群岛战争（the Falklands War）这件事上，民族性被用作辅助的方法来唤起“英国特性的”大众的、霸权的身份。霍尔针对“种族”和身份的论证与他针对撒切尔主义意识形态的评论是契合的。在这个方面，他建议干涉“民族性概念的内部”（1997：447），以强调文化不断发展变化对语言、信仰、习俗的影响，同时，使这一新的理解与服务于国家意识形态构建的那所谓的永恒性形成对照。

霍尔认为，20 世纪 80 年代早期的一批电影已经探索了民族性这一概念：黑色音频电影团体（Black Audio Film Collectives）的《汉兹沃思歌》（Handsworth Songs）、英国黑人电影集团桑科法（Sankofa）的《回忆的激情》（*Passion of Remembrance*）和《领地》（*Territories*）、斯蒂芬·弗里尔斯（Stephen Frears）的《我美丽的洗衣店》（*My Beautiful Laundrette*）。考比纳·莫瑟也认为这些电影标志着一个转折点。比如，《汉兹沃思歌》和《激情》是首批“黑人”电影在伦敦西区发行，而且，莫瑟证实说，这两部电影推动了向“表征政治”的转移。但是，这些电影在形式、目的、政治内容上都是非同一般的文本，在制作、发行的风格以及观众“大众化的”成功方面都别具一格，《我美丽的洗衣店》在这些方面最为显著。霍尔在结束“新民族性”这篇文章时，提出了一个问题：什么样的批评话语符合民族性在“文化的”而不是“本质论”意义上的概念？“一部电影因为是‘黑的’所以是好电影”，倘若我们不认同这个说法，那么我们评判电影的好坏需要寻求或制定什么标准呢？也就是说，伴随着新民族性政治的，会是什么新的政治化美学呢？

显然，这是一个困难的领域。霍尔的讨论将早些时候和萨尔曼·拉什迪（Salman Rushdie）就《汉兹沃思歌》的不同意见带了回来，在他的文章里再作讨论。拉什迪（1992［1987］）认为这又是一部“有关骚乱的电影”，它标准的长度，它对早年美好时光的回忆，强化了一种怀旧的情感以及一个将黑人当作社会问题的视角。他觉得这部电影的目的很抽象，很晦涩。更重要的是，拉什迪辩论说，这部电影说到了英国伦敦骚乱中的许多“故事”，却没有将它们呈现出来。霍尔认为，这部电影恰好是在努力找到一种新的电影语言；他为这种努力辩护，同时对抗在他看来拉什迪那居高临下的口吻。而达库斯·豪（Darcus Howe）则捍卫拉什迪对“黑人艺术和文化领域批评传统”的塑造所做的贡献（Mercer，1988：16－18）。

要在这两种观点中做出公断，那会是一个错误。当稳定的、非好即坏的二元评判失去可靠性时，辩论就产生了，上述不同的观点表明了辩论即将到来，因此相当有趣。这些不同的观点也见证了我们放弃对“黑人”身份的忠诚，开辟一种新的批评美学时面对的困难，因为这种新的美学既要接受不同意见的挑战同时又要遵循一个共同的政治目的。但是，对于后来的观察者来说，有一点是显而易见的（当然，这在当时是不明显的），那就是当时电影和相关的书面的虚构文本之间的差异。比如，迪克·赫伯迪格（Dick Hebdige）和考比纳·莫瑟认为，《汉兹沃思歌》《激情》和《领地》里使用访谈和取之于自然的声音，使用新闻镜头当作有教诲功能的旁白等等，这展现了一种共同的、政治化的、后现代的美学——“拼贴和互文性借用”（Mercer，1994：89）。总体上看，这是有说服力的。但是，《汉兹沃思歌》虽包含音乐、歌曲和诗歌，却使用非虚构的、主要是纪录片的风格，而《激情》是在两种小说化的叙事中间切换：第一种，在具有象征意义的沙漠背景里，一个黑人男人和女人照着原稿念，进行有计划的“思想的对话”；第二种，“人物”麦格斯和她的朋友、家人在城市里一天的生活。另外一个不同之处是，《汉兹沃思歌》在视觉上和主题上关注非洲裔和亚洲裔群体和警察之间的关系。尽管《领地》也同样有这个主题，它把背景设在与“嘉年华会”这个更广泛的文化主题有关的诺丁山①，想尽力将这个文化主题融入自己的视觉形式里。再说一下《激情》，它明显使自己远离“警察和黑人群体”这一话题，这清清楚楚地体现在麦格

① 诺丁山嘉年华会（Notting Hill Carnival），自从1964年开始，就是亚裔英国人伦敦当地大型的嘉年华会。——译者注

斯拍摄的学生电影中，它将警察和街道冲突的镜头制成粉红色的，这样就把注意力转移到了为了同性恋者尊严的黑人和白人游行者身上。接下来，针对麦格斯那段电影中的电影所发生的讨论，也就是对共同的“黑人”身份的讨论，从异口同声的赞扬，转移到使年轻的同性恋者和憎恶同性恋的黑人互相疏离的性政治的话题。麦格斯女同性恋的女性主义尤其向老一代的、男性黑人领袖的权威提出了挑战。《领地》也同样提出了性倾向和种族的问题，有两个年轻女人的旁白同声说到对“历史/她的故事”的需要。相比之下，在《汉兹沃思歌》里，荧屏上几乎没有女人，根本没有性政治的话题。《汉兹沃思歌》和《激情》相比，用霍尔的话说，可能更属于“表征的关系”，而不属于“表征的政治”。一旦从“表征的关系”转移到“表征的政治”，随之而来的是对民族性“内部”进行探索以求得对诸如年代、性别、性倾向问题的思考，《激情》进一步显示，争论的复杂化不仅产生多样性而且在“黑色”内部产生内在的纷争和对立。这让我们知道，“批评的政治”需要双重定位：“在民族性的概念内部”；在艺术表征的形式、语言和叙事风格“内部”。

小小的身份危机：哈尼夫·库雷西（Hanif Kureishi）

哈尼夫·库雷西的文章“彩虹记号（The Rainbow Sign）”于1986年和《我美丽的洗衣店》同一时间发表。他在文章的结尾提出了英国性和归属的问题。库雷西在文章里描述了他青少年时期英国种族主义和偏见带来的羞辱，这种羞辱如何使他“否定我的巴基斯坦的自我”（1996：73），又如何接受“他必须住在英国，住在伦敦的郊区，和白人在一起”这个事实（78）。他旅行回到巴基斯坦，去面对自己的构成成分中“异域”的部分，以这种方式探索这“小小的身份危机”（81）。他发现巴基斯坦也存在不同的阶级和宗教信仰，不同年代的人之间也有差别。他中产阶级的叔叔们模仿英国生活已经逝去的观念，而他们的同代人则坚守反西方的伊斯兰教的生活哲学。传统的、几代同堂的大家庭里弥漫的温情和相互间的鼓励、扶持是伦敦不曾有的，但是这种大家庭又把每个人捆绑在传统和规矩里。他被称为“巴基佬（Paki）”，不能“正当合理地宣称属于两地中的任何一个地方”（81）。人们认为，他在剧院工作，是为自己的无所事事找借口。他比那些听西方摇滚乐、性压抑的年轻男人更精明老练，但是他和他们一样，“喜欢外出”，喜欢他在郊区常见的那种充满了“理想、压抑的兴奋、苦闷和性的渴望”的鸡尾酒会（84）。因此，他与两种社会亲密或疏远的关系中形成的身份问题，在他穿越几片大陆、穿越历史的旅程之后仍未得到解决，相反使问题中一些新出现的方面更加突出（91）。他考虑了要在巴基斯坦住下来，重拾丢失的过去，好“使自己更加完整”（99），但是他发现巴基斯坦的反自由主义是不能接受的。因此，他返回伦敦，回到“我的国家”，回到在英国的“家”（99）。

而在这片国土上，不公平和种族主义已经摧毁奥威尔所描写的社会宽容和体面的固有形象。库雷西说，“家”、“我的国家”这些术语的内涵对于“不得不明白‘作为英国人’有异于往日含义的”英国白人来说，是一个挑战（101）。对于当前这个复杂的民族混合的社会来说，其问题是：它能如何充满“仁爱”，它给予个人何种“尊重”，它给予群体的权力，以及当它描述自己是“民主的”时，它的意思是什么（102）。“彩虹记号”这篇文章结束时提出的思考呼应文章第一部分所写的十年前所做的研究。该研究的对象是“对一种不同的、圆满社会的政治承诺”，在那样的社会里“政治视野、与其他受压迫族群的合作将更加宽阔”（79）。

在这篇文章里，库雷西的思路沿着 20 世纪六七十年代英国和巴基斯坦两种社会发生的变化来来回回地滑动。《郊区佛爷》（*The Buddha of Suburbia*，1990）把这些完全个人的思考转化为同一时期的伦敦小说化的时空体。这本小说一开始也同样承认内心深处以及国家的文化分歧，承认一种颇具洞察力的、可脱口而出的、自我的不完全感：

我叫卡里姆·埃米尔，我是一个英国人，几乎是土生土长的。

我常被当作一种滑稽的英国人，就像是从两种古老的历史中繁衍出来的一个新品种。但是我不介意——我是英国人（虽然并不以此为荣），我在伦敦南郊长大，正准备走向某个地方（1990：3）。

小说的这个开场白已经明显地有别于“彩虹记号”：较早地指明了常被误解的、风格上从自传到艺术（戏剧、电影、小说）的转变，艺术是库雷西探索身份问题的一个重要组成部分。与之相关的明显的区别还有，库雷西在“彩虹记号”里调查一个家庭、一种文化逝去的历史，而《佛爷》里面人物的念头和冲动一直朝着未来。卡里姆和小说里的其他主要人物一样，走过20世纪60年代末期和70年代这个文化时期，从伦敦南部郊区到伦敦市中心这“真正”的伦敦城，自身在物质空间和社会空间移动，对自我身份探索的渴望一直没有停息。库雷西本人的身份是一个职业剧作家、人种论研究者，和他相比，小说开篇中17岁的卡里姆，涉世未深，是一个赣第德（Candide）①。卡里姆并未被自己的过去所困扰，他只是从过去走出来，向未来走去：“我不想对自己追根究底，”他说，“只是说我想找点麻烦，这就够了。任何形式的折腾、行动和性的乐趣，只要我能找到就好。”（3）。

斯图亚特·霍尔论证了民族性应该如何从文化和历史的角度去解读和定位。《佛爷》显示，人的生命受阶级、民族，更重要的是受地理位置和所处时代的塑造，在人一生中可观察到的细节里，我们可见民族性的复杂程度。霍尔说，“黑色”并不能指代一个统一的民族性。同理，郊区也不仅仅意味着传统意义上的郊区。伦敦的郊区和传统的郊区有一个共同点，那就是它不是伦敦的市中心。但是，在卡里姆的家庭解散以后，他在五个不同的邻里社区生活过，在社会经验、社会礼仪、道德标准、理想抱负方面都有微妙的差异，即使在郊区的中、低阶层也是如此。哈伦的情人（查理的妈妈）伊娃与卡里姆的妈妈在这

---

① 赣第德（Candide）是伏尔泰的小说《赣第德》中的人物名字，意思是“老实人”。——译者注

些方面就迥然不同，她们也不同于喝杜松子酒、正派体面的保守党党员、卡里姆的姨妈简。他们居住的地方也各不相同：简和泰德住在奇斯尔赫斯特，哈伦住在布罗姆利，伊娃的家在贝肯纳姆，因此他们的住处已然不同，更加有别于安瓦尔邋遢的“天堂商店”和安瓦尔的女儿杰米拉后来迁入德特福德的公屋。在伊娃的启发之下，在她的野心和对“生活”的渴望的引领之下，公务员哈伦以一个自学成才的佛教徒（“一个叛逆的穆斯林，戴上了佛教徒的面具”，卡里姆评论说，16）的身份重新走进社会。对于伊娃和卡里姆来说，郊区有一种压抑的烦闷；郊区是“一个让人离去的地方”（117）。让人生存、发迹、成功的地方不是边缘地带，而是中心地区，是“伦敦城，那里的生活充满无限的诱惑”（8）。但是伦敦的“生活”证明是混杂的，有等级划分的，在一张“阶级、文化和金钱”的社会地图上，西肯辛顿就位于汉默史密斯（“类似乡村”）、破旧的伯爵宫和富有的肯辛顿“自然的、放荡不羁的文化界人士聚居区”（174）之间。

小说中对身份的探索所发生的地点就在这些社会与空间的坐标点上。更重要的是，人物自我转化的过程依据大都市艺术和当代流行音乐文化提供的机遇和荣誉得以呈现。虽然是伊娃激励哈伦从装修好的房子搬到另外一处房子，搬了几次家最后到西肯辛顿。是她的儿子查理这个未来的流行歌手吸引着卡里姆。流行音乐给查理和卡里姆提供了一个亚文化身份，在其中，风格和才华可以消减阶级身份。霍尔（1998）指出，20世纪80年代，音乐被编码为黑人青年的风格和“态度”，音乐便成为自我表达的手段，在一个处处是偏见和不平等的世界里成为一道充满希望的风景线。卡里姆喜欢的音乐属于早一个年代：甲壳虫乐队、滚石乐队、范·莫里森（Van Morrison）和鲍伊（Bowie）（据说是卡里姆和查理的校友）。他还在查理的带领下，认识了平克·弗洛依德摇滚乐队（the Pink Floyd）。与十年后非洲裔加勒比人的音乐风格的特殊性相比，英国这一代流行乐带来的只是对布鲁斯或黑人布鲁斯渊源的一种惯常的认可。《佛爷》中20世纪70年代的流行乐展现了一种“生活方式”，但是这种生活方式只是明确地表达了英国或者盎格鲁-美利坚的民族性。

布罗姆利当地的一家小酒馆展现了具有叛逆精神的年轻人的文化风格——上了一点岁数的泰德夫妇、摇滚歌手、光头仔①，卡里姆的朋友们就在其中。这道风景也体现了另外一层重要的意义。卡里姆和海伦、杰米拉一起进入这家酒馆，他说："两个嬉皮士，一个巴基佬"(75)。这个巴基斯坦人是杰米拉。值得注意的是，卡里姆这个人物并没有说他自己是一个巴基斯坦人，更没有依据肤色来介绍自己。在一个"身份就是外表"的世界里，他把外在的特征视为中性的或者看不见的。在小说中，郊区见证了种族主义带来的伤害和鲍威尔主义②的爆发，郊区在某些方面是被民族性编码的，比如，哈伦认为自己是有修养的，是异域的模糊的"东方"他者。也许在有些时候，查理和卡里姆之间的关系反映了对殖民地主人和奴隶之间混合的欲望和藐视的经典描写。但是这些感情是在深层的无意识中存在的，只有当自卑(249)或迷惑（"我身上哪些东西让你这么讨厌？我想问"）(132)时方才浮出表面。对于卡里姆（"为何对自己追根究底？"）来说，这些感情是存在的。在这个文化时空，对于卡里姆这种"滑稽的英国人"来说，对郊区种族主义的解决方法或者"反击"方式是到别处去（或成为别人）；对"不同大陆、不同血液的畸形融和"的解决方法是认为或渴望它是无色的。也就是说，流行乐以及它所孕育的未来在不知不觉中被编码为白色。

在其他相关的方面，查理这个人物突出了戏剧性这一隐喻的重要性，也突出了小说的技巧性和真实性这一主题。后嬉皮士摇滚乐逐渐衰落的模式突然步入另外一个阶段。朋克摇滚乐开阔了查理的视野。"今晚，60年代已经被注意到了"，他宣告说，"60年代就是他妈的未

① 在英国，常指剃光头的年轻人，他们穿紧身衣裤，大皮靴，常在街上打架斗殴。——译者注

② 鲍威尔主义（Powellism），指20世纪英国保守党议员鲍威尔鼓吹的限制或终止有色人种向英国移民等政治和经济主张。——译者注

来”（131）。但是这也标志着这两位年轻人之间的隔阂出现了。卡里姆明白，朋克摇滚乐是一种阶级风格，对于从郊区来的优越的男孩子来说，是“做作的”（132）。在后面的一个章节里，查理和他的乐队以“英雄查理和受咒诅者”为名称的朋克表演队重新出现时，卡里姆将查理“虚构的怒气”和自己的主导情绪——“野心”——对比起来（154，155）。伊娃把他推荐给有野心的、自命不凡的戏剧导演沙德韦尔（Shadwell）。从这里开始，剧院成为卡里姆“表演”自身成长过程众多事件的舞台。他的领域是剧院这一物质文化的工具，而不是舞台演出的表演能力。

伯特霍尔德·舍尼（Berthold Schoene）认为，卡里姆在某种意义上无需经历小说描述的“对身份忙乱的追寻和自证真实”(1998：115)。舍尼相信，卡里姆是“一个具有完全解构能力的人物”，他在那些“深陷永恒的、不可解决的身份危机的”（117）人物身上探究清晰的定义，研究他们对平衡的稳定性的寻求。舍尼说，“他的主体性丝毫没有变化”（117）。显然，这种解读和上面的描述是不一致的，而且它自身也是有矛盾的，因为它认为卡里姆是一个有影响力的人物，既稳定，统一，又无限制，对稳定性有破坏作用。卡里姆“从未在演出中迷失自我”（115），从未混淆“生活与演出，人格与道具，把演艺严格地限制在舞台上”（117）。这不仅意味着卡里姆拥有一个可能失去的身份，而且它也忽视了演出的转化作用，演出影响生活，影响卡里姆发现不完全的、混杂的然而是不断发展的认同感这一过程。卡里姆先是饰演毛格利（Mowgli），然后在马修·派克（Matthew Pyke）的先锋派剧团演出。更确切地说，卡里姆正是通过演出才受到影响，最终承认自己的民族性。他首次提到自己的肤色，出现在他加入派克的剧团的那一章（有意放在括号内）。“我们两个表面上是‘黑色的’”，他说，“（虽然事实上我比谁都更加地淡棕色）”（167）。派克为了一场领航员的戏，想让卡里姆饰演“一个黑人”（170）。他和前面的沙德韦尔一样，认为卡里姆的种族背景就是黑人（“我不认识任何一个黑人”，卡里姆答道，170）。他塑造自己的叔叔安瓦尔的人物性格并呈现出来的时候，他遇到黑人演员特雷西（Tracey）的政治上正确的评判。特雷西感到他对人物的塑造迎合白人对“黑人”老一套的成见：“不理性、荒唐……狂热”（180，181）。卡里姆的回答带着对自己工作的特殊性和抽象的价值感（他表演了“一个年老的印度男人”，迎合的是超越“我们的文化”之上的一个“真理”，181）。与此同时，白人导演派克（Pyke）在这个场景中被描述为“仲裁人派克”，他静静地坐着，但是——正如库雷西描写的权力关系——他说了算。他告诉卡里姆他必须从头开始，卡里姆就决定将他的朋友钱格兹（Changez）演出来，他津津有味地把钱格兹隐藏在塔里克（Tariq）这个人物身上：

> 没有什么工作比我创造钱格兹/塔里克更让我这么钟情了……我感到自己更加强大了……这是值得做的，这有意义，这使我的生命更加丰满。（217）

派克将其他演员的不安置之度外，宣布这部戏（关于“阶级”，“英国唯一的话题”，164）实际上是关于卡里姆的戏，“卡里姆是这部戏的关键”（221）。这部戏当然也是他的关键。卡里姆在寻找自己“特性”的过程中，他在演员的“创造性生活”中找到了自己。发生的其他的一些事证实了这种演艺的身份和职业是一个统一体。在安瓦尔的葬礼上，他感到与“这些奇怪的人们……这些印度人”有一种姻亲关系，但是他知道，如果他想得到“印度的历史所赋予的额外的特性”，他“必须要创造它”（212）。后来他问自己的妈妈，他是否有一部分是印度人，她说他是英国人，对此他答道：“我是一个演员。演员是一份工作”（232）。这并非意味着他将演艺和生活接合成了一个无缝的整体，也不意味着这两个部分是分开的，但是赋予他一定特性的“创造性生活”意味着他可以利用作为“几乎是土生土长的英国人”可得到的一切资源，但同时，作为这样的一个英国人，他又感到“这些奇怪的人们……这些印度人”在某种意义上是他的人民。

库雷西使用单个生命的素材，但是他并未遵循自传体小说的传统去简单地重复或者将这些素材做叙事化的处理，这使得这部小说拥有另外一个突出的特征：杰米拉代表另外一种生存方式。她自始至终都批评伦敦生活的肤浅和狡诈，她警告卡里姆，说他正在和“普通人民的世界以及他们不得不承受的苦难”失去联系（195）。让卡里姆羡慕的是，她是一个具有奋斗精神的自信的女性主义者，在自己的知识、信仰的启迪下，“以一个印度女人的身份，在白人的英国过着有意义的生活”（216）。杰米拉是一个例外，她（也许和钱格兹一起）一直在伦敦的郊区生活，工作。对小说中的其他主要人物来说，身份是阶级和地域的问题，它上面覆盖的是知识和艺术界显然无阶级的、势均力敌的文化。进入这一新的（一开始是低等级的）、大都市的先锋派，这意味着你来了，你把自己外地的或郊区的自我放弃了——当然，“郊区人”在大都市中产阶级艺术家的祭坛前面“否定自我”（134），没有什么比这更郊区化、更具中低阶层的风格了。同样，肤色、民族性和阶级的问题在一开始似乎被年轻人的文化话语所抵消，但是事实上，这些问题被转变、被重新编码为个人文化风格的表达手段和对声誉更疯狂的追逐。对卡里姆来说，种族、种族主义和民族性的问题事实上是在剧院这个相似的、时空移植的舞台上表演出来的。表演变成一种认可，变成进一步阐明种族化生活中原始素材的方式，表演将种族化生活中的核心问题以忠实、客观的风格戏剧化地体现出来。

但是，演艺和生存并非难以区别。所有的演艺也并非等同的。依照吩咐扮演毛格利，和扮演钱格兹/塔里克所牵涉到的风险和自我发现，这两者相比是天壤之别，因为这新创造的自我，与他从纽约回来后在一部新的肥皂剧里所接受的角色截然不同。经历了派克的先锋剧团对少数民族的吸引，经历了社会主义者假面具下隐藏的残酷漠视，卡里姆开始相信，这种能保证群众作为观众的大众化的艺术是处理社会问题的一种形式，有一定的严肃性，也有积极的影响。他的“创造性的生活”因此使他更接近杰米拉的“真正的世界”和政治。但是，如果认为杰米拉最终成为偶像而代替查理，那就是错误的。她代表了同时作为印英两种身份的一种生活方式，而卡里姆的探求尚未完成，而且以不同的方式得以转变。在那次庆祝他的新角色、宣布哈伦和伊娃即将结婚的宴会上，在那个伟大的“完美的时刻”，卡里姆感到他能够“思考过去，思考我在努力给自己定位、了解我内心本质这个过程中所经历的一切”（283）。他在这个城市“得到了平衡”，被所爱的人们包围着。但是杰米拉没有出席庆祝会，卡里姆在自己身上的“创造性工作”还必须以自己的方式做出“努力”。他在两个极端之间摇摆，仿佛处于两个角色之间，“幸福与悲苦同在”，这说明过去那一团乱麻终将逝去，美好的未来就要到来。在这本小说中，演艺被理解为生活的一个隐喻，小说在演艺的起改造作用的自我创造中找到了一种深度。演员卡里姆最终远离查理这个肤浅的榜样，暂时在地域、阶级和民族性的坐标中保持了平衡，他希望也许“他的生活会更有深度”（284）。

苏克赫德夫·桑德胡（Sukhdev Sandhu）对于第二代英国亚裔青年来说，库雷西是一个“创造奇迹的人物”（34）。他于20世纪八九十年代的作品抓住了一个特殊的情感结构、“一个精确的历史接合点”（2000：35），肯定了一批亚洲的年轻生命，并为亚裔英国人指引了一条新的道路。在充满性的活力的流行音乐文化中，街头风格、戏谑挑逗的语言成为库雷西笔下人物的特征，也是他自己的表面形象。他指出有一种方式，既可以摆脱父辈的传统主义以及来自“家”的传统习俗的羁绊，又可以对抗当时撒切尔主义主宰一切的模式。但是，在第二部小说《黑色唱片》（*The Black Album*，1995）之后，库雷西就沦为一个迷失的领袖。桑德胡在评价库雷西的短篇小说集《整日午夜》（*Midnight All Day*，1999）时说它是“在这个一度生机勃勃的作家继续衰落的过程中，继《爱在蓝色时代》（*Love in a Blue Time*，1997）和《亲密》（*Intimacy*，1998）之后的第三部作品”（2000：35）。在这部著作里，对文化传统社会中老年人关系的挫败和生活的幻灭进行的自省式关注都是“萎靡的、消沉的”，不符合媒体、音乐和文学中充满生气的亚裔英国人的形象。

库雷西的第四部小说《加百列的礼物》（*Gabriel's Gift*，2000）不知道是否有意对这种“衰落”做出回应，它回归到库雷西早期的模式，甚至将跑龙套的角色给了卡里姆和英雄查理。加百列的“礼物”是绘画的天赋，小说让我们明白绘画的天赋标志着想象就有美化的魔力。但是，在这本小说里，“创造性的生活”不是服务于自我发现而是通向名誉、“成为名人”的手段——这里偶像是类似于大卫·鲍伊的莱斯特·琼斯（Lester Jones）。在《佛爷》中卡里姆离开“家”奔向未来，而青少年加百列（白人）在开始自己的第一部电影短片之前，必须先弥合自己破碎的家庭，将父亲这个老弱无能的流行乐吉他手从一塌糊涂的颓丧中拯救出来。这样看来，早期年轻人的行业中年轻人的前途仿佛又被召唤回来，为的是解决库雷西后期的人物面临的问题，甚至是库雷西后来面临的问题。作品中的拼搏是有趣的，但是作品本身是笨拙的，情节是粗糙的，重复的。若将它作为千禧年伦敦的艺术家的画像，实难当真。总之，时代需要更多的想象力。

真正的魔幻：萨尔曼·拉什迪、查蒂·史密斯（Zadie Smith）、伯纳丁·埃瓦雷斯托（Bernadine Evaristo）

舍尼在自己文章的开头明显支持萨尔曼·拉什迪的观点，认为与后殖民小说有关的那种“想象力的魔幻行为”有助于将英国知识界的气候“热带化”（110）。但是，在文章的结论里，舍尼说，“在空想中变换事物外形的、乌托邦式的想象力，无论是其变幻魔术的技巧、一厢情愿的文学‘热带化’还是其多姿多彩的呈现方式，都不可能促成政治上真正的变化”（126）。什么因素能促成“政治上真正的变化”（舍尼谈到这一点时，他的观点受艾伦·辛菲尔德［Alan Sinfield］对混杂性和同性恋政治所持观点的影响，讨论混杂性和同性恋政治事实上需要参照具体的社会环境），什么因素不能，我不想就此作出评论。但是，我想针对想象力这个话题，研究更加寓言的方法和更加现实的方法在身份塑造过程中分别起什么作用。

众所周知，拉什迪把20世纪描写为“移民的世纪”（1987：63），他描述了男人和女人是如何跨越语言、传统、大陆和文化一直“迁移”

着（1987：63；1992：16－17）。他的思想在个人和文化混杂性的理论化方面，在对新的世界主义的思考当中已经占据权威地位，不过也有人反对这种视角中暗含的社会优势。当然，被迫"迁移"所带来的潜在的痛苦和挫折，对此拉什迪没有考虑；库雷西在"彩虹记号"里描写他早期对种族主义的反应，这其中涉及的那种自我否定和轻蔑，拉什迪也没有考虑。混杂性有丑陋的、不协调的、多余的一面，也有拉什迪和其他作家想强调的丰富性和流动性。也许这只需两个因素即可解释：第一，中产阶级的背景这一优势；第二，拉什迪和其他一些作家后来通过牛津大学、剑桥大学的教育背景这一优势轻而易举地转向成功的作家或学者的生涯。拉什迪说，他之所以能相对舒适地走进英国社会和学术生活，他那浅色的皮肤和西方的受过教育的口音是主要的因素。拉什迪和库雷西不同，他并非在英国出生，这一点也许很重要。虽然出生地是身份的一个毫无疑问的复杂的决定性因素（对拉什迪来说，尤其如此），它使一个人作为"印度人"或"印裔英国人"或"盎格鲁-印度人"的自我认同具有不可否定性，而对于那些"在英国出生"的或认为自己是"英国人"的那些人来说，"印度特性"不是一个立刻获得（或渴望得到或者看得见的）的身份。拉什迪决心要思考在这种转变过程中得到的而不是失去的东西，决心去争取移民后一个扩大了的宇宙，而不是贫民窟的生存方式（"'看在上帝的份上，把宇宙再打开一点！'"，他在结束自己的文章"想象中的家园［*Imaginary Homelands*］"时这样说）。拉什迪使用的"迁移"、"传统"这样的比喻很明显也是属于语言和文学的范畴。更准确地说，他最关注的是写作的形式和功能。因此，他写道，"文学可以，也许必须，揭穿官方的真相"，文学是自我验证的，因此要担当风险：

> 任何艺术家的风险都在作品里，当他将作品推至想象中最大的极限时是要承担风险的。当作品抵达这一边缘，冒着跌下去的风险，当艺术家因为艺术上敢做的事或不敢做的事而置身于危险当中，那这部作品就是好作品。（1992：14，15）

每一个作家都是新世界边缘上的拓荒者，探索者（是《东方西方》[*East West*]）这部文集里其中一个故事中的哥伦布）；他发现叙事的不同传统之间的姻亲关系，将非理性的、传奇式的、荒诞的传统引进受事实、理性和现实主义制约的西方文学传统和文化中，因此扩大了整个宇宙。事实上，拉什迪强调想象力，认为其陌生化的能力超过它在浪漫主义传统中的“融合”、连接的能力；认为想象力能够揭示世界上真理的法则。拉什迪认为，假想的事实是最糟糕的虚构，只用来掩盖官方的谎言和半真半假的事实。因此，想象力和叙事能够逐渐拥有一种政治角色，因为它们能够提供一个迂回的、脱离主题的、间接的途径，让我们看到整个故事更多的面貌。我们无法指望以直截了当的途径达到这一效果。

在这里，有趣的并非是拉什迪有别于其他作家，而是他们同样认可艺术和想象力的改造能力和启示作用。也就是说，这就是库雷西意欲升华的“创造性的生活”和自我创造的途径。不过，这其中也有差异。拉什迪在自己的文章里认为，“家”在很大程度上不是存在于一个物质的地点，而是存在于一个想象中的地方，也就是说，存在于写作的地点和行为中（1987：61）。当拉什迪没有实际的固定的住处只有发表的作品时，这一理念确实是残酷的现实。但是，这不应该使我们偏离这一理念所暗示的家与创作、创作与自我之间根深蒂固的关系。拉什迪这个人（或者库雷西，或者下面要讨论的艾萨克·朱利恩 [Isaac Julien]、查蒂·史密斯、伯纳丁·埃瓦雷斯托）就是一个作家、剧作家、制片人或诗人，“富于想象力的转化，富于想象力的创造”，这类词汇所指代的那种活动就是一种叙事，它叙述的是潜在的自我塑造，创造和再创造。当艺术家本身作为典型人物出现在作品里时，上述针对创造性生活的观点就成立了；从这个意义上看，作品就是“自传性的”。这并非因为作品要尝试一次紧扣事实的完美的回忆，而是因为它竭力要展示这样一个过程：从过往经历的错综复杂的故事里，创作一幅图，塑造一个形象，一个角色，一个人物，一个自我。“迁移的”男男女女的故事简直就是这种迁移的行为，一种跨越，现实与虚构、源头与终点在叙事“地点”交织。这些故事属于在身份内部进行探索的寓言故事，在探索过程中研究、重组为民族性定位的阶级、性别、年代、性行为、地域等因素的坐标值。正如前面霍尔的讨论，这些故事，就像其中讲述的身份一样，不能简单地用延异来形容。因为如果“自我从某种意义上说总是一种虚构”而且话语可能是没有终结的，那么任何试图改变社会、重建主体性的工程都必须“接受这种……随心所欲的结束，这种结束并非是终结但它使政治和身份成为可能”（1997：136－137）。结束意味着一个目标、一种期望和意图进入了我们的视野。

这提醒我们：小说、政治身份和政治意图毕竟存在着关联。政治化的想象力必须是有根基的。在《佛爷》和《黑色唱片》之后，人们对库雷西的作品不满意的原因是：他摒弃了前期作品喜剧式的、社会现实主义的手法，转而去探索中年人的灵魂，他因此和一代人失去了联系，作为亚裔英国人这一现实的族群中的一员，却不再对这个群体的身份进行探索。在《加百列的礼物》的开篇，加百列的父亲离家出走，这个世界亲情失落，令人同情（“仿佛所有的问题都同时来了”，13）。他的“礼物”是一种具有魔力的才能，可以将他从油画上复制下来的所有东西都活脱脱地变成现实。也许这种不切实际的想象力不是库雷西一贯的风格，他放弃了这一手法，加百列把自己的才能用于修补自己支离破碎的家庭。在小说的前面还有一些对“伦敦这一新的国际大都市”不甚和谐的描写，说到“每个民族都在这里”，“被他人理解的机会很渺茫”（8），但是这一描写也因为作者试图再次浮现对北部伦敦60年代的记忆而渐渐退去。与此同时，库雷西作为现代多民族伦敦的小说家这一角色已经被查蒂·史密斯所代替（或者说是这一角色是强加给她的），人们把史密斯的《白牙》（*White Teeth*）视为2000年的《郊区佛爷》。读者们说，住在多种族的威尔斯顿，生活就是这样的。这两本小说之间有两点重要的差异。卡里姆最渴望做的事是离开郊区，奔向城市和未来。《白牙》以喜剧方式塑造的人物都属于关系复杂的家庭，而且除了一个儿子送到了孟加拉国以外，这些家庭都是原地不动的。在这个意义上，这部小说并非以身份危机或分裂的民族意识为根基，其根基扎在伦敦北部20世纪90年代当时特有的司空见惯的生活细节里，全然接受对当今完全无中心可言的首都城市的去中心的心态。

另外一个不同之处是，对这些郊区人物喜剧化的现实主义描写交织着比库雷西的小说更具有寓言形式的、更多分支的叙事风格。虽然《白牙》的人物在原地不动，但作者想象没有羁绊，构思出复杂的情节线：伦敦北部一个名为“凯文（Kevin）”的穆斯林宗派；一个犹太科学家，却致力于老鼠的克隆工作；一位耶和华见证人是在牙买加的金斯敦的一次地震中出生的；一对孪生兄弟，一个送去孟加拉国，归来时成为一个热爱科学的理性主义者，另外一个叫米拉特（Millat），他巧于城市生活，成为“凯文”里面的信徒。评论家们在评价这部小说时，将它类比为“非常滑稽的简·奥斯丁”，并与狄更斯、迈克尔·翁达杰（Michael Ondaatje）等人相提并论。在时间距离上比较近的例子当属拉什迪。拉什迪流亡时期的创作（包括《哈伦与故事的海》[*Haroun and the Sea of Stories*]，以及研究《绿野仙踪》[*The Wizard of Oz*] 的专著），他在这位受难艺术家跌宕起伏、自我反射的故事中熟练地运用了隐喻和寓言。在《摩尔人最后的叹息》（*The Moor's Last Sigh*，1995）里，故事叠加故事，幻想摞着幻想，很像与小说同名的那幅油画：一张旧时多次作画的羊皮纸，最上面一层是商业艺术家瓦斯科·米兰达（Vasco Miranda）的自画像，把自己画成苏丹博德比尔（Boadbil），下面一层是米兰达为叙事者莫雷斯（Moraes）的母亲、艺术家奥罗拉·达伽马（Aurora da Gama）所做的已经被涂抹的画像；再下面一层，依据复仇的米兰达的心愿，立刻浮现的是奥罗拉的谋杀者、她的丈夫和叙事者的父亲亚伯拉罕·佐高比（Abraham Zogoiby）。拉什迪将艺术的这种隐藏的真实性与现实世界中家庭不和、政治阴谋相对照。《她脚下的土地》（*The Ground Beneath Her Feet*，1999）包含了奥菲士（Orpheus）与著名流行歌星奥姆斯·卡马

(Ormus Cama）和维纳·阿普萨拉（Vina Apsara）并行的神话故事，清清楚楚地说明了被隔离的艺术家的苦难。另一方面，这部作品也千方百计地将东方和西方、经典与通俗、底层社会与现代的特权阶层连接起来。

读者们发现拉什迪后期的小说过分铺张。这种评判是不可避免的，也是有争议的。但是，这里主要的问题并非涉及作家或小说的成败与否，而是涉及一种特定的文学模式的运用。詹姆斯·伍德（James Wood，2000）强调说，“魔幻现实主义”在新千年已经时兴。尽管小说的创造性很明显，其光怪陆离的巧合、象征性的事件、标志性的人物让读者感受到想象力是无意识的，自动的。伍德的思想是由《白牙》引起的。他相信，《白牙》的丰富性将现实主义的可能性转化为“没有说服力的可能性”的故事（62）。非常美好的东西走向极端，就变得陈腐。伍德偏爱“伟大的小说家”（狄更斯、陀思妥耶夫斯基、托尔斯泰、曼［Mann］）那种讽刺的现实主义。虽然这些小说家也使用漫画手法，但是他们的力量在于将活生生的人物和“强烈的感情”呈现出来（63）。当今的“过度叙事”在情感上是单薄的；这些作家“不能或不愿意塑造有血有肉的人物”（63）。

伍德认为，史密斯在“有血有肉的人的故事”和当前盛行的华而不实的“歇斯底里的现实主义”之间保持着平衡；库雷西的《加百列的礼物》在这两者之间摇摇晃晃，并且说明前者也可能会过度使用。我想说，我们可以在小说中找到第三种风格，利用以文化为根基的神话和寓言，而不是随意的幻想，这么做并非为着证明“人物有血有肉”，而是为了探索现代身份尚未确定的形成和变形。我们常常在这个意义上讨论汤婷婷（Maxine Hong Kingston）、谭恩美（Amy Tan）、托尼·莫里森（Tony Morrison）的小说。以我的看法，伯纳丁·埃瓦雷斯托的小说《拉拉》（Lara，1997）就是属于这类小说，它描写的是伦敦多文化的郊区。

在这部小说里，拉拉的父亲塔伊沃来自尼日利亚，他渴望具有英国性的地方、人物以及混杂的符号和象征（“约克郡绵延起伏的高地、乔治王、大本钟、奶茶……葡萄干布丁、卫星城；楼上两间楼下两间的房屋、雪!”，132)。正如搭乘“疾风号”来到英国的西印度群岛那一代移民，正如库雷西《郊区佛爷》中的哈伦，塔伊沃被“头脑中的英国”即拉什迪“头脑中南亚次大陆”的反面所吸引。有关移民的叙事总是显示，这种遥远的“天堂”立刻变成弱势、孤独和种族主义的地狱。因此，塔伊沃被迫放弃学习英国文学的理想，做焊接工谋生，并得到一个新名字：汤姆。他讨厌英国，正如英国人讨厌他一样，但是，没有功成名就，他是不可以回“家”的。他压抑着失去孪生妹妹的情感，压抑着自己的过去，压抑着一切，释放出来的只有他从父亲那里学到的“自律”还有继承的硬汉的概念（男人不哭），这自律和硬汉精神有着遥远的渊源，追溯到他的祖先对奴隶制粗暴的不公正压抑着的愤怒。当拉拉把他带回到拉各斯时，他的家，用更常见的叙事词汇来说，已无法认出。小说通过他的爷爷巴巴回顾了奴隶制的巴西、自由的拉各斯的历史，这历史延伸到塔伊沃离开自己的家乡。在这里，迁徙所带来的不是扩大了的宇宙而是分裂的、断开的、缩小的世界。“汤姆”这个迁移的人失去了一种语言和一种传统。

但是，就拉拉这个人物来说，拉什迪为“文化迁移”的收获所做的论证，库雷西对“一种不同的圆满社会”类似的信心（1996：79），都是成立的。在这本小说“魔幻现实主义”的一个实例中，拉拉的“先辈”，塔伊沃尼日利亚祖先的鬼魂来拜访拉拉。塔伊沃因为她“做白日梦”打她，因此粗暴地压抑了她的想象力以及她与父亲的过去之间的联系。拉拉在伦敦南部出生，不像父亲那样是黑人，也不像母亲那样是白人，她只有通过主导文化的种族主义的话语（她是一个“黑鬼”，“一个丑猴”，她的嘴唇太厚，头发像一团“洗涤用的钢丝球”）来发现自己的肤色。她寻找一种形象，像镜子一样反映自己的形象；她大胆地使用“清咖啡”这个描述，用自己复杂化的“翻译”来对抗标准英语模式的简单性。但是她自身也有不和谐的部分，小说从这一点开始追踪她对新表达的、可能的自我的探索过程。和《佛爷》中的卡里姆不同，拉拉没有从郊区搬到市中心去闯荡，对于种族主义和她在伦敦南部生活中不完善的地方，她也没有随遇而安。拉什迪的小说逐句螺旋式地上升，离开主题，自动地上升。对于库雷西的人物来说，过去最多意味着这不久的过去，而拉拉和他们不同，她能够把未知的、没有表达出来的过去在几个大洲和几个世纪之间迁移，然后慢慢地思考未来。她的全名“奥米拉拉（Omilara）”意思是“家就像流水”，她在家族的历史里畅游，到了拉各斯、巴西、亚马逊的丛林，然后回到伦敦，在这里，她时刻准备着回到尼日利亚，那里有“‘之’字形排列的黄灯，标志着拉各斯杂乱无章的能源”（140）。

小说描绘了这曲曲折折的旅程：序言是在1844年，然后从50年代到90年代，这时回到20世纪30年代，1839年在巴西，1949年在拉各斯，最后拉拉自己来到巴西，回“家”。埃瓦雷斯托在英语里夹杂着法语、西班牙语、约鲁巴语、葡萄牙语，这种异质话语既产生陌生化的效果，又扩大了英语读者和拉拉自己的文化词汇。小说的背景跃然纸上又隐藏于诗行以及设计精妙的、长达一页的、半自主的插曲中，它运用确切的意象主义的描述和隐喻，将“诗歌”的西方传统与起源于非洲的问答模式结合起来。这种混合在一起的诗歌将故事的每个部分，更确切地说，将许多故事（拉拉的妈妈埃伦和她爱尔兰裔的、住在郊区的、体面的母亲伊迪丝的故事；塔伊沃和拉拉的故事）的每一个部分串在一起。而且，这是一部个人、家庭和文化的历史，是由一系列的声音讲述的，有对话，有独白，包括一个胎儿讲述自己降生的故事，还有来自坟墓的先人的声音；这些声音是在作者利用诗歌、讲故事、记事的第三人称叙事的基础上贯穿在一起的。天主教的教义，传教的热情，对耶稣的爱，与之共存的还有性爱，对祖先的膜拜，还有发源于非洲的巴西教会坎东布雷（Candomble）对诸神的崇拜。另外，在亚马逊的丛林地带，在拉拉回家以前，她听见“天主教的圣歌与锣鼓声交织在一起”（139）。她把这群多文化的“圣会会众”藏在心底——“我变成我父母，我的祖先，我的诸神”——但是也引领着它穿过时空，向前走，从丛林到城市，奔向未来（“我的未来”），这“意味着升华”（138，139）。

拉拉的曾祖父巴巴记得他“具有神奇记忆力的母亲”所讲的故事，她“能够朝着她的自我一直向下挖掘，一直到达最深处”。他把她讲故事的方式称为“诗歌式的演说”，我们推测，埃瓦雷斯托的语气和语域牢记的就是这种风格。在这里，一种混杂的“魔幻的”叙事风格，对寓言式的、异域的抑或是对常见的叙事模式都是开放的，自由融合的——在时空上突然转变方向，退后、向前或朝旁边去——这的确使世界变大了。在这里，通过身为艺术家的一个人物的“创造性生活”，作者的创造性工作也就得以体现。拉拉意识到自己的全名经过水域、跨过水域连接着整个家族，使她获得新的活力，她在水中接受“施洗”，决定“用色彩浓艳的笔触将我/我的祖祖辈辈遭受的奴役画到画布上去”（140）。她打算在“我的岛”上完成这件事，用“迪美斯牌涂改液将‘大’字抹去”，因为她现在把不列颠视为一个岛（仿佛这个岛是一个新组成的大家庭的一员），它“在漂浮着的、广漠无垠的各个大陆中间是渺小的”（140）。萨尔瓦多、拉各斯、伦敦向她敞开大门，她可以随时返回这些地方，而现在她步入未来——“我身体里有一个胚胎”（140），她有这样一句插入语，隐喻在自我中有新的生命诞生，新的创造莅临。

库雷西、史密斯和埃瓦雷斯托，他们的小说互不相同，而且与拉什迪对迁徙和移民的想象力的叙述也有很大的不同。我们可以说，在他们运用魔幻现实主义手法的过程中，他们的作品依赖类比和寓言，弗雷德里克·詹姆斯（Fredric Jameson）认为这种风格非常典型地属于后现代派。詹姆斯说，之所以这么说，是因为一种生活的各种表层复杂，交错，循环往复，如果我们不能触及到这些表层以下，我们只能通过一种反模拟写实的手法触及这些表层以外更广阔的意义。詹姆森把这种美学手段称为“认知图绘”（Jameson 1991：44，50－54），它在后现代建筑的多维空间里、在全球资本的社会和信息网络的延伸里，使主体性重新定位。詹姆森说，我们必须依赖这一活动去寻求“某种已经无法想象的、新的表现模式”，来呈现我们作为公民和世界主体的位置（1991：54）。也就是说，在当今这个充满象征性表征的极其复杂的世界里，寓言是起作用的。就拉什迪来说，家、自我和创作的位置均属于高度文本的范畴，也许是难于逃脱的文本范畴。这需要一定的代价。1998 年 10 月，死刑令的煎熬宣布（至少在形式上）结束的那个日子，我们可以明白这一点。拉什迪选择在伦敦北部的街道上步行。他的行为明显是为了给解放了的自我获得一个实际的位置和领域，这和他小说中塑造的虚幻的、寓言式的空间形成鲜明的对照，而包括《撒旦诗篇》在内的早期小说中的伦敦、孟买和沙特阿拉伯都是容易辨认的。

《佛爷》《加百列的礼物》和《拉拉》中的主人公都是通过艺术、“创造性的生活”或者想象力来发现自我。《白牙》并没有把这种想象能力注入人物的身上。但是，我们比较这几位作家，就能看到他们的一个区别，拉什迪拥有更加寓言式的文本主义者的想象力，而另外三位作家的想象力更加理智和现实。发人深思的是，拉什迪的人物常常在空间里飞行或梦游，而其他几位把他们努力拼搏的、自我建设的人物置于起塑造作用的地理空间里：名称具体的街道和社区、城市和大洲可辨认的地区。卡里姆在 20 世纪 70 年代从纽约归来后，在伦敦这个城市以及他深爱的家人中生活下来。拉拉在 1995 年充满信心地从希思罗机场离开，她现在是一个流动的、生机勃勃的艺术家，她会“跨越国际时区”来来回回地穿梭（140）。拉什迪小说的风险就是自发叙事的后现代话语的风险，这种叙事靠寓言连接在一起，从而展现社会和政治的历史。拉什迪的艺术“映射”现实，使我们想到让-弗朗索瓦·利奥塔（Jean-Francois Lyotard）对后现代艺术的描述：它的“使命不是提供现实而是映射无法想象的、无法呈现的内容”（1992：150），或者说，它通过“分析、回忆、理想内容和错觉表现来穿越”压抑不住又不直接去处理的一段历史（1993：50）。其结果就是“歪曲的”、反模拟写实的、寓言化的表征：这是一个实例，可说明利奥塔关于后现代的思想中的“崇高”美学，也符合詹姆森那竭力“呈现不可呈现的”、“认知图绘”的理论。

埃瓦雷斯托和史密斯的小说以及库雷西早期的小说则模仿“世俗”

的文本主义。在米歇尔·福柯（Michel Foucault）和爱德华·赛义德（Edward Said）尝试将话语和非话语有机结合的研究中，亚历克斯·卡利尼科斯（Alex Callinico）（1989：85）发现了“世俗”的文本主义。这些小说中的故事在时空中延续，或者，我们也可以说，当叙事遵循安排好的年月顺序和人物大脑中所勾画的伦敦以及伦敦外的地图而进展时，这些故事就在这些坐标点“以内”延续。斯图亚特·霍尔说，对“新民族性”的理解意味着质疑民族主义和帝国主义在民族性这个概念内的含义。因此，我们这样理解：民族性基于历史和文化，存在于阶级、性别、性行为等纷杂的因素中，而且是多变的。另外，这些小说（还有连标题都颇具意义的《汉兹沃思歌》和《领地》）表明了我们该如何理解地点和方位的概念在后现代身份构建中以一种亲密而直接的方式起着连接的作用。你是谁，取决于什么时候在哪里这一动态，取决于你如何在郊区和城市的时空体内给自己定位。

倘若这些作家参与勾画弗雷德里克·詹姆森头脑中的“认知地图”，他们就能说明这一美学和相关的“教育学的政治文化”如何既可依赖有参照的、“世俗的”方法，又依赖反模拟写实的手法。但是，埃瓦雷斯托的小说毕竟在我已经描述的许多方面都有别于库雷西惯常的、地域性的喜剧现实主义，《白牙》更虚幻的叙事策略以及拉什迪小说严肃认真的、充满想象力的建筑结构。最重要的是，在探索回归于后殖民伦敦的、地域文化的历史的过程中，《拉拉》这部塑造“新民族性”的小说显示了与众不同的地方。这不是一个永恒的停歇之处，也不是一个要逃离的地方，它是这样一个地方：拉拉在和自己接触以后，她在这里着陆了。她既是移民又是这个大都市的人，一种“新公民”，她新获得的知识和资源将艺术家和大都市之间短暂的交流丰富起来。这很重要。另外，我一直想强调这种连接的条件。这也很重要。也就是说，小说使用了文化杂交的艺术手法去适应新的混杂的民族性和作为英国人的新方式。对一种文化受压抑的历史的认知，在这一点上，埃瓦雷斯托向我们展现了那些借喻的非常具象的或“想象的”、“异域的”

认知方式如何能够表达（在“呈现”和“连接”的双重意义上）现代城市中每个实际的世界。这些认知方式，在局域、大都市、全球这三者历史化的交汇当中，将位置具体的文化意义赋予那些具有崭新意识的主体。这足够激动人心。这种连接跨越认识、想象或“描绘”世界的各种截然不同的方式，用既人性又魔幻的缔结方式，这也同样激动人心。

第四章 重新想象伦敦

20 世纪 80 年代，“自反性现代化①”的机制让英国经历了“撒切尔主义”。弗雷德·英格利斯（Fred Inglis）说，“无论在政治上还是理性上”，玛格丽特·撒切尔都管理了“我们社会历史上最具有破坏力的一个时期”（2000：21）。在伦敦，撒切尔执政 11 年期间的中心作品是金丝雀码头区域的重新开发。建筑师理查德·罗杰斯总结说，这是“极其昂贵而惨痛的失败”，修建了“一片混乱的商业楼群”，“没有真正的市政质量，没有长久的公共利益”（1997：109）。撒切尔的变革虽然在这些方面受到严厉的批评，在她执政期间却有效地击溃了劳工党和左翼的对抗；更明显的是，1986 年大伦敦议会（GLC）被废除，

① “自反性现代化”指创造性地（自我）毁灭整整一个时代——工业社会时代——的可能性。这种创造性毁灭的对象不是西方现代化的革命，也不是西方现代化的危机，而是西方现代化的胜利成果。在这阶段，进步可能转为自我毁灭，一种现代化削弱并改变另一种现代化。这个概念中的形容词（reflexive）并不是指“反思（reflection）”，而是首先指自我对抗（self-confrontation）。参考书目：《自反性现代化：现代社会秩序中的政治、传统与美学》，乌尔里希·贝克、安东尼·吉登斯、斯科特·拉什著，赵文书译，商务印书馆，2001 年。第 5，6，9 页。——译者注

1984年，作为有组织的、工人阶层典型代表的矿工举行的罢工遭遇失败。玛格丽特·撒切尔喜欢这样说，在经济上只能实行铁一样强硬的自由主义，“别无选择”。整个国家普遍的情绪是明显的贪婪和无能为力的憎恨，而不是积极的抗议。在修改了“维多利亚时期价值观”的政治体系下，国家的工业基础遭到破坏，取而代之的是商业和私人企业毫无约束的“企业文化”。这使得重心从北部转移到南部，与此同时，伦敦城内金融资本的运作正在非理性地增长，市中心贫民区的“问题”已初露端倪。环境部长迈克尔·赫塞尔廷（Michael Heseltine）负责市中心贫民区革新的第一批计划，他于1980年启动了金丝雀码头区的商业再开发，很明显，码头区的工业就自生自灭，几乎衰落至无可救药的境地。

伦敦东区以有趣的方式在这段插曲及后来的历史中展现。一个世纪以前，它是一个“社会问题”，用一个常见的比喻来说，它是粗野的，“更加黑暗的英国”，堕入充满贫穷的、罪恶的社会和心理的“深渊”，再后来就得了一个叛逆的、政治动荡的恶名。它一直与伦敦市的发电厂毗邻，这颇具象征意义。到了20世纪80年代，它像三明治一样被伦敦市和金丝雀码头夹在中间，两面是金融资本和物业投机买卖的标志。另外，伦敦东区一直是一个传统的移民中转站，在20世纪已然变成大量的爱尔兰人、犹太人和孟加拉国人的居留地（Merriman，1993；Kershen，1997）。在上世纪末，对于这个国家中产阶级体面的、讨人喜欢的自我形象来说，伦敦东区呈现了“他者”，它现在代表的是回到后帝国首都的“后殖民的他者”。塔村（Tower Hamlets）和斯皮塔佛德是这些变化发生的典型的现场，他们是伊安·辛克莱以及我想要在这里探讨的其他作家创作的主要地方。

辛克莱在《顺流而下》（*Downriver*）中写道：“目前的政治体系中最大的羞愧和耻辱是，它无法获得一个体面的对手”（1991a：72）。我因此想研究这部作品，研究它充当反对的文本所具有的性质，将辛克莱20世纪90年代早期和晚期的作品与赛德·马扎鲁·伊斯兰、帕特里克·凯勒、雷切尔·利希滕斯坦（Rachel Lichetenstein）、珍妮特·卡迪夫（Janet Cardiff）的作品进行比较。这些作家的作品见证了不同的伦敦东区或者更大的伦敦，因而有时发现不同的政治声音。玛格丽特·撒切尔有一句名言，她宣称压根儿没有“社会”这个东西。我尤其想知道，对撒切尔代表的恣意的个人主义，这些作家和艺术家是如何反应的。他们的作品究竟产生了什么样的城市社区或社会生活的概念？也就是说，艺术怎样干预社会想象的领域，从而有助于重新想象这座“后现代”大都市？我在别处也提过这个问题，但是针对20世纪80年代和90年代英国发达资本主义的这个阶段，我想再次探讨这个问题。

漩涡的斯皮塔佛德：伊安·辛克莱和赛德·马扎鲁·伊斯兰

约翰·马利奥特（John Marriott）说，伦敦东区经历了多变的、含糊不清的政治心态，这种心态在20世纪初不以阶级为基础，而是更加平民的，从某种意义上说，是“前现代的”。（Marriott 1996：119）。在马利奥特和其他学者看来，这种心态渗透进政治独立和抗议行为的传统里（与之相关的有20世纪20年代的乔治·兰斯伯里［George Lansbury］和波普勒［Poplar］抗议者们①，20世纪初和20世纪末的无政府主义组织，20世纪30年代和70年代的反法西斯抗议活动和反种族主义抗议活动），这种传统与资本主义现代性和主流政治传统是不相容的（Gillespie，1989；Fishman，1997）。也许这种政治风格在哥特

① 波普勒抗议活动是1921年在英国伦敦最贫穷的一个区波普勒举行的抗议活动，该活动由英国政治人物乔治·兰斯伯里领导，并得到波普勒区政务委员会的支持。抗议者主要是工业界的工人，挑战政府、法院和工党的领导，要求税收平等，要求波普勒和伦敦的富裕区一样，同样的收入缴纳同样的税。——译者注

式小说里找到了一种相似的文学、艺术风格，因为19世纪末的小说常常运用与伦敦东区一些具体位置相关的哥特式手法，而且基于城市背景的、接近高雅现代主义的侦探小说也是如此。结果就产生了一种几乎本能的悖逆行为，它偏爱怪异的、理想主义的、平民主义的和反理性的因素，而且它与伦敦东区已经休戚相关。

辛克莱被定位在这些话语中，从某些方面来说，他也许是这些话语的继承者。因此他在《开拓领域》（*Lights Out for the Territory*）里提到伦敦那些流离失所的人们，那些称为“不受控制的萨满教僧人”以及他们“错乱发狂的技巧”（1997：269）。在19世纪末的巴黎，查尔斯·波德莱尔把捡破烂的人、左岸地区的强盗、遭遣散的士兵、妓女、纨绔子弟这些人物都视为现代大都市“英雄的渣滓”，而辛克莱则将伦敦东区一系列新的人物类型神话化了：在自己领地上巡逻的克雷（Kray）孪生兄弟、“摇摆的60年代”的幸存者们、演艺业和地下犯罪组织的小人物、来回穿梭的书籍收藏家、已经绝版的庸俗读物的作者、曾经的电影制片人、无政府主义者、先锋派诗人和艺术家。这个常见的群体中，一些主要人物在辛克莱漫游伦敦的过程中都陪伴着他，或者作为人物出现在他的作品里：小说家和制片人克里斯·珀蒂（Chris Petit）、摄影师马可·阿特金斯（Marc Atkins），最重要的是雕塑家、诗人、表演艺术家布莱恩·卡特林（Brian Catling），被辛克莱称为“流浪的学者和魔术师”（1997：268），在另外一处，也被比喻成温德姆·刘易斯（1991b：51）。辛克莱在《开拓领域》中说，“这个城市的健康，也许还有文化本身的健康，看来都依赖这些丧失自己文化和传统的萨满教教徒们（也有女人，很多的女人），他们能够召集并经历救赎性的迁徙。在我的脑海里，和他们关联在一起的还有愚昧的其他化身：拾荒者，领取救济的古董商，携带行李露宿街头的人，门诊的病人，抢劫犯，上当受骗者，说千禧年混话的人（millennial babblers）”（1997：247）。

辛克莱扮演的角色是一个谙熟都市生活和世态的神秘主义者，他主动地担任没有阶级意识的知识阶层这个乐队的主唱，他们是金斯堡

(Ginsberg)《嚎叫》(*Howl*)里的“疯子”，如今他们重生成为脱离传统的新一代的思想家，他们因福利国家的衰退而导致的恶果而联系在一起。辛克莱作品的社会责任和情绪或者“情绪结构”看来主要取决于这些群体，然后，再回头触及上面提到的早期作品中临时工的不稳定因素以及普通平民富于战斗精神的同情心。他将一系列不断重复的文学传统带给这个社会基础，这些传统有：哈罗德·品特(Harold Pinter)、塞缪尔·贝克特(Samuel Becket)、黑山派诗人、艾伦·金斯堡(Allen Ginsberg)和“垮掉的一代”、戴维·加斯科因(David Gascoyne)、亚瑟·兰波(Arthur Rimbaud)，还有辛克莱称为“心理地理学家之祖父”的威廉·布莱克(William Blake)。与这种个人传统并置的还有对伦敦东区标准的哥特故事的重新利用：肢解者杰克①、象人②。另外，还有伊丽莎白时代招亡魂问卜的巫师约翰·迪(John Dee)，尼古拉斯·霍克斯穆尔(Nicholas Hawksmoor)对伦敦几座教堂的设计中人们信以为真的神秘元素(辛克莱和小说家彼得·阿克罗伊德[Peter Ackroyd])曾分享过这些神秘元素。所有这些名字和参照物作为布莱克传统的或者漩涡主义的能量点而连接在一起，被置于

---

① 肢解者杰克(Jack the Ripper)：1888年8月7日至11月10日在英国伦敦东区杀死多名妓女的凶手所用的假名。受害者的尸体均被肢解，可见凶手具有高深的人体解剖学知识。市政当局多次收到一个自称凶手、署名“肢解者杰克”的奚落信，当局竭尽全力企图识别和诱捕凶手，但是凶手还是逍遥法外。公众对这例无头公案迄今记忆犹新，肢解者杰克成了许多电影与100多部书籍的主题。——译者注

② 约瑟夫·凯里·梅里克(Joseph Carey Merrick，1862-1890)，常被误作约翰·梅里克(John Merrick)，是一位被称作“象人”(Elephant Man)的身体严重畸形的英国人，在伦敦家喻户晓。他的病症曾被认为是多发性神经纤维瘤，随着愈来愈多类似象人的病例报告出来，加上学者对于象人的骨骼及临床特征不断的研究，最终确认象人患的是一种叫做普洛提斯症的疾病(Proteus Syndrome)，是复杂的赘生性疾病。在1979年，伯纳德·波默兰(Bernard Pomerance)的一个关于梅里克的戏剧《象人》首演，第二年由大卫·林奇(David Lynch)执导的同名电影问世。——译者注

一种文雅的凌乱中，用来充当当今的新成员而形成成分杂乱的社会军队，去对付那个专心致志的敌人：辛克莱的仇敌，《顺流而下》中的“那位寡妇”，撒切尔夫人。

这种对过去、包括对现代主义的过去所持的兼收并蓄的看法在“步行者”这个人物身上体现出来。这个步行者是辛克莱本人，或者是虚构的与他对等的人，或者是一个伴侣，他走过当代的伦敦东区、伦敦市，伦敦南部。从理论上讲，辛克莱这里受惠于瓦尔特·本雅明对城市幻景的理解，而且（在我们看来也许有点模糊），受惠于《漫游者》的思想，受益于法国环境决定论者的影响，尤其是漂移(dérive)[1] 或随波逐流的方法，张开双臂拥抱城市风景中一切意想不到的因素。“建议在清醒的沉思中有目的地去随波逐流”，辛克莱如此写道，但是这不是世纪末的颓废。他说：“重生了的漫游者，是很执拗的，对质地和结构不感兴趣，对偷听哲理的对话片段不感兴趣，而热衷于留意一切事物”（1997：4）。[2]参加罗尼·克雷（Ronnie Kray）的葬礼时他总结说，“‘漫游’的概念，城市里无目的的漫游，这样的漫游者，已经被取代。我们已经进入一个‘潜伏盯梢’的年代，有目的地去旅行——旅行者没有得到任何人的赞助，可是他目光敏锐。他就是我们的榜样：有目的的徒步旅行，不是闲逛，不是随意观看……这就是带着论题去步行”（1997：75）。如果辛克莱是一个漫游者，他闻

① 在心理地理学中，漂移（dérive）是穿越一片地域（尤其是城市）的、没有计划的旅程。在旅途中，旅行者由周围建筑、地貌等构成的微妙的审美轮廓来引领，最终的目的是拥有全新、真实的经历。环境决定论的理论家盖伊·德博（Guy Debord）把漂移定义为一种与城市社会状况有关的实验性行为方式：快速穿过多样化的周围环境的一种方式。（参见 Debord，G. *Theory of the Dérive*，1958）。——译者注

② 对“漫游者”这一概念不断变化的含义所进行的讨论，可见我的文章“游荡的漫游者，或，迁移中的失落”(The Wandering Flâneur，Or，Something Lost in Translation)，载《杂集》（*Miscelánea*），第二卷（1999），萨拉戈萨大学，115－130。

到奥秘的伦敦的香味或者“向前走得很快”。他不是逡巡不前——他卖力地奔跑，奋力地追寻一个猎物，追踪神秘的伦敦或者“小说强有力的兴奋剂”，这一切，按照他诡秘的说法，会带来亮光。这种“别具一格的地图绘制方法”他是在这些事物身上追踪或找到的：未经阅读的涂鸦，世人遗忘的手迹，隐匿的雕塑，无人问津的怪兽状滴水嘴，不被珍视的土地、河流和废墟，这一切都是地下神秘能量的标志或具体地点，因其内涵而散发着勃勃生机。然而，如果徒步旅行是随波逐流的，就不是以这样的方式开始。辛克莱不同于无目的的漫游者，不同于“流浪的”后现代步行者，他从一个中心出发，再回到这个中心。这个中心是朴实无华的，连名字都具有象征意义的、哈克尼区的阿尔比恩路。他的路线使得文明教育的失和影响了现代主义规划的理性，可以说，将现代主义的意图驶入后现代偶然性的轨道上。因此，他希望找到一个偶然事件来修改 V 型追求这一条“几乎是随心所欲的路线”：他在《开拓领域》里，已经计划从哈克尼到格林尼治山，沿着利河回到青福德山。他在书桌上杂乱无章的东西中找到了这个偶然事件，那是一封被他遗忘的邀请信，理查德·梅金（Richard Makin）邀请他参观在伍利奇的格林尼治大学的一个艺术展览。然后，他以一种冒险性的、突兀的转向转入南伦敦那充满僵尸文化的空间里。V 型追求中的“纯粹”已经被剥夺，辛克莱对此评论说，“好”（1997：8）。

在《顺流而下》的开篇中，一个时隐时现的人物萨贝拉（Sabella）问道，“一只狗的对立面是什么?”（1991a：3；407）。我们意识到，这个问题涉及到对撒切尔道格斯岛（Isle of Dogs）项目的反对，性质上如同和斗牛梗对抗。在辛克莱看来，斗牛梗就是这个时期的标志，是一个假体，表现撒切尔阴险的男性因素。这个问题在《开拓领域》里再次提出。辛克莱写道，斗牛梗和道格斯岛的对立面共有一个“特点”，“从本质上看是无法定义的……在空气中的一场运动，在光的强度上有无法预测的改变……一首乐曲。陶醉的、痴迷的疏忽”（60）。这就是那个潜伏盯梢的人要追寻的真正目标，布莱恩·卡特林就是一个原型。辛克莱说，卡特林的作品《绊脚石：它的指数》（*The Stum-*

bling Block its INDEX）“是这个潜伏盯梢者的原始文本；对梦和记忆的接合部位所做的亲身调查”（75）。

要追寻的就是道格斯岛的对立面。但是，它在根基上动摇、失败了。当辛克莱和马可·阿特金斯延期完成V型旅程到达青福德山时，他意识到，他们已经发现的“不是狗的‘对立面’，而是地球地脉能量‘灵线’的对立面”（85）：那不是遵循地质、地理自然形式连接在一起的能量线，而是“狗线”，对于蹑手蹑脚地、在痴迷疏忽中对光、空气和音乐的追寻来说，“狗线”是一种杂乱的关系。辛克莱写道：“那时有一个更加无法无天的体系在运作：狗的即兴作品。这个潜伏盯梢者后退、加速前进、绕着圈飞跑、猛扑”（85）。他无法更好地描述这驾驭语言、拦截叙事的、让人着迷的、离题的运动。

我们可以说，这一写作的活动和冒险促成“漩涡的辛克莱”内部的螺旋式的上升运动，它剧烈地翻动，一直到能量重生，产生使人眩晕的狂乱，这时，内容失控溢出，叙事完全滑出规划好的路线，面对未知的、无法表达的东西。这个潜伏盯梢者发现了“不可能定义的”极度“特殊的属性”，或者堕入疯狂的哥特式叙事，最后在手中瓦解。但是，从重要的方面说，“那不可能定义的”一切显而易见源自那已经定义好的，源自一个既定的视角，选择看见、听见某一面，而不是另一面。也就是说，辛克莱饱含意义的、直冲云霄的风格，是从一个固定的位置开启的。

我们记得，他那执拗的漫游者热衷于“留意一切事物”。这个城市、这个文化的救赎和健康赖以生存的是那些丧失了自己文化和传统的萨满教教徒们，他们中“也有女人”，辛克莱在括号里说，有“很多的女人”。当我们回头看，就会发现陪同的潜伏盯梢者们一直都是男人，一直是白人。辛克莱作品中女人、民族中的“他者”（或其他民族）均不在场，我因此想讨论这其中的决定性因素，讨论这一切如何说明他的作品属于非传统的文化形态。

女人缺席，也有一个明显的例外，那就是《顺流而下》中的人物伊迪丝·卡迪兹。她的名字和生活状况均依据从柏孟塞的一个商人手里获得的一张照片，然后得以虚构，并为人所知。在这部小说中，她是跳脱衣舞的舞蹈演员，工作以外兼职做护士，同时还是一个妓女。在她演出的时候，她身穿伦敦市区地图的复制品。当嫖客叫出城市某个区域的名字时，她的狗就会扑上去扯掉那个部分的地图。后来她成了一个劳工党议员的情妇，这人“左派”的证书是伪造的。对于他来说，卡迪兹还要演另外一出戏：让那幅自儿时便开始令他勾魂摄魄的油画获得生命。她和他的德国牧羊犬做爱，他说自己的狗已经“吸收了他大部分的雄性美德”，说它证明了“他勇士的灵魂……他的能力”（76）。

跟议员的这段风流韵事结束以后，她就消失了。后来，辛克莱在去北伍利奇的火车上，听见了她的声音，她正在引用现实世界的作家T. S. 艾略特和斯特拉·鲍恩的话。她告诉辛克莱，说鲍恩把她引见给曾在伦敦东区做社会工作的玛丽·巴茨，而巴茨的朋友是对电影拍摄上瘾的、初步涉猎妖术的诗人让·科克托（Jean Cocteau）。在小说的一个非同寻常的、令人头晕目眩的章节里，伊迪丝·卡迪兹突然出现，与一个复活的玛丽·巴茨融为一体，脸色“苍白，搽了砷粉”，好像是“活埋的”一样（174）。卡迪兹被自己荒诞不经的对手阿莱斯特·克劳利的骚扰，那是一个“阳具”，它“口齿不清、却滔滔不绝地讲述自己淫秽的行径”（175）。辛克莱将自己从他想象的“混沌恐惧”的、带黏液的高潮中分离出来：“我不具备那技术性的语言来证明我的叙述结束得正确无误，”他如此说。接下来是关于“强迫症的联想主义”的那些段落对性幻想伪装的分析。性幻想被编码成约翰·坦尼尔（John Tenniel）的一幅插图“爱丽丝在火车上”，那是为刘易斯·卡罗尔（Lewis Carroll）的《爱丽丝镜中奇遇记》（*Alice Through the Looking Glass*）所做的插图。辛克莱写道，爱丽丝有“我女儿的、所有女儿的、母亲的女儿的意志”（180）。在一个惊人的片段中，他开始把女人当作从罪和忏悔的越来越多的含义中逃离的一个出口。“我必须利用女人的愤怒来逃离这棉被包裹的牢笼，”他写道，“我们永远也无法理解的、标记为‘意志’、‘固执’或其他生理命令的一种力量”（183）。在他的创作生涯中，也许这是唯一的一次，他回到了哈克尼的家乡，到达家庭生活的内部。在那里，在阁楼的书房里—书中的任何一个字都可能使他已经“无目的的”追寻进一步地脱离轨道——他发现了一套“我女儿”的绘画，配着“她母亲”的解释文字（184）。他女儿的小手指和“热烘烘的旋风……蜡笔涂抹的蓝色、绿色构成的漩涡”变成了一个被火车撞死的女人和她站起来借着烛光要抱回家的一个孩子的故事。

这个令人不安的故事在一个层面上坦白了有罪的幻想：厌女症、窥阴癖和恋童癖，或者说开始了对这些幻想的叙事，以收回的方式开始。它是“混沌的”、“无目的的”，但是它的缺乏条理属于另外一个世界，当然不是辛克莱谈到卡特林的作品时所说的那种安静祥和，在文本寓言结构里构成撒切尔主义对立面的那种安静祥和。女人，在这个故事里，与其说是演员不如说是男人在高度兴奋的性想象的产物、创造物。一个关于女人的故事变成了男人同自己狗一样的另一面做斗争的故事：这个潜伏盯梢的畜生，去追寻一个幻想中的女性，回到家却发现女人被理想化的“愤怒”和“力量”。

撒切尔 1990 年辞去职务。因此，“体面的对手”这个问题首先属于 20 世纪 80 年代末。80 年代不仅是高度资本主义的十年，也是针对后现代及指导性话题进行激烈讨论的十年——尤其弗雷德里克·詹姆森发起的讨论话题：后现代主义是对后期资本主义产生的本能反应还是批评反应。辛克莱不同的观点在于寻找历史变革瞬间所经历的高度“特殊的属性”。他把这个城市结构中瞬息变化的“重现的魅力”展现给撒切尔现代的城市“复兴”。从上面的分析我们已经看见他的哥特式的互文性在性别方面可能会引向何处。但是，接下来要问一个问题，不是关于后现代和晚期资本主义的关系，而是后现代主义和后殖民的关系。换句话说，如果殖民的“他者”不再是遥远的现代主义的陌生人或新到达的移民而是守候在身旁的邻居，那么后现代艺术如何表达殖民的“他者”在 20 世纪末大都市的出现？

在这里，辛克莱的策略和视野是有局限的。在《顺流而下》里，在伦敦东区，在商店里，在库尔德、土耳其、非洲裔加勒比人的族群和组织里，他注意到了多民族生活的多样性；他仔细观察12张照片，研究殖民生活中伪造的礼仪；他前去维多利亚公园，向埋葬在那里的澳大利亚土著、板球运动员“金·科尔（King Cole）”致敬；还有，他后来回到犹太学者戴维·罗丁斯基（David Rodinsky）神秘失踪的那个美妙绝伦的故事。这些早期的移民和迁移而来的“他者”是一种已经被认可的、有时也被研究的存在，然而新的孟加拉人的民族聚居区，即使他们那宏伟的清真寺现在占据白教堂区富尼耶大街以前一个犹太教堂的原址，他们在作品中仿佛也是看不见的。作品两度观察群体的孟加拉人，一次是他们在工作后休憩时做爱，另一次是向伦敦西区搬运皮货。这位艺术家，在自己选择的领域里热衷于留意一切事物，渴望救赎它的文化，却几乎没有记录这个地区大多数人的生存状况。辛克莱有一次向河边冲去，嘴里骂骂咧咧，甩出这样非难的话来：“孟加拉镇①，恶俗之名远扬，它取代了斯皮塔佛德凋谢的梦想”（265）。

是什么激起了这样的反应？我想，有两个复杂而本质的原因。第一是“白色”的权力，它那显而易见的透明性正是非公然的、霸权的民族性的标志（Dyer，1997）。第二是穆斯林和西方之间正在进行的尚未解决的关系。与这些主题有关的一个颇具挑战性的例子，从某种意义上也是对辛克莱作出回应的一个例子，出现在赛德·马扎鲁·伊斯兰的小说集《斯皮塔佛德的地图绘制者》（*The Map Makers of Spitalfields*，1997）里，尤其是那篇同名小说。在这篇故事里，有一个神话般的人物叫布拉泽罗曼，他被两个穿白色外衣的人“抓捕手”追捕，

① 孟加拉镇（Banglatown）是位于伦敦东区布里克巷（Brick Lane）的孟加拉人聚居区。它是在英国的所有孟加拉社区的一个象征，它见证了孟加拉人为在英国生存而付出的艰苦的努力。——译者注

他们是受压抑的、穿街头钉靴①的抓捕手。人人都认识布拉泽罗曼：他无处不在，在布里克巷里巷外，他在商店、桌球室、诗人的窝棚、儿童的游乐场里。他斥责人们，说他们贪婪、懒惰，他不需要富尼耶大街的清真寺，因为清真寺就在他心里。但是，这个聚居区喜爱他，保护他。他是他们的良心，他是一个智慧的傻瓜。在这个怪诞的社区，他是一个怪异的人：他是一个穿着时髦的魔术师，能从自己的深口袋里变出糖果；他给抑郁、孤苦的人们带来安慰；他领导人们挑战，反对白人的种族主义。他说着一口轻松活泼的孟加拉语和英语的混合语，“把英国语言扭曲了无数倍”（69），他是一个地图绘制员，一个步行者，他在大脑里绘制一个与布里克巷的边界相一致的、别具一格的世界。他边走边在脑子里绘制“这个外国的城市最中心的地图的”缩略图（63），“绘制一个新城市的蓝图……总是在十字路口，在过去时代的城市中间，在未来时代的城市中间”（69）。叙事者把他找出来，提醒他说有人在追捕他，但是第二天，叙事者自己来扮演布拉泽罗曼的角色。所以，这个神话般的外来者和社区的维护者死了，又继续活着。他是一个融合的精灵：既明显又隐形，既在场又缺席，既看得见又看不见。

布拉泽罗曼是一个“心理地理学家”，一个发狂的圣徒。你会感到辛克莱的路线应该和他的路线有交叉。但是，这两个伦敦东区像平行的世界一样，无论哪一头都没有相交的路。英国人没有出现在伊斯兰的日程上，他对白颜色的使用也令人费解。除了与小说集同名的故事里那两个穿白色工装裤的追捕者以外，神秘莫测的布拉泽罗曼的衣着颜色也是怪异的：洁白无瑕的法兰绒套装，白色的鞋子，白色的宽边毡帽。这是对殖民者服装的一个炫耀性的剽窃吗？是要反照伦敦东区那些无固定职业、从事黑市买卖、衣冠楚楚的骗子们吗？白人皮条客变成了在街上行走的孟加拉人？这是模拟，戏仿还是模仿？

---

① 街头钉靴（bovver boots）：街头钉靴，是流氓打群架时穿的一种底部钉有平头钉、尖端包有钢套的靴子，用以踢伤人。——译者注

我想，在现代社会意识决定性的边缘，这两种创作为我们提供了一种互相的“他性”意识；社会意识原本是固定思维模式和本能反应的牺牲品，仅用粗的画笔勾出轮廓，再涂上一点儿颜色，但是两边都又洗去，因而也就隐去了形状。辛克莱几乎“删除”了孟加拉人，赛德·伊斯兰则用讽喻的手法对待白色。结果，源于各种复杂的因素，孟加拉人和伦敦东区街上的“英国人”以及其他的白人族群朝夕相处的共同生活，在当今的文学作品里无法直接得到承认或者重视。

有一本名为《一种多元化的艺术》（*A Various Art*，1987）的作品集，收录了辛克莱的作品。有一位批评家统计了为作品集供稿的白人男性的数量，辛克莱认为这是虚伪的、意识形态的正统观念（1996：xvi），因此不予理睬。但是，在这个问题上，单纯的谴责或辩护都不合适。辛克莱的审美和愠怒从本质上源自20世纪60年代中期的自由主义。文化和文学杂乱无章的从属关系涌入这个漩涡，为辛克莱额外提供了所需的能量，与那个实实在在诋毁了这十年的政治制度去战斗。离经叛道的人、精神错乱的人、神秘的人和古怪的人，这一切顶多是“寡妇”的视野与诗人高功率的想象力之间博弈的产品。这种对抗的形态，在20世纪80年代和90年代得到重塑和神话化，这其中部分的力量是个人的历史、朋友和熟人，这一切提供了社会和神话的素材，使对抗的形态成为一种网络化的亚文化和别具匠心的想象的世界。它非常具有创造性和吸引力但是又被一种共同的白人男性的意识所驾驭。因此，辛克莱的创作是有限的，这并非因为他的作品辜负了某种纯粹的外在的标准，而是在撒切尔的英国标准中沦为共谋：这并非在于其危险地亲近“更新”和“复兴”的工程，而在于他对待女人和民族性的态度。倘若撒切尔选择别的工程，也许会有一种更加“多元化的艺术”献给一个更加多元化的都市社会。我对作品如何表达这一挑战很感兴趣，下面我就讨论来自后撒切尔时代的几个例子。

伦敦的问题：帕特里克·凯勒

辛克莱在《开拓领域》中说，“帕特里克·凯勒的伦敦不是你的伦敦”（1997：309）。但是，颇具代表性的是，他将凯勒 1992 年的电影《伦敦》拉进自己的轨道，把它视为克里斯·珀蒂以索霍区为背景的小说《鲁宾逊》（*Robinson*）及珀蒂其他电视短片的孪生作品——可能因为他们的主人公名字相同。辛克莱说，凯勒和珀蒂的鲁宾逊属于同一个家谱，这个家谱从路易·斐迪南·塞利纳（Louis Ferdinand Céline）开始，经过美国作家威尔登·基斯（Weldon Kees）、威廉·巴勒斯（William Burroughs）、杰克·凯鲁亚克（Jack Kerouac）、J. G. 巴拉德（J. G. Ballard），一直到现在（315）。但是凯勒的审美并非遵循这一路线，从他的电影也看不出他后来以伦敦为主题的电影一定像辛克莱所说的是“流浪者的电影”或“密切监视”的电影（314，317），而珀蒂的作品可能如此。

辛克莱和凯勒之间的相似程度远大于凯勒和珀蒂之间的相同之处，但是他们之间也有很大的差异。他们都竭力地揭开这个城市隐秘的面纱，将下面别具一格的历史呈现在人们眼前，这促使辛克莱来从心理上穿越伦敦，这旅程也造就了他对撒切尔主义的迅速反驳；而凯勒关注的对象是约翰·梅杰（John Major）领导的托利党因无风而停航的岁月，他的焦点在于对伦敦一个更加冷静、更为政治化的分析。影片《伦敦》客观地记录 1992 年政治日历上的岁月，从而加大了和辛克莱之间的距离。电影属于简单朴实的自然主义风格，两个叙事中介是互相陪伴的步行者，其中一位是叙事者，无名无姓；另一位是鲁宾逊，始终没有露面。另外，对于辛克莱和凯勒来说，虽然这个城市是用神圣的历史文化地点标示出来的，但是凯勒的电影所弘扬的文学人物远非辛克莱所说的盎格鲁-美利坚传统中的作家，而是英国和欧洲的作家：劳伦斯·斯特恩（Laurence Sterne）、丹尼尔·笛福（Daniel Defoe）、波德莱尔、坡、魏尔兰（Verlaine）和兰波（他们“不安的、争吵的、性的关系”都反映在鲁宾逊和叙事者的历史中)。还有一些文学源头更加是欧洲的而非美国的——卡夫卡（Kafka)(他的《美国》[*Amerika*] 对美国的画像是纯属想象的，其主人公的名字并非来源于塞利纳的作品)、瓦尔特·本雅明、亚历山大·赫尔岑（Alexander Herzen)、阿波利奈尔（Apollinaire）和法国的超现实主义者以及情境主义者。

辛克莱说凯勒在“自闭症的安定”中审视伦敦（1997：310)。对着伦敦颇似美术明信片的美丽景点长时间中距离的聚焦，让电影有了一种欺骗性的业余性质，而且，最重要的是，它产生一种催眠的安静。辛克莱说，这种催人睡眠的安静发挥作用，仿佛“一种对抗浮躁的魅力”(133)，在无意之中将安静祥和的气氛与他自己作品中涌动的能量形成对照。将技巧降至最低，这就是凯勒的技巧。《伦敦》实际上就是一连串的静物画，配上断断续续的音乐，这音乐是降低音量的城市噪音，还有勃拉姆斯（Brahms）和贝多芬的音乐，再配上 40 年代恐怖电影短暂的镜头。在这个基础之上流淌着的是保罗·斯科菲尔德（Paul Schofield）作为旁白叙述的权威而温文尔雅的声音，毫无疑问，他是电影的一个演员。他对鲁宾逊的报道（辛克莱暗示说鲁宾逊不是“潜伏盯梢者”）与朴实静止的画面，鲁宾逊与现代伦敦忧伤的抗争，这两者形成鲜明的对照。

鲁宾逊的课题，也许就是凯勒自己的课题，那就是“伦敦的问题”。他的结论是，伦敦在自己的中心是没有社会的。虽然这看似证实撒切尔的理论，但事实上，也是反驳她的理论。因为当撒切尔对集体情绪和行为进行压制（她因此袭击工会联盟和大伦敦市政会）时，凯勒/鲁宾逊就哀叹一个公共社会阶层的缺失：作为大都市艺术和知识阶层坚实后盾的城市文化。他对此所做的思考并非源自现代文艺的反文化而是（和辛克莱、珀蒂截然不同）来源于对英国国家更广泛的历史、政治分析。

在一次访谈中，凯勒将“旧的”和“新的空间”区分开来，后者指的是 20 世纪 20 年代服务性的商店，市区外的大型购物中心，商业园区，而旧的空间指的是那些虽未被人遗忘但也在渐渐退去的工业生产场所（Wright，1999：232）。保罗·戴夫（Paul Dave，1997）将这一过程与彰显过去时光的“遗产电影”以及汤姆·奈恩（Tom Nairn）和佩里·安德森（Perry Anderson）对英国国家的观点联系起来。① 奈恩-安德森的论点是，英国17世纪的革命“出现过早，使资产阶级无法完成自己作为现代性代理者的历史使命”（Dave：113）。资产阶级虽然将现代的资本主义经济安顿下来，却对那个“无法使社会秩序现代化的”旧制度听之任之（113）。造成的后果，我们可以在英国社会贵族/平民长期不变的关系、在撒切尔时期新贵族和新穷人之间存在的鸿沟方面清清楚楚地看见。当凯勒的镜头对准皇家军队阅兵和市长就职游行的仪式时，鲁宾逊评论说，“英国革命的失败就在我们周围”，因为这两项活动见证了旧社会秩序的长盛不衰。但是，鲁宾逊/凯勒的怨言比这具体得多：英国和法国不同，英国与城市对立，反对大都市的公共阶层，而这个阶层文化的符号不在于“垮掉的一代”的未来或支持辛克莱、珀蒂和其他作家的反文化网络，而在于现代主义巴黎的咖啡馆社交界②——在于对前面讨论过的埃兹拉·庞德对伦敦看法的有些惊人的共鸣。

保罗·戴夫将英国“资产阶级范式”的独特性与现代人们针对遗产工业③对国家历史的艺术表达方式所进行的讨论紧密结合起来。有人在这样的艺术表达运动中看见“英国本土主义”的精英主义的再创造，另外一些人则强调大众的、民主的努力，“从底层”修复一个不一样的过去。（Dave：111－112）戴夫说，艺术表达的活动有助于“工人

---

① 1998年6月26日，在伦敦的英国电影协会，基勒在讲话里提到了戴夫的文章。

② 咖啡馆社交界（the café society）指经常出入咖啡馆、夜总会的社交界的时髦人士。——译者注

③ 遗产工业（heritage industry）指体现英国民族身份、文化传统以及田园风光的文学。这个术语是在20世纪80年代末英国学者罗伯特·休伊森（Robert Hewison）开始使用的。——译者注

阶级政治文化的再创造”（126）。他认为，《伦敦》正是蕴涵着这一精神竭力“拯救伦敦民主的反意象”（113）——比如赞扬伦敦双层巴士——但是，这种努力一直都是失败的。戴夫认为其结果就是后现代的时髦与令人沮丧的忧郁模棱两可的结合（114）。《伦敦》当然是忧郁的，但是若用“后现代主义”来描述凯勒的电影制作，并不令人信服。我认为戴夫误读了凯勒的总体设计。

首先，我们若将凯勒的电影与辛克莱和珀蒂合作的影片《拜鹰者》（*The Falconer*）相比较，则很有启发性。《拜鹰者》中高度自我意识的蒙太奇和层层重叠的寓言手法与凯勒直截了当的处理方式构成绝对的反差。凯勒的意象是直接的，索引式的，而《拜鹰者》中的众多意象则超然独立，远离它们明显的记录主体、60年代不甚有名的名人、电影制片人、神秘主义者、神秘学学者：彼得·怀特海德（Peter Whitehead）；而且这众多的意象又仅仅因为怀特海德自我神话化的生涯而变得真实。《拜鹰者》是一部有“风格”有“场面”的电影，这在戴夫看来就是后现代主义的标志。凯勒不热衷于这种“拼贴的后现代美学”（Dave：113），如前文所说的，他更喜欢超现实主义，或者说是英国的超现实主义：将这种主要源自法国的运动与（比如说）20世纪30年代电影制片人汉弗莱·詹宁斯（Humphrey Jennings）工作中使用的记录模式以及英国民意调查①早期的工作接合在一起。凯勒正是按照这样的脉络挑选日常生活中潜伏的突发事件、不协调的事物、不理性的行

① 詹宁斯协助组织了1936年在伦敦的首次超现实主义展览，并且和查尔斯·马奇（Charles Madge）、汤姆·哈里森（Tom Harrison）合作，于1937年创建民意调查工程。该项目启动了对英国普通民众的生活和习惯的特殊癖性的录制工作，至少对詹宁斯和马奇来说，这项目还带有一种含蓄的超现实主义的优势。詹宁斯是画家、电影制作者，在20世纪30年代主要为帝国商品行销局（Empire Marketing Board）（也就是后来的大英邮政总局所辖电影组）工作。他的“超现实主义”和基勒的相比，虽然主题都是“英国的生活状况”，但是詹宁斯比基勒更加依赖视觉上的图像双关和并置（visual puns and juxtapositions）。参见里米（Remy，1999）

为，同时找出广泛的经济领域内的矛盾和缺失。因此，我们可以从他的电影里看见一种复原的现代主义，而不是一种具有风格和外表的后现代主义。

再说第二个要点。鲁宾逊/凯勒的目的是，寻找另外一种不同的城市文化。这就把鲁宾逊的结论——“缺失的恰好就是这一点”——置于积极的意义上。然而，这种悲观的情绪是可以用几点证明它的合理性。戴夫注意到鲁宾逊反思双重巴士的问题。我们也可以附上他对位于沟岸的伦敦郡议会边界物业的羡慕之情，还有当他在温布利伊灵路咖啡馆的时候，他得以瞥见一个宴饮交际的城市社区的生活。还有一次，他和一个同事一起参加排灯节（Divali）①。对那个拥有温吞吞的啤酒、绿地上的板球、靠市场力量驱动的英国，约翰·梅杰有着怀旧的情绪，在凯勒/鲁宾逊看来，这种败坏风景的、讽刺性的、混杂的怀旧情绪可能会挫败“社会”，但是伦敦依然拥有一种别具一格的社会性。我们还应该记住，鲁宾逊只是一个工具，他和叙事者都不代表凯勒那不离题的声音。鲁宾逊的所思所言，所看所闻，都未必是凯勒所想的。例如，孩子们在边界物业住宅区玩耍，和电影文本丝毫无关。在布里克斯顿，镜头无可选择地对准了一个多民族的各自经营自己生活的社区。鲁宾逊也许在一个场所会独自一人却怡然自得地待着，但是所有这些意象会使人想起一种社会历史，在其中，一种进步着的城市的精神特质与非洲裔-加勒比的传统、亚洲的传统成为连贯的整体。电影《空间里的鲁宾逊》（*Robinson in Space*）参照了马克思主义的文化地理学家亨利·列斐伏尔（Henri Lefebvre）的观点，捕捉到了上述不均衡发展过程中希望与悲观这两个方面。在这部影片里，鲁宾逊相信，“别的人可以成为朋友和邻居”，但是这种信心与叙事者的叙述有冲突。叙事者引用列斐伏尔的话这样说，包含了“另一个生命先决条件”的空间即是禁止这些先决条件成为现实的同一空间（Keiller，1999：5）。但是这一说法，无论哪一面都不是最重要的；在城市的辩

① 排灯节（Divali）是印度教在秋季为期5天的宗教节日。——译者注

证逻辑里，先决条件和禁止是共存的。与此同时，凯勒在《伦敦》《空间里的鲁宾逊》这两部电影里自己宣称的目的是“改变其主体的经历”（Wright：1999：223）、“重新想象你生活的地方”（Keiller，1998：未标记页码）。他的影片是否有助于将这一目的变成现实，这是对他重新塑造的纪录片的超现实主义的考验。

随波逐流，消失：伊安·辛克莱和雷切尔·利希滕斯坦(Rachel Lichtenstein)

20世纪90年代末，辛克莱写了三本书：《缓慢的巧克力尸检》（*Slow Chocolate Autopsy*，1997），这是一本插画小说，是戴夫·麦基恩（Dave McKean）的绘画；一卷《液体城市》（*Liquid City*，1999），摄影师是拍摄《开拓领域》和《顺流而下》主要景点的马可·阿特金斯；与雷切尔·利希滕斯坦合写的小说《罗丁斯基的房间》（*Rodinsky's Room*，1999）。与最后这一部同时问世的有：利希滕斯坦的《罗丁斯基的白教堂》（*Rodinsky's Whitechapel*，1999）、辛克莱的《昏暗的灯：罗丁斯基的城市街道图》（*Dark Lanthorns*：*Rodinsky's A-Z*，1999）。在《昏暗的灯》里，辛克莱由克里斯·珀蒂和马可·阿特金斯陪同，行走了罗丁斯基的城市街道图。在1998年，辛克莱和珀蒂依据彼得·怀特海德的生活为第四频道制作了电影《拜鹰者》。它重新上演了《缓慢的巧克力尸检》里的素材。因此，辛克莱所有作品一开始都像怡然自得的循环运动，绕着一组地点和主题旋转，借助的途径是不同的媒介、合作者以及从远处发声讲述生活新版本的第二个自我。他对戴维·罗丁斯基的撰写也是如此。罗丁斯基是一个遁世者，1969年从斯皮塔佛德小王子街19号的阁楼失踪，留下一大堆混乱的书籍、报纸、个人财产，以及11年后房间打开后满屋拥挤、无言的物品所展示的谜团。

帕特里克·赖特（Patrick Wright）是最先把罗丁斯基的故事介绍给辛克莱的，后来辛克莱先后把这个故事写进《顺流而下》和

《开拓领域》里，还附上对雷切尔·利希滕斯坦在布里克巷举办的艺术展览的评论。《罗丁斯基的房间》各章间的交替大多形成鲜明的对比，很少具有接合点，但是对于辛克莱来说，这部作品是一次独特的合作，因为对方是女性作家。辛克莱谈到自己和马可·阿特金斯对《液体城市》的供稿时说，那卷《液体城市》是“一次从未发生过的合作”，是两个互不关联的世界一次偶然的融合（Atkins &Sinclair，1999：223）。对于利希滕斯坦来说，一个犹太人出现在伦敦东区这件事以及她自己与这件事的关系，这两点是最重要的。她说，她被罗丁斯基“迷住”了，愿意把他那文书助手的角色当作她自己的命运。她追寻罗丁斯基生活的“真正的故事”，而辛克莱重新编织这个放在类比和比喻的取样器里的“失而复得的故事”，将生命赋予故事中的生活，赋予那个有魔力的、爱思索的地图绘制员，赋予那个一丝不苟的考古学家。

其结果就是一张重新书写的羊皮纸，上面写了品特的《看管人》（*Caretaker*）、有生命的泥人和“罪恶死灵魂（dybbuk）① ”的神话、伦敦西区花花公子的故事、穿越罗丁斯基故事本身的东区恶人戴维·利维诺夫（David Livitnoff）的故事，这让辛克莱又一次绕着这些熟悉的人物故事兜了一圈。他一直以来的感觉是，把罗丁斯基的房间当作一个舞台，等待演员的到来。在这个事件中，演员不是他强征到这个剧中的，演员就是利希滕斯坦，还有他自己。像经典的侦探形象的两个方面，他们朝着不同的方向走，她去寻找事实，而他则在思考中漫步。这件事令人疑惑的是，没有一个实际人物。当她专心地研究罗丁斯基房间的一片狼藉并寻找其中的印记时，他把难以辨认的零星碎片全部置入神话和传奇的语料库里，缜密地思考这个房间的谜团。

正如辛克莱所说的，利希滕斯坦亲自付出了所有的努力，但在最后，他的臆想起了作用，给利希滕斯坦的方法带来的亮光远比她对他

---

① 罪恶死灵魂（dybbuk）：犹太民间传说中附在活人身上的恶灵。按照这种传说，生前有罪的人，死后其魂到处飘荡，最后附在活人身上。——译者注

的启发要多。与她原来所想的、所期待的刚好相反，这个房间难以逃脱地成了他们两个人的“作品”。原本在她探索历程的终点守候着的毫无瑕疵的事实真相，现在在每个转折点上都被隔断。因此，当这个房间在 1980 年被打开时，第一张照片“光线很亮、拍摄很美”（Lichtenstein & Sinclair，1999：32）。这个房间遭到破坏，物件丢失（45－46）。首批造访者忘记了谁最先进来，忘记了他们具体看见了什么，而利希滕斯坦对罗丁斯基的“真实身份”“大为不解”（44），被认作罗丁斯基的那张照片被证明是他姐姐的照片。他是天才，他是迟钝的，他是语言学家或者仅仅是抄写员。“我们挖掘我们需要的历史”，辛克莱如是说（177），利希滕斯坦也是如此。她所挖掘的那个罗丁斯基符合她幻想中的形象：一个孤独无伴的犹太学者、犹太教神秘哲学家。她曾说，在 19 世纪末俄罗斯和波兰的难民如何千方百计地将他们的会堂和社区丝毫不变地从东欧移植到伦敦东区（22）。在罗丁斯基身上，她看到了这种策略被牢牢地固守，他的房间就是抵抗现代化社区的最后一个岗哨。

这样，她就把他变成了一个有生命的泥人（224）——她的阐释就和辛克莱的阐释汇合在一个点上——犹太会堂、贫民窟的“看管人”（他本人不是），反对外来侵略的守护人。辛克莱看到，第二次世界大战期间纳粹对犹太人的大屠杀以及它所造成的无法挽回的损失笼罩着利希滕斯坦所做的一切。她意识到，有关罗丁斯基的事实真相不在他的房间里，而在于对这段更广泛的历史散落的记忆里，在于这段历史有象征意义的沉淀里。当她意识到这一点时，她的追寻就跨越离散在外的犹太人的聚居区，延伸至纽约、以色列、波兰的联络点。她的“有关人的”故事就传播开去，变成“全球化的”，而辛克莱的故事毅然决然地是地区性的，是文本的。但是，利希滕斯坦对意义更广阔的进一步的追寻重复了前面的结构。原因是，虽然波兰使她在罗丁斯基身上看到传统的遁世修道者的一个移位的模型，“虔诚、圣洁”，不似那种“怪癖、贫苦”的形象，但是这个原版的故事却被这些因素削弱了：“虚假的历史记载”（230）；旧的犹太社区遭受的显而易见的侵蚀；

在波兰，在最后的日子里一直服务于犹太社区的、如今已上了年纪的“看管人”的生活，与罗丁斯基在伦敦的一个社区里关了百叶窗、与世隔绝的生活相比，两者反差很大。利希滕斯坦试图消解自己身份中的矛盾，这些矛盾以另一种方式描绘在这个故事当中。当她决定不接受犹太正统观念时，她开始描述另外那一种孤独，没有归属的普通故事。在这个过程中，她也找到了一个地方，为了安放那些难以辨认的符号，也为了安放其他微不足道的痕迹、啤酒瓶、电影票、去印度餐馆吃饭的票据、步行穿过伦敦的证据等。这些都是罗丁斯基为了和自己的贫民窟以外的世界保持联系所做的努力。

1998 年，苏茜·赛姆斯（Susie Symes）（“前财政部的官员，成功得惊人，亲朋显赫”，276）取得了犹太会堂的管理权，也就是当今的斯皮塔佛德中心。她责备辛克莱和迈克尔·穆考克（Michael Moorcock）说，“你们这些小说家啊，你们只能看见浪漫的故事”（277）。她这话也许是说给辛克莱和利希滕斯坦的。只有当利希滕斯坦发现罗丁斯基在埃普瑟姆的贫民的坟墓时，她才准备讲述他最后的穷苦的、并非浪漫的生活事实：他无论在实际生活中还是在文化上都无家可归，官方将他和他的思想同他寄居的那个房间彻底分开了。不过，那个盛满东西的房间，就其本身而言，现在和过去一样，与外界的一切都是隔绝的。更加残酷的事实是，这个迁移而来的犹太学者，与他阁楼下犹太会堂里会众的社区生活也是隔绝的。那些以为自己记得罗丁斯基的邻居，认为他就是一个房屋看管人或者就是一个比较活跃的、“黄褐色皮肤的”、名为罗丁斯基的人。他是一个无人看见、无人所知的人，在他生活的时代如此，在那间房间打开时也如此。死后不见尸首，这是他历史中最核心的事实，遗体不会再找到，生活不会再复原，因为这身体事实上从未在伦敦的斯皮塔佛德“找到家”。他的姐姐在早些时间被送到精神病院，并在那里去世。她的故事，和利希滕斯坦的故事一样，在罗丁斯基的故事里穿进穿出，但是没有讲出来，而是被她弟弟更有吸引力的谜团驱逐了。

与此同时，辛克莱竭力为罗丁斯基的生活想象另外一个家，但是无法成功地将他置于品特的剧本里，置于有生命的泥人的神话或利维诺夫的故事里，他也不能说服其他的作家——布莱恩·卡特林、凯西·阿克（Kathy Acker）和迈克尔·穆考克——收下这个人物。利希滕斯坦和辛克莱双方都需要把这笔账结清，让自己卸下罗丁斯基这一外表。辛克莱参与其中、又从其中脱身，这一过程尤其体现在后续撰写的小说《昏暗的灯：罗丁斯基的城市街道图》中。在这部小说里，罗丁斯基首先被视为一个同宗的人，作为一个心理地理学家沿着现实和幻想的边界线出发，同时接触此时此地和彼时彼地。因此，辛克莱认为这些漫游预示了罗丁斯基生活中的事件，也预示了辛克莱自己社交圈子里的事件。他相应地利用达根汉姆区的街名“小地方（Pettits Place）”，还有“鲁宾逊路”（记得珀蒂 1993 年的小说《鲁宾逊》），仿佛罗丁斯基一直为他们的到来做准备。同时，他开始放弃这种打算。我想，有两个原因。首先，罗丁斯基正在“被粗俗艺术家的想象殖民”，这个房间也准备获得“博物馆的地位”（Lichtenstein & Sinclair，1999：261）。第二个原因是，罗丁斯基最后日子的现实生活煞是贫苦。当人们对历史记录普遍的怜悯情愫抵御了辛克莱的虚构时，传奇随之失去价值。所以，他忘却自己的殖民角色，扭转方向，最终宣称自己是“多余的”，准备“在一片回声中逐渐消失”（263，269）。然而，对于走出来的辛克莱来说，罗丁斯基是逐渐消失的印痕。因此，在《罗丁斯基的城市街道图》里，他和珀蒂在罗丁斯基故事的一个体面的出口，漫步走过他们最后一条路线：“另外一种追寻诞生了”，辛克莱如此写道（44），他闻到了另一项计划馨香的气味，这计划引领他向前行走：环游伦敦外环 M25 高速公路（273）。

在 20 世纪 90 年代，伦敦东区和“东伦敦口岸”都有很大的发展，其中有千禧年穹顶①的建造，银禧地铁线延伸线的竣工，东伦敦大学新码头校区的建立②。与此同时，伦敦城进一步地蚕食斯皮塔佛德。在《顺流而下》和《开拓领域》里，辛克莱将另一个伦敦的“秘密历史”置于撒切尔雄心勃勃的工程文化背景中，拿自己重新施了魔法的城市去对抗它的“复兴”计划。在《罗丁斯基的房间》里，他和利希滕斯坦都卷入了近距离的战斗，不仅抵抗变化发生的不自然的步伐，而且反对遗产工业带来的“时间的凝固”和休闲旅游业。利希滕斯坦意欲从历史留下的痕迹中将过去恢复到它潜在的丰满状态，但是没有成功。辛克莱更加敏锐地意识到时间流逝不可逆转，意识到运用想象力而非逻辑推理产生的意义是有力量的。在布莱尔的英国，如同在撒切尔和梅杰的英国一样，辛克莱反对城市开发者理念中单维度的伦敦，反对遗产观光路线上人造的建筑小群落。他展示的是这样一个伦敦：它拥有“无限多交叉的故事……生命在另外的生命里渐渐消失”；录音会被整理成错误的文稿、意图会不单纯，这不可避免。因此，文字和意象即兴地组合、再组合，这也不可避免（1999：44）。

后撒切尔时期的主要作品同这种美学和认识论是一致的：开放，离题，未达到目的。但是这有削弱任何反对力量的另外一个效果。辛克莱离开熟悉的环境，他很明显就失去了稳定的基础。在《顺流而下》的最后两个部分，我们发现他搁浅在“河口湾的中间”（366），在谢佩岛莱斯当附近马沙的“河床淤泥”里陷入不受时间限制的沉思。在《氡子体》（*Radon Daughters*，1994）里，他流浪到剑桥，到南威尔士的田野里，与第二个自我搏斗；在《开拓领域》里，他冒险走进伦敦

① 千禧年穹顶（the Millennium Dome）位于英国伦敦，是由英国建筑师理查德·罗杰斯（Richard Rogers）所设计，为了庆祝进入千禧年而建造的伦敦标志性建筑物。——译者注

② 参见《崛起的东方》（*Rising East*），《东伦敦研究杂志》（*The Journal of East London Studies*）。东伦敦大学/劳伦斯和威沙特（Lawrence & Wishart）出版公司自从1997年开始一直始终如一地出版这些以及其他地区性的刊物。

南部的郊区，仿佛那是异域的领土。这些叙事被这个城市的磁石强烈地吸引着，泰晤士河可能就是它们的主要人物，《缓慢的巧克力尸检》也是如此。在这些作品以及同源的《拜鹰者》中，文本、意象和故事叠置的、像水一样的表面恰好符合后现代主义的理念：由超然的符号构成的一个自生的世界。如此开放的艺术，没有足够的立足点与任何事物抗衡，因为无论是在《顺流而下》，在对撒切尔的符咒无意的让步中，还是在《罗丁斯基的房间》辛克莱最后的话语中，它都承认“一切皆有可能”（1991a：336，401；Sinclair & Lichtenstein：278）。

如果实体空间、叙事空间、政治空间可靠的环境是这样限定的，时间上的间隔也是如此。灵感、事实显明的时刻就在当前，霎时就烟消云散（Atkins & Sinclair，1999：8）。但是，时间受限制还有另外一层含义，它与辛克莱的艺术主张有进一步的矛盾。罗丁斯基的故事，部分的魅力可能在于他的生活和故事在1969年结束。对于辛克莱来说，在新近兴起的斯皮塔佛德和伦敦城中很难找到积极的意义。无论是在伦敦城破败区域的中产阶级化改造①还是向东扩展的过程中，抑或是在（如前提到过的）以非白人、非犹太人的孟加拉人占大多数人口的、多民族共存的斯皮塔佛德的兴起当中，他都很难找到积极的意义。正如安妮·J. 克申（Anne J. Kershen）所说的，“到了20世纪60年代只剩下年老的犹太居民”还住在这个地区（1997：77）。② 当面对现代伦敦东区以及它所展示的现代英国的问题时，辛克莱变得茫然不

① 破败区域的中产阶级化改造（gentrification）：土地开发用语，指中产阶级或相对富裕的人群向不发达地区移民，以推动该地区及周边地区的经济发展。——译者注

② 雷切尔·利希滕斯坦在自己的儿子出生以后，来到斯皮塔佛德。我们记得她当时的反应，当时那里变化的多样性和程度让她目瞪口呆，她觉得无论是她还是罗丁斯基都不再属于那里。她的主题和辛克莱的一样，就是消失和失落。他们无法直接和真正地看到新兴的事物。

知所措。①

尽管辛克莱对历史记录有很好的掌握，这一点也是历史感的一个失败，因为近期的历史还有一个版本。安妮·J. 克申（1997）、约翰·伊德（John Eade，1989，1997）和其他学者详细说明了孟加拉社区的兴起，简·M. 雅各布斯（Jane M. Jacobs，1996）论述了斯皮塔佛德历史建筑信托基金机构（the Spitalfields Historic Buildings Trust）、斯皮塔佛德开发集团（the Spitalfields Development Group）、工党左翼组织的"从开发商手中拯救斯皮塔佛德的运动"等对自然资源保护策略所付出的努力。雅各布斯的描述的具体价值是，它向辛克莱、利希滕斯坦、赛德·马扎鲁·伊斯兰这些作家以及自然资源保护组织或政治团体显明，我们为何不能产生一种无差别的、民族的或孟加拉的"他者"，无论是看得见的还是看不见的，都不能。孟加拉"社区"有不同的身份，既从其外部又从其内部表达出来。因此，这个社区被斯皮塔佛德信托基金机构"沐浴"在一种虚伪的"共存的修辞"里（86）；被认为是"前资本主义的，前现代的，需要从伦敦城的手里获得保护"因而获得左翼的恩惠（95）；由那些喜欢畅所欲言但不能胜任作代表的男性商人组成的斯皮塔佛德社区发展组将其作为"孟加拉镇"从内部展现出来（97－99）。雅各布斯强调说，孟加拉社区是一个"想象的构建"（101）。在孟加拉镇这个例子中，在当地政务委员会和政府基金支持的"富合（Rich Mix）"艺术中心项目中，可以看到这个社区就是布莱尔工程的典范事例，支持当地的事业与企业资金之间的合作。我们可以认为，作为结果而产生的"多文化的消费主义"（Jacobs 100，同时参见 Phil Cohen，1998）是"自反性现代化"的一个例子。

---

① 参见他对千禧年穹顶的狂野的、返祖性的批评："拆除篱笆……将被蹂躏的土地归还回去。不要马戏团，不要帐篷戏，只要城墙外一度存在的那种平淡无奇的田野。留下空间练习射箭、种植商品果菜园、去聆听——当作娱乐——小商贩、游方教士、空想的疯子之哀歌。"《伦敦书评》（*London Review of Books*），第 10 卷，第 19 期，1997 年 10 月 2 日。第 10 页。

在这个伦敦，布莱尔工程“体面的对手”是什么样子？如果像辛克莱写作的发展轨迹所表现的那样，没有牢固的根基可以立足，那么这一对手是可以想象的吗？我在本章的开始提到理查德·罗杰斯对撒切尔主义的批评。在托尼·布莱尔领导下乔治斯·巴里斯·米勒、由罗杰斯建筑事务所（the Rogers Partnership）建造的千禧年穹顶遭到辛克莱的诋毁。但是，辛克莱像其他人一样，忽视了罗杰斯的千禧年村的规划。它混合性的用途和环保的设计符合辛克莱对伦敦的想象，他把伦敦设想为一个崭新的“密集的、多中心的城市”，有形形色色的社区，兼备居住、文化、商业的用途。他赞成已被废除的大伦敦议会（GLC）的功能以及它的前身伦敦郡议会（LCC）发起的公民责任的传统，他认为这是未来大都市行政的一个模范，致力于这样的一个策略：参与式规划、对环保敏感的建筑和交通、专用的公共空间、创造性的公民身份（1997：103－175）。

大伦敦市政会的前任领导肯·利文斯通（Ken Livingstone）作为伦敦市长独立候选人参选，在人们广泛而强烈的支持过程中，大伦敦市政会作为一个广受欢迎的政治记忆再次归来。此时此刻，在伦敦的中心没有社会，这不是“伦敦的问题”。“伦敦的问题”是：政治中心与以大众意志为呈现形式的“社会”，这两者表现出极度的不和谐。因此，一个“体面的对手”受到影响，从一个对大多数意见不利的体系中脱离出来，这么脱离不是为了撤离，而是为了把不满的人发动起来，实现另外一种民主想象，这一民主想象跨越地区、党派、城市社区和民族性将差异连成一体，用一种新的方式提出政治和公民身份的问题。罗杰斯的“密集城市”的理念，运用多样性中统一性的概念来响应现代大都市，在“反射性建筑”中重新设计、重新声明伦敦实体的历史和政治的历史，这会用一种“人文主义的”方式去重新思考、重新阐释、重新利用各种理念、功能和材料。这种“人文主义的”的方式与自反性现代化的商业需要是不同的。①

新的政治和建筑秩序的理念，激发了这些别具一格的伦敦的范例。这些理念说明，干涉主义艺术的“临界距离”，虽然在一般情况下被视为与现代主义的工程一起结束，但是是可能存在的。当然，这些理念鼓舞我们去想象一个评判性的、独立的文化，去理解辛克莱早期的讨论所说的那种“多样性的文化”，这种文化不用参与鲁宾逊的漂流、辛克莱“多余的付出”、不用感受利希滕斯坦“我们不再归属这里”（306）的感觉就能向无法用声音表达、无法呈现的东西敞开。辛克莱说，“这个城市就是一个更加黑暗的自我，一部充满可能性的戏剧，我能让那些从未出现的生命在剧中试演”（Atkins & Sinclair，1999：7）。这是一个鼓舞人心的概念。如果辛克莱在漫步中走遍这些可能性，进入另一个伦敦的光里，就是那个被新的建筑和“多样化”的政治艺术重新想象的伦敦，那就更加鼓舞人心了。

没有讲过的故事：珍妮特·卡迪夫

还有一位艺术家，她选择伦敦东区，更确切地说是斯皮塔佛德，作为故事的地点，以一种不同的方式说明多样化的城市艺术所处的环境。我想在本章即将结束时思考一下这位艺术家的声音——此处指声音的字面意思。在1999年，加拿大的艺术家珍妮特·卡迪夫从斯皮塔佛德图书馆犯罪书籍区走到利物浦街车站，并录制了一盘录音带。这其中有一个受嘱咐跟随卡迪夫行走的一个“游伴”，也是听这盘磁带的人。磁带里包含了一些说明和叙事的片段。卡迪夫在磁带里说，“这个城市是无限的/无人曾找到/街道格局的终点”。录音带用简单的方式记录这种无边无际的格局中的一段，捕捉到形形色色的、互相交叉的生

① 在罗杰斯的著作《小小地球上的城市》（*Cities for a Small Planet*，1997）里，他把有关伦敦的那一章命名为“伦敦：人文主义的城市”，103－143。

命每一天的复杂性，他们“朝着不同的方向/离开/一个故事与另外一个故事部分重叠”（1999，CD和打印稿，未标记页码）。卡迪夫是导游、叙事者、漫游者、梦想家。她“漫游”着离开实际的现场，去缅怀往事，作为一个被追踪的女人，同时是一个女性追踪者，穿过多疑的城市场景，虚构“假的危险、风流韵事”，勾画出路线图，想象着在远方的另一片大陆有人如何在网络上追踪她。她“过去在”此地，然而被自己的思想“移位”；她现在作为一个声音“在这里”，然而身体却在别处。她的声音似乎要把“珍妮特·卡迪夫”固定在这些不断游动的移位中。然而，其明显的真实性本身就是有问题的，因为卡迪夫说，她觉得录音带的声音很陌生，她听见的仿佛是“另外一个女人……一个很平庸的游伴”（66）。我们可能以为，这个虚构的叙事人物、第二个自我、演员，录音中又与卡迪夫早期的一段录音相交切，这段早期录音的文本来自一部犯罪小说，对话来自一部好莱坞惊悚电影，另外还有两位男性的声音：一个是英国人，身份是“侦探”，正在调查一个红头发女人失踪、可能被杀害（她可能是珍妮特·卡迪夫戴着假发的第二个自我或者是她找到的一张照片上的女人）的神秘事件。另一位男性是加拿大人，可能是她的合作者、合伙人，名叫乔治斯·巴里斯·米勒，录音带上说他从“世界的另一面”追踪她的一举一动。与此同时，从聆听者的角度看，这些声音从地理的角度描述斯皮塔佛德的街道（是地图上一个两维度的格局），但这些街道又被猛地拽入另一个时空，这个时空可能符合、也可能不符合该男性或女性聆听者视觉和大脑当前所处的时空。最后一个情境是“真实的”，与城市无限的偏僻小路相似。在这个情境中，无论距离漫步的现场多远的时间、多远的空间都可以听这张CD。

特别迷人的地方是，短距离的漫步和录音，这有限的活动是如何产生这开放的喜剧：可以到场也可以缺席，可近可远，寻找城市生活特征的长久的沉思；同时它又是如何从这一切中产生一套普遍意义而不是特殊意义。在《罗丁斯基的房间》里，辛克莱竭力请求凯西·阿克和迈克尔·穆考克帮忙，成为斯皮塔佛德犹太会堂的“参观者”，为的是以同样的方式挖掘他自己的思想以及走出谜团的途径。而他们的选择是，不参与其中。珍妮特·卡迪夫简短的作品，具有客观性，恰好拥有短时间参观蕴涵的累积很久、悬而未决的强度。她虽然和辛克莱那些参观者一样，没有参与罗丁斯基的谜团，但是她把斯皮塔佛德从罗丁斯基阁楼的漩涡中移走，放进普遍的城市意义的领域里，其部分的手段是：将侦探小说和黑白电影那种普通的城市叙事中司空见惯的方法翻新并运用。录音带上的“珍妮特·卡迪夫”，思考着“渴望消失的那种强烈的欲望”，而且确实消失了，只留下一个声音的“鬼魂”。因此，令雷切尔·利希滕斯坦魂牵梦绕的城市主题、辛克莱竭力阐释或移至足够疏远的小说中的城市主题，卡迪夫却将其借来、令其戏剧化并报道出来。她以一种亲密的、抽象的语言风格在这个城市的转义里“逗留”。利希滕斯坦说，辛克莱如何警告她说罗丁斯基的房间/故事是一个“陷阱”。这个房间和其中物品的符咒引诱她进入失落的过去，然后是令人痛苦难忘的、对房间的重新占领，正值此时她却发现她也不属于这里了。利希滕斯坦曾拥有强烈的亲密感，驱使她探索，驱使她参与辛克莱的工作、与男性同伴自始至终地合作。珍妮特·卡迪夫与她不同。如前所述，卡迪夫展示的只是和一个“平庸的游伴”的、普通意义的亲密关系。这位游伴是许许多多可能的“你”，像鬼魂一样漫游；这个游伴只有通过随身听这个没有感情的中介来了解“珍妮特·卡迪夫”。卡迪夫这样写道：

> 很多时候，我所使用的故事都是关于人际关系和真正交流中的困难。我把随身听这个设备看作是拥有替代关系的一种方式。我亲密地和一个人谈话，创造一种关系，但是我处于一个安全的距离（1999：66）。

她想展现“一种有点儿认识某个人的感觉，哪怕只是使用一个不为人所知的声音，一个下落不明的声音”（66）。但是，这种替代关系中的聆听者/陪伴者不仅仅是“某个人”，而且是许多可能的人，一个接一个，慢慢地成为一个小型的城市群体，都来经历这种替代关系，而且不可避免地受到激励，在漫游中将自己的故事叠加到珍妮特·卡迪夫的故事上。这种复杂的对话形式的编织，将这个城市的精神生活展现为一个有限、然而又是无限变化的、创造性的经历，事实上将现代城市共同生存的跑垒线用戏剧形式表现出来。确实，我们也许在这里看到一个模型设计，正如菲利普·卡辛尼茨（Philip Kasinitz）所说的，是“愈加象征性的、抽象的”城市社群的新模型，这样的社群不需要“共同的历史、根深蒂固的共同的价值观，甚至——因为有了电子交流——无需面对面的互动沟通”（1995：388）。

评论家基蒂·斯科特（Kitty Scott）写道，珍妮特·卡迪夫的作品“没有名字”，因为她不是画家、雕塑家也不是装置艺术家①。虽然她有点像“电影或戏剧导演、电影剧本作家、小说家、电台节目制作人、作曲家、表演艺术家、录音技师”，但其中任何一项都不完全是她的专业。斯科特说，她在这些形式的“空隙中的某处徘徊”，从它们中借来东西但不栖息于任何一个领域（Cardiff，1999：4）。这一单个的作品虽然是复声道的，多分支的，其本身却不能成为多样化的城市所需的“多样化的艺术”，因为没有哪部或哪些作品——正如《那下落不明的声音》（*The Missing Voice*）告诉我们的——能够包含城市的无限性。从这个意义上说，其抽象的“社群”的模板也不能包括所有可能的现代的形式。维迪奇和休伊（Vidich & Hughey）描述了“我们的社群如何变成朋友、亲人、同事、共谋者、合著者、合作者的网络”（引述，

① 装置艺术（installation art）是20世纪70年代兴起的一种西方当代艺术类型。装置艺术混合了各种媒材，在某个特定的环境中创造发自内心深处的或概念性的经验。装置艺术家经常会直接使用展览场的空间。装置艺术可追溯到早期的一些艺术家，比如杜尚（Marcel Duchamp，1887－1968），他们使用现成的物件而非传统上要求手工技巧的雕塑来创作。在大多数的装置艺术中，艺术家的强烈张力扮演了极为重要的角色。这个特色让装置艺术与传统雕塑的距离又更远了些，因为后者是着重于形式。装置艺术使用的媒材包含了自然材料到新媒体，比如录影、声音、表演、电脑以及网络。——译者注

Kasinitz：388）。辛克莱再现了这种更牢固的“文化”社群并努力维持它，它被艺术作品和艺术爱好构成的共同的想象博物馆凝聚在一起，用以支持辛克莱对伦敦东区和伦敦南部的个案研究。这个项目因着辛克莱对罗丁斯基事件的推测反过来又和雷切尔·利希滕斯坦发现的当地离散的、走向没落的犹太社区有部分的重合，但是没有完全重叠。用与她不同的理解方式，用与她父母的生活相匹配的理解方式，我们可以认为，这同一个社群与其说是处于一个消失的时刻，不如说是处于一个成功同化的时刻，这势必造成来自斯皮塔佛德地区的第二次移民。超越这种“具有历史意义的”的社区生活，斯皮塔佛德已经看见致力于复原和遗产文化的有品位有原则的社区在复兴，还有前面提到的在阶级、性别、权力上有明显分别的“孟加拉”社区。本斯曼和维迪奇（Bensman & Vidich）写道：“任何特别的社区或公共空间都可能被民族群体和阶级群体联合占领”，这么说仿佛证明了这种正在进行的社会的重新书写；的确，人们能够在自己的居民点“创造几乎无限多样性的社群”（Kasinitz：200，198）。

此处讨论的作家和艺术家，他们跨越时间和空间展现了这种多样性的某些方面。他们遵循灵感，怀着永不枯竭的想象力，走过斯皮塔佛德狭窄的地图，到达另外一个声音和故事开启的地方。他们并未一起创作一个故事，也没有提出一个总结性的社区概念。就珍妮特·卡迪夫作品来说，它特别的优点是：它向街道和故事无边的模式敞开自己，承认自己的形式和附加的“替代关系”的局限。所有这些作品走到边缘时本能地知道，而卡迪夫的作品走到边缘时是清楚、自然地知道：外面一直是有故事的，那是另外一个故事，没有讲过，没有翻译，不可翻译的故事：她的，你的，他们的。一直有一个“下落不明的声音”。

第五章　“献给布鲁克林伟大人民共和国的赞美诗”

所有后现代的路都通往洛杉矶。看来往往如此。用戴维·莱昂（David Lyon）的话说，这里是“世界上第一个真正的后现代城市”（Lyon，1994：59）。城市工业的比重加速减少，高科技职业集中，服务业和生产业低收入的工作，“不断移动的、碎片式的城市流动”，肮脏的贫民窟和翻新改造过的社区，机场、酒店和大型购物中心，莱昂把这一切视为后现代性的典型特征（59－60）。爱德华·苏贾（Edward Soja）是这个城市最主要的阐释者之一。在他看来，洛杉矶是“世界上市中心向郊区分散的、最具象征意义的空间”（Soja，1995：23）。另外，莱昂说，这种“象征性的没有中心”使洛杉矶“总体上”成为“后现代消费文化的一个隐喻：一切都是零碎的，混杂的，分散的，多元的，而且受制于消费者的选择”（Lyon：61）。

显然，大多数的批判性讨论和文化表达都转向并源自洛杉矶，但是总的观点在这里肯定是靠不住的。对城市的描述以及城市的维度均有明显的流动性和争议性，除了这里是一个没有中心的中心这一困扰人的观点以外，我们认为哪一种单个的情况（城市、事件或文本）能表达一种纯净的、业已成熟的后现代主义呢？洛杉矶能代表其他现代城市，甚至是北美其他主要城市的共同目的吗？比如，它如何经过现代性的每个层次、穿越空间和时间来很好地应用于纽约市？纽约市是棋盘式的街道布局，是启蒙运动原理在平面造型上的运用。在纽约这个城市，银行、金融服务业的飞速发展，在国内、国际占主导地位的“生产性服务业”大幅度的增长，文化产业影响力的迅猛增强，骤然改变的就业模式，民族结构和社会两极分化，这一切使纽约本身成为一个后现代的城市。事实上，它是一个“典型的例子”（King［编写］，1996：vii）。按照萨斯基亚·萨森针对这一发展的看法，像伦敦、东京和纽约这样的“全球城市”中发达的经济领域都有一个集控制与管理于市中心金融区的“跨国的城市空间”，而且在城市形态的等级体系中，与这一空间形成鲜明对照的是翻新改造过的居民区、“工人阶层破旧的邻里社区和移民的社区”。这些社区拥有自己支撑性的替代经济，还有“日益增长的贫穷、迁移的人们去占据这个城市已经惨遭毁坏的区域”（Sassen，1996：23，29）。因此，如果在后现代主义的一个版本中，“去中心化”使洛杉矶成为一个典型的后现代城市，另外一种以识别全球化的形式和结果为目标的模式则把纽约视为一个最重要的例子。前者是参差不齐的、无计划的扩展，后者则是功能的二元聚集，在社会和经济上分界明显。

如果全球化以及社会和经济内在的分别和不平等使纽约成为一个后现代城市，那么这些趋势可能只是加强了在垄断资本主义、移民和就业模式早期阶段的城市特征。莱昂曾提出一种线性的发展方式，认为“威尼斯式的前现代城市”和“纽约式的现代城市”让位于洛杉矶的后现代主义（Lyon，1994：59），但是，与此相反，我们目睹的是一种不均衡的发展：纽约展现的是一张重复书写的羊皮纸，有多层的时代、多种的经济和文化形式，奇迹般的现代主义的摩天大楼和具有菲利普·约翰逊（Philip Johnson）设计风格的后现代建筑并肩而立。而且，如果我们放眼曼哈顿，另外一层关系就会进入我们的视野。萨森分析的主要目标是曼哈顿，研究它和纽约其他行政区的关系，当然其他行政区都有自己独特的空间特征、独特的社会和经济历史。那么，其他的行政区，与本身就有巨大内在区分的曼哈顿“中心”，这两者究竟有着怎样的关系？布朗克斯和布鲁克林究竟是后现代的、现代的、反现代的、前现代的还是这些因素的某种结合？

这一切都说明，正如我在前面几章里所论述的，我们在思考后现代城市与我们思考后现代主义一样，需要一个灵活的、符合逻辑的模式，对新事物要敏感，切实注意在后现代时代中现代事物的自反性痕迹。正如我们所知道的，地方和社区的概念也是如此。在这里，我想首先综述近来对社区概念的一些评论，然后再描述小说家保罗·奥斯特（Paul Auster）作品中自我和他者的关系在概念上的不断变化，还有奥斯特和王颖（Wayne Wang）于20世纪90年代末执导的两部电影《烟》（*Smoke*）和《面有忧色》（*Blue in the Face*）中社区的重要体现。在论证的这个阶段我也许需要说明，我并不把这些小说和电影文本当作理论的论据，或者充当理论或实际问题的一个解决办法。我一直想说，小说帮助我们对问题及解决办法重新思考，重新想象。当我们思考城市中身份、公共空间、现代性与后现代性之间交错、不均衡的关系等问题时，我们需要使自己的思考适度地复杂一些，而奥斯特的小说和电影能帮助我们做到这一点。在奠定自我和他者之间关系中，这些作品也特别突出了叙事或讲故事的形式及功能。从这一方面来说，我相信，它们呈现了一个对话体的城市交流的概念，这可以丰富目前对城市社区的讨论。

地点与身份

伊安·钱伯斯（Iain Chambers）说道，我们在城市里观光非常需要地图，但是这种现代主义的手段——“绝对依赖对稳定地形的观测、固定的参照物和度量体系”——又与“大都市生活的流动性”格格不入（Chambers，1993：92）。他说，“语言和欲望不断变化的背景穿透地图绘制的逻辑，并且溢出它平坦的、排列分类的边界线”（92）。所以，钱伯斯极力说服我们抛下现代主义的地图，去面对这个有性别偏见的、有民族文化渊源的城市日常生活中混乱的事情，去面对“不同社会群体各自的领域及其不断更替的中心和边缘”（93）。他说，不管这个城市是拉各斯、伦敦、北京还是布宜诺斯艾利斯，“背井离乡的人有着混杂的思想和经历，其复杂性与线性的论证和确定性互相对立，尤其是向城市里或现代化大都市里的‘我们’展现了‘一种多形式的、多话题的、离散文化的现实”（93）。

钱伯斯说，要挑战“这个领域里被视为批判性‘常识’的东西”（111）。但是，他的词汇、自由论者的言辞将价值或将‘现实’置于迁移、边界、漂移、流动性还有其他一系列同源的术语上——缝隙、间隙、间歇——这些术语都存在于后现代主义或后现代化的文化研究更新颖的常识中。他写道，“主体、语言、历史、行为、文本、事件”存在于一个充满差异的世界里，“都有一个符号：‘无家可归’”（98）。在一个未被认可的双重矛盾中，钱伯斯认为这些对城市生活的看法是一种普遍的经历，含糊地指代“我们有区别的、然而愈加关联的生活”（110）以及“我们的命运”。与此同时，他进一步地证实了那种他竭力以另外一种方式去颠覆的二元思维。他颠覆这种二元思维的方式是，在他的分界线否定的一面，他轻视家、社区和连续性的概念，轻视地图绘制活动。他论证说，所有这一切展示的是一种不可能的真实性，或者说，是保守的、反动的。

钱伯斯举出了新的文化地理领域中的一个例子，但是说服力不强。其中的见解被中产阶级流浪的知识分子理想化的自我投射削弱了。关于城市身份，早期出现的有影响力的、复杂的叙述是从女性主义者与解构、后现代主义的交锋中诞生的。在《社群的理想与差异政治》（*The Ideal of Community and the Politics of Difference*）”这篇文章里，艾里斯·马里恩·扬（Iris Marion Young）用解构的视角阐释她眼中“社群”的均质性概念。她论述说，这种社群理想认为面对面透明的关系有优势；这种理想“低估了以时空疏远的形式存在的差异所具有的价值”；这种社群理想会排斥无法同化的东西；这种社群理想即使刚开始不是种族主义的、沙文主义的或宗派主义的，在政治上也是不现实的（Young，1990：302，301）。她论述说，现代城市中大规模的交往活动拉近了陌生人之间的距离。因此，一种更加合适的社群理想会承认，“城市生活是‘陌生人在一起’”（318），这些陌生人不指望会有一种直接的、互相的、互惠的理解，相反会——在一种重要的构想中——竭力实现“对尚未同化的差异性敞开胸怀”的态度或气质（301）。扬把这一点视为“非压迫性城市”的乌托邦标准（301）。

因此，“差异政治”与社会关系普遍化的、本质论的理想背道而驰。然而，这一观点的问题是，将这种保守的趋势归咎于这样的一种社群理想：它没有论据，不考虑社群各种各样的历史或政治形式。一个共济会会址①和名流崇拜者俱乐部②虽然均可构成一个社群，但他们完全不同。同样，一个摩门教的社群不同于英国乡村的信奉国教的社群。在城市里黑人生活地段的社群也不同于环境保护主义者院外活动集团、枪支俱乐部、犯罪网络、工人阶层革命的小派别等所在的社群。而且，在这些群体中，面对面的接触未必比一定空间距离中陌生人之间的关系更具优势；共享的主体性——扬将之归咎于社群的理想——也没有被视为是一个事实或目标。一些群体或社群可能是排他的、封闭的完整体，而有些群体则更加开放；有些社群是保守的，而有些是非常开明的；有些社群持续的时间长，有些持续的时间短。虽然这些异议显而易见，但是扬的观点一直很有影响力，在近期的文献里得到

---

① 共济会是以相互扶助和友爱为宗旨的国际性秘密组织。共济会会址（a Masonic Lodge）指以共济会原理组建和运行的一种慈善组织的会址。——译者注

② 名流崇拜者俱乐部（a fan club）：一个有组织的群体，所有的成员都崇拜某一个歌星或电影明星等。俱乐部常以所崇拜的明星命名。——译者注

直接或间接的支持和认可。① 《空间和地点：身份和地方的理论》(*Space and Place*: *Theories of Identity and Location*, 1994) 的编辑们以类似的口吻在为这本论文集里的文章做宣传，说它们质疑对身份、地方和公共阶层的新自由主义、本质主义、社群主义的阐释。他们写道，"对文化身份假想的确定性，深深根植于某些特别的地方，这些地方容纳了具有共同传统和思想、有凝聚力的社群。这种假想的确定性对有些人来说永远都不是一个现实，对所有人来说，这确定性正在日益被瓦解、被取代"(Carter, Donald, Squires [编写], 1994: vii)。索菲·沃森 (Sophie Watson) 和凯瑟琳·吉布森 (Katherine Gibson) 在她们的文集《后现代的城市和空间》(*Postmodern Cities and Spaces*, 1995) 里提出了更加宽泛的假设来支持这一思想。她们得出这样的结论：

> 在身份政治 (identity politics) 这一新的概念形成的过程中，阶级、性别和种族旧的二元对立遭到瓦解和消散，新的形态和联系以不同的形式一同来临并在新的地点以新的形式突然出现。人们并非只占据单个的主体立场，相反，我们常常承认这一事实：人们同时代表几个群体，拥有多个、一直更替和变化的主体立场和身份。(262)

确实，以这样方式看待主体性是常见的。但是，这些阐述中夸张的说法也是靠不住的。对所有的人来说，身份现在遭到瓦解，而在过

---

① 扬的这些论点主要在她的《正义与差异政治》(*Justice and the Politics of Difference*, 1990) 中得以论述。普林斯顿，新泽西：普林斯顿大学出版社。关于这些论点产生的影响和支持性的讨论，可见沃森和吉布森编辑的文集中保罗·巴顿 (Paul Patton) 的文章"想象的城市：后现代性的意象 (Imaginary cities: images of postmodernity)"(1995: 112; 121)，还有戴维·哈维 (David Harvey, 1996: 310－312, 348－350)，以及詹姆斯·唐纳德 (James Donald, 1999)。

去人们并未以矛盾、不稳定的心理感受过这种身份。这怎么可能？又是为什么？将过去的身份视为“单个的”，把现代新的身份视为“多个的”，这样的视角难道不是出于同样的、旧的二元论，出于这个据说已经被代替的二元论？“人们”（一个统一的范畴）被认为代表不同主体地方和身份的，这里的“人们”可以被理解为每个地方的每个人吗？这是一个秘而不宣的、未被认可的、反复无常的普遍特征吗？倘若我们勉强承认这一点，人们的多个身份可否被理解为“一直”更替、变化着？

这里更有趣的也许是上面卡特（Carter）等人的论点：这种“假想的”身份本身是叙事的或意识形态的虚构，这种虚构被认为“在迁移的社群的想象中一直地回响”（1994：vii）。和钱伯斯不同，这几位编辑看见了过去与身份有关的虚构所产生的力量，“竭力说明它们如何、为何这么有力量，成为影响社群的前奏”（xiv）。因此，他们寻找一种新产生的、混杂的公共阶层，它“包含了某个地方明显的身份群体之间的冲突”（xiv）；他们寻找一个工作计划，去“影响”，也就是说，去批评和超越对个人自主性、对团结的社群相对陈旧的观念。沃森和吉布森也同样谈到策略冲突的后现代政治，它“产生了乐观主义和可能性，因为它对多处的——边缘的和主流的——斗争和新的可能性持积极态度，承认胜利只是部分的，暂时的，有争议的……且随着今天城市飞速变化的状况而改变”（262）。

正如我前面所说的，这一对话渐渐地包含了一种对地方和身份的学术常识：它符合爱德华·苏贾在文化地理方面著作的观点，它体现了对后现代主义布什亚（Baudrillard）式的或德里达式的政治化的观点。然而，事实上，正如凯文·罗宾斯（Kevin Robins）所指出的，有关地方和社群的其他一系列截然不同但是往往更加“后”现代的观点，在理论和公共讨论的领域里已很常见。文化批评家、策划者、建筑师和英国皇室已经唤起人们对本地文化、传统和社群的意识，这一意识可以是保守的，甚至在视角上是贵族的，也可以是激进的，进步的。罗宾斯指出，在这一辩论涉及的更加宽广的范围里，查尔斯王子对新古典主义和民间风格具有感染力，也影响了涉及有机社群的思想，他已经占据了一定的地位，可与迈克·拉斯廷（Mike Rustin）和迈克·费瑟斯通（Mike Featherstone）相提并论。比如拉斯廷说："地域上的位置一直是联系和串联的交点，成为文化和社群的边界线"；费瑟斯通的观点与上面钱伯斯的观点相同，他认为城市里的后现代主义体现了消费和娱乐地点（大型商业区、博物馆、主题公园、购物中心，等等）的一个"没有具体地方的空间"，在这里，城市身份以折中的方式得以构成、重新构成（Robins，1994：310，311）。

对这一讨论做出重要贡献的还有多琳·马西。第一，她质疑这个命题：对地方和社群理想化的意识与后现代的破碎、瓦解之间有明显的对比；第二，她质疑这个假设：地方和社群意识势必是不变的或极端保守的。马西论证说，社群是高度混合的，体现在民族构成、政治组合、历史发展以及地方与全球的共存方面。流动性、所有权、支配权对一些人有利，对另一些人不利。她论证说，形成"足够先进的地方感"意味着质疑"地方有单一的、本质的身份这一理念"，意味着使社群脱离一个固定的地方，意味着理解社群内在的结构和冲突、理解将地方经验和活动与全球经济、通讯网络和政治事件联系起来的多种纽带（Massey，1997：236，237）。马西写道："依照这一阐释，并非某种长期内化的历史将特殊性赋予一个地方。赋予一个地方特殊性的，是这样的一个事实：特殊性从社会关系一个特定的格局中构建起来，社会关系在一个特定的地点汇聚、交织…… 每一个'地方'都可被视为社会关系一个特别的、独一无二的交叉点"（239）。

因此，关于地方和社群的概念存在着一个矛盾的话语。我认为，这个问题的答案并不在于选取立场：全然赞成复杂性、迁移、消散、混合性、冲突这样的词汇，或者全然维护家的稳固性以及完整性或线性论证的主张。我对前一个更加常见的后现代话语支持的程度稍高一些，但是我不认同它将过去——因而对现在和未来——进行简单化的处理。但是，如果摒弃稳定性、一致性、传统或社群的概念，仿佛它们一直是作为固定的打不破的东西被人们经历和想象，仿佛这一切

（以另一种方式思考）对任何现代进步的政治都是不必要的，那么我也不赞成这样的观点。这里，我们又想到斯图亚特·霍尔在“多重小我”这篇论文里的观点：差异的话语必须来到一个临时旅途停歇点，这个停歇点是持续不断的身份叙事中的一个标点符号，此时，这个人说，“可是，刚才就是我要表达的含义：这就是现在的我”，因为会有必然的一致性意识（Hall，1997：137）。

如罗宾斯所说的，另外还有一个问题，就是所有这些论证——从伊安·钱伯斯到查尔斯王子——都涉及到对待现代性的态度。罗宾斯说，这个问题是当前针对城市危机展开的辩论的核心。人们一如既往地认为现代性是抽象的，客观的，普遍性的，消解或压抑了差异和特殊性，而且认为这些缺点已经融入地方、社群和身份均质化的概念里。这些话语尽管存在着差异，它们却将“反的”或“非现代”的含义赋予“后的”这个词汇前缀。但是，对现代性的这种妖魔化，加上“现代性的‘时代’一去不返、不留痕迹”这一假设，二元论，以及将两种相悖观点简化处理的历史意识，这一切如出一辙。向前走的路，不在于选择哪一个立场，而在于开拓一套词汇，足以描述城市生活从现代到后现代不平衡的转变过程中所拥有的复杂的特殊性，这样会认可一套术语在另一套术语里自反性的搭接叠覆。

保罗·奥斯特：故事时间

保罗·奥斯特主要以《纽约三部曲》（*The New York Trilogy*，1987）而闻名。该作品在三个连续的、互相联系的、自我参照的故事中，抽象地运用侦探小说这一通俗的文学形式，讨论关于语言、写作和身份的问题，最终奠定了其作为受欢迎的现代文本的地位。作品的内容是奥斯特写作生涯中一贯的主题，人物是作家、叙事者、作家充当的主人公——他们就像俄罗斯的套娃那样，一个人物是另一个人物的另一版本，偶尔还使用奥斯特的名字或名字的首字母——作品的主题由这样的人物折射出来。奥斯特的世界充满偶然性和偶发事件，身份是不稳定的；身份作为后现代主义的一个偶然因素，一边是孤独的房间有限的边界，另一边是跨越城乡的漫游中的探求，身份被夹在中间，努力地追回那逝去的一切：朋友、父亲、家庭，当然埋藏在这些因素之下的是自我。

作品通过语言的回应、重复以及偶发事件的社会谐调性，将模式而不是秩序带入这种生存状态，这种构想的主导性明确而动机不明确，因而这一模式既令人恐慌又给人安慰。在人类社会中，双重身份、孪生身份，或者对奥斯特来说父子之间最令人烦恼的关系，扮演着同一个角色，既连接又割断跨越时空的众多人物。

奥斯特的《孤独及其所创造的》（*The Invention of Solitude*，1988［1982］）在《纽约三部曲》之前问世，作品是散文体形式，全书分为两个部分："一个隐形人的画像（The Portrait of an Invisible Man）"，是在奥斯特的父亲非正常死亡之后撰写的；第二部分是"记忆之书（The Book of Memory）"。在第二部分，他提出了一个概念：一个个体混合了自我和别人的世界，依照他的话就是，"我自己就是每一个人"，是"单数的多重性"（1995a：136，147）。如此看来，只有真正孤独的人才能通过深深的内省和记忆与其他人取得联系（参见 1982：79，114，136，139）。这种对自我、对世界的概念，与其说是后现代主义的，不如说是现代主义的。事实上，奥斯特撰写的关于马拉美（Mallarmé）、雨果·保尔（Hugo Ball）、策兰（Celan）、卡夫卡和翁加雷蒂（Ungaretti）的文学批评的文章证实了他与欧洲现代主义，或者确切地说，与意象主义的密切关系，因为正是奥斯特直接引用的马拉美的"理想书（ideal book）"和兰波的"我是另一个人（je est un autre）"对这种"思想的最终圆满"的观点做出了最明显的表达。这让他有些有悖常情地把"记忆之书"说成是一部"集体的著作"，因为众多声音交织在一起，在俯瞰自我的深处之时"通过我说话"（1995a：144）。

《纽约三部曲》的前两个故事用以批评这一假设，奎因和布卢在隔绝中只是发现内省的空虚。在第三个故事"锁闭的房间（The Locked

Room）”中，对个人的思考却充斥着他人，认可个人同时认可他者，这中间有一定较量。无名的叙事者，对索菲·范肖（Sophie Fanshawe）有“归属”感，因此在这里找到了与“任何他人”相联系的感觉：

> 我最终发现，我在这个世界上真正的位置是在我以外的某个地方，即使那个地方在我里面，它也是无法定位的。这是在自我和非自我之间的一个小洞，我第一次把这个“乌有之乡”看作世界的正中心。（1987：232）

就文学和哲学对奥斯特创作的影响来说，“锁闭的房间”使他到达一种艺术，这种艺术用塞缪尔·贝克特的术语，就是“承认混沌”（Auster：1990：113），但是也容许马丁·布伯（Martin Buber）所描述的那种与人的联系。① 布伯写道：“生存的最基本的事实”依赖于个人“与其他个人的生存关系”：

> 它的根基是一个人作为他人、一个特别的他人而转向另外一个人，在一个共同拥有但是又超越每个人特殊领域的领域内，与对方交流。我称这个领域为……“间际”领域（Buber，1973［1947］：224）。

根据奥斯特针对写作和世界的思考，在这个受随机性和偶然性影响的世界里，自我和他人之间微妙的关系具有巧合的脆弱性和魔力。

① 奥斯特说，马丁·布伯“在很长的时间里对我来说是一个很重要的作家”。源自纽约公共图书馆伯格专馆收藏（Berg Collection）的对拉里·麦卡弗里（Larry McCaffery）和辛达·格雷戈里（Sinda Gregory）的首次文字记录（1989，15）（邓恩［Dunn］引述，2000：308）。就“自我与他人”这个主题来说，奥斯特有关埃德蒙·雅贝斯（Edmond Jabès）的文章以及对他的访问都是有意义的（Auster 1990：183－189，190－210）。

在《纽约三部曲》里，对奎因来说，“一切皆沦为偶然”（1987：91）。后来《月宫》（*Moon Palace*）中的马可·斯坦利·福格把遗产挥霍干净之后，就和奎因一样，最终在空荡荡的房间里过着极其简陋的生活。这两个人物，还有其他的人物，或出于被迫，或出于自愿，走向饥饿和与世隔绝的极端。如果我们从安东尼·吉登斯（Antony Giddens，1991）思考现代个体的角度来看，奥斯特的人物完全被置于一个具有风险和本体论的无安全感的晚期的现代世界，缺乏人际关系、体制关系的传统支撑。奎因、布卢、福格以及《偶然之音》（Music of Chance）里面的波齐和《巨兽》（*Leviathan*）中的本杰明·萨克斯都被带入一连串的不存在当中；也就是说，他们被搁浅在物质和心理的门槛上，然后他们才真正消失或通过语言、通过吉登斯所说的（1991：88－98）那种人际的“纯粹的关系”构成的牢固纽带而发现（或是他们的同伴、很相似的替身发现）一种实体化的联系。在奥斯特的世界里，那种人际的纯粹的关系是婚姻、家庭和爱的转化性条件。最重要的是，爱是自我与他人，或者更确切地说，是男人和作为女人的他人之间愈合性的关系。这就是“锁闭的房间”里叙事者的发现，也是奥斯特在第二次婚姻（与席莉·胡思薇的婚姻）中的发现，并且他也在别处作为素材而加以利用。正如在《月宫》中给出的定义，爱“是可以阻止一个男人继续堕落的一样东西”（Auster，1989：50）。

奥斯特提起《纽约三部曲》中的故事时说，“从某种意义上来说，纽约是小说的主要人物——作品讲述的是在这样一个大城市里人们身上发生的事情”（伯格专馆收藏，邓恩引述，2000：223）。奎因是这个城市发生的事件中的一个例子。对于奥斯特来说，如果他不和席莉·胡思薇结婚，他就有可能成为奎因这一形象，而且这部著作还有下一部《末世中的乌托邦》（*In the Country of Last Things*）都是为了要向对胡思薇深表敬意而坦然地构思、酝酿的（1995a 142，148）。奎因、奥斯特是配对名单中的一对（或者如果我们承认“奥斯特”本人，那就是一个三人组），他们在小说的页面之间、在奥斯特个人历史的故事里前后、里外、来回追踪。在《三部曲》中的纽约，失去妻子和孩子、失去了自我的奎因可以消失，这样他的替身，那个代表奥斯特全新家庭生活的、无名的叙事者就可以出现了。

这一转变开启他对家庭和社群生活更广泛的认可和参与，开启了对寓言明显的简单性的不懈坚持。奥斯特把他早期的诗歌说成是“握紧的拳头”，把他的散文体说成是一个开端，“一次松手”，放手直到自己成为一个父亲，此时他写道：“你发觉自己渴望讲故事了”（1995a：130，132，134）。他给儿子讲古典的童话故事，尤其“匹诺曹”的故事，他渐渐地将自己描述为一个讲故事的人、一个现实主义者。他说，口头讲的故事，佚名、简练、没有限制，颇受欢迎（1985：140－141）。现实中个人之见是不透明的，在思想领域里“完全隔绝”，但是一个故事就打碎了独处的墙壁，因为“它呈现别人的生存状态，让聆听者走近，和他们接触”（1985：143；1982：152）。①

这种想法也同样伴随着一些风险，虽然风险的种类不同，但是在奥斯特运用的讲故事的风格以及相应的价值理念方面是有风险的。

---

① 针对讲故事的艺术，奥斯特的观点使人想起瓦尔特·本雅明的文章“讲故事的人”（The Storyteller，1970）。本雅明在文章里明确区分了“小说”这一资产阶级个人主义和机械化生产程序的书面作品和“故事”这一比较古老的、平民的、口头的形式。根据他的叙述，“故事”最根本的标志是共存的叙事者和聆听者、自我和他人之间的对话交流，以及讲故事过程中的重复，这涉及到聆听者反过来也成为讲故事的人。在类似的意义框架上，奥斯特将自己的诗歌和散文体作品区分开来，并对故事的作用产生了新的理解。彼得·布鲁克斯（Peter Brooks，1994）认为，本雅明援引“讲故事的社交情况”，我们可将之视为他的一种反抗策略，他反抗的是小说时代“孤独的消费”的含义（86）。同样，一个人也可代表奥斯特和其他现代作家去提出论据说明，利用这种“陈旧的方式”是为了站在残存的、反对的立场上去对抗一种占主导地位的文化的叙事。因此，更加民主、更为平民化的讲故事的方式能够提供一个“反后现代主义”的源头，它依赖的不是超现代的形式，而是更早期的、前现代的、口头的方式。布鲁克斯还说，本雅明“提出了叙事的概念，这是一个恩赐：一个慷慨的行为”（87）。我们若用这种方法去分析《烟》中奥吉和保罗·本雅明之间的故事和经历的交换，也是合宜的。

奥斯特继续探索、考验故事中个人和家庭稳定的条件，这使得他的人物在空荡荡房间里的自我中心主义与大城市公共场所或美国大陆旷野的谜团之间徘徊。因此，他的许多小说都采用探索式的叙事，丧失亲人的主人公在包裹于随机状况的语言和社会的韵律中寻找谐调的个人历史或者道德的、政治的目的。也许，美国的穷乡僻壤以这种方式扮演了城市的角色，或者是将城市的问题输送到了一个更简单空旷的地带，这样，寓言的结构和情节就把后现代城市生活的复杂性展现出来。在他最近出版的小说《在地图结束的地方》（*Timbuktu*，1999）里，一个男人和他的狗，威利·G. 克里斯马斯和骨头先生，像两个流浪汉一样走在路上，前者是主人，后者是忠心耿耿的门徒。他们的冒险经历用以考验美国家庭对于像他们这样的外来者存留的温暖和宽怀，最终证明这种温暖和宽怀是不存在的。他们意识到，真正的庇护所在别处，在“乌有之乡”，在一片名为廷巴克图的土地上，一个充满着挚爱的地方，一个在任何地图上都找不到的地方。

这样的一篇故事明显存在着多愁善感（和男权意识）的风险。但是，我们也许应当更加慎重一些。托马斯·多彻蒂（Thomas Docherty）认为，只有在现代性的理性主义规则之下，爱才被视为是让人窘迫的事，因而被迁移到情感、多愁善感或欲望的领域里。而且，现代性的典型特征是，追求自我和他人的融合，“通过与身份融合（或混淆）”而给“另一状态”提供空间（Docherty，1996：203）。相反，多彻蒂则提出了一个“后现代的爱”的概念，避开了本体与他人的融合。他说，这种爱是“不确定的”领域里的经历，类似于在知道和不知道之间的“不确定的”状态（203）：它并非融合或调整性别而是“确定他们不联系、他们**失去联络**的事实”（205）。在兰波的“我是另一个人”中，自我被投射到一个内在化的他者身上。在多彻蒂引述的阿兰·巴迪欧（Alain Badiou）的哲学里，“一加一，不等于二（Il y a “un” et “un”, qui ne font pas deux）”（205）。每一个“个体”都是“不可识别的”，与另一方是“不相交的”。奥斯特冲破这样的理解，认为对方是不可知的，是超越自我的，但是是自我的一个亲密组成部分

（“我在这个世界上真正的位置……是在我以外的某个地方，而且即使那个地方在我里面，它也是无法定位的”）。因此，在后现代的不确定性与浪漫的传统突如其来的结合当中，奥斯特对爱的发现进一步阐明了自我。

在另外一个领域，奥斯特发现了超越夫妻和家庭的一种社会联系。我想选取与这个领域相关的一些问题进行讨论。奥斯特对他的第二部电影《桥上的露露》（*Lulu on the Bridge*，1998）制作过程的描述，给人深刻的印象。从他的描述看，电影呈现了合作的机会和风险，这涉及到个人与“朋友”、“同事、伙伴”一起参与冒险性质的艺术创作（1998：156，159，162）。20 世纪 90 年代末出现了一个重心的变化：从孤独到“团结一致的感觉”（159），这尤其体现在电影制作的工作关系里。《桥上的露露》这个故事本身处于亦真亦幻的模糊边界，相信爱具有超然的能力，可以跨越梦想、幻觉甚至死亡将人物联系起来。其情节和主题一致被认为是多愁善感的，缺乏创造性的。人们对那部现代小说《在地图结束的地方》（1999）的评论也是如此，这一点我前面说过。还有，奥斯特与表演艺术家苏菲·卡尔（Sophie Calle，她是奥斯特《巨兽》[*Leviathan*] 中的玛利亚的一个人物原型）在《双重游戏》（*Double Game*，1999）中的合作也是这样。在《双重游戏》里，苏菲·卡尔重现了奥斯特小说里的段落，在名为“纽约手册（Gotham Handbook）”那个部分，则汇报了奥斯特叮嘱她去美化纽约的结果（“微笑，和陌生人、乞丐、无家可归的人谈话，给一个场所带来文明”：237—243）。可以说，这些简单的、化解敌意的练习属于精心策划的间离美学：对城市中性别和社会交往的构建进行客观的然而是精心策划的探索。尽管如此，我们不得不面对这样的看法，也就是说，源于寓言的简单性，奥斯特后来的作品认可了对人与人之间爱和交流的幼稚的信任。但是我认为，奥斯特和王颖于 1995 年合作制作的电影《烟》和《面有忧色》不属于此类情况。这些作品使奥斯特超越了与自我类似、相像或埋藏在自我最深处的他者这一概念，超越了家庭的模式，也超越了“自我和他者绝对不相连”这一概念，最终理解合作的、即兴的、创造性的公共关系。当奥斯特小说中提到巴赫金的异质话语这一概念时，他充满钦佩之情（1995a；133－134），因此，在这里，在电影制作中的工作关系以及讲故事的方法这两个因素的推动之下，那无所不包的、普遍适用的自我这个握紧的拳头松开了，变成个人、社会、民族的城市身份的一个对话模式。因此，这些电影理应获得更进一步的讨论。

对话的社群：保罗·奥斯特和王颖

电影《烟》依据的是“奥吉·雷恩的圣诞故事（Auggie Wren's Christmas Story）”。奥斯特用自己明确欣赏的讽刺手法撰写这个故事，于1990年圣诞节时在知名报纸《纽约时报》上首次发表。《点心》（*Dim Sum*）和《喜福会》（*Joy Luck Club*）的导演王颖在报纸上看到这个故事，决定把它改编成一部电影。加利福尼亚州的华裔美国电影导演和纽约的犹太小说家相遇，这两个人有着显而易见的幸福的合作，在奥斯特重写电影剧本后的四年里，电影《烟》拍摄完成。王颖说奥斯特是“我的朋友、我的兄弟、我的合作伙伴”，奥斯特对导演、作家和影片剪辑者梅茜·霍伊（Maysie Hoy）这三人之间“平等、互相尊重的氛围”做出了评论：他说，“没有高低贵贱之分，没有知识分子的恐怖主义”（1995b：viii，11）。

第二部电影像一个疯狂舞动的脚注从这个合作团体诞生了。它是从剩余的时间和胶片中制作而成的，仅用了六天时间，奥斯特为副导演。没有电影剧本：吉姆·贾木许（Jim Jarmusch）、卢·里德（Lou Reed）、麦当娜（Madonna）、罗西妮·巴尔（Rosanne Barr）这些名演员和当地的群众演员一起饰演小角色，仅获得标准的片酬或者干脆不收报酬。哈维·王（Harvey Wang）加入摄制组，他拍摄纪实影片，断断续续地以蒙太奇的形式将布鲁克林的街道和市民的镜头插入电影中。摄像机设在布鲁克林河流上烟店的门口，在布鲁克林的人群里或路面的凹坑里，犹太人、亚裔人和黑人就把数据直接输送到摄影机里。奥斯特说，整部电影都是即兴创作的，在他自己、摄影师和制片人王颖以及影片剪辑者克里斯托弗·泰勒弗森（Christopher Tellefsen）“不间断的三角对话”中得以诞生（1995b：160）。奥斯特说，“所有这一切与设想中的精神极其匹配……怪诞的、难以预料的事情在多样性、宽容和慈爱的背景里发生”（200）。这部电影以喜剧的风格阐释了“伟大的人性的温暖”。在这种温暖中，人物之间有适度的冲突，他们惹人讨厌、固执己见、怒火满腔，他们辩驳、高声嚷叫、互相辱骂，“几乎每一个场景……都与冲突有关”（161）。

奥斯特说《面有忧色》没有情节，但是它是有情节的。店主文尼想把商店卖了，经营健康食品店；而奥吉则抵制对“美元和美分”的需求，挺身为烟店辩护，说烟店是一个公共讨论的场所，老人和年轻人都来这里买报纸、糖果、咳嗽糖浆或者单纯来这里闲逛。奥吉的辩白本身就是一个故事，讲述了人们对布鲁克林社区鲜活的记忆如何经得起商业进步的冲击。这个故事完全符合这部电影的美学原则：自发的、凝聚集体灵感的外行做法，在均质化、高度商业化的电影工业里，它是异议和多样性的一个光点。而且，第一位黑人职业棒球手、道奇队（Dodgers）棒球明星杰基·鲁宾逊（Jackie Robinson）的鬼魂发表言论，支持奥吉的辩论。旧的布鲁克林的最佳状态，它那反对偏见和摒弃金钱利益的立场，在当今仍在表达自己，没有蕴涵光怪陆离的怀旧身份，而是蕴涵着一种活泼的、活跃的影响力。

电影《烟》至少有两个主要的故事，同时还有其他故事穿插其中——抽一支雪茄冒出的烟到底有多重，如何衡量冒出去的烟的重量；米哈伊尔·巴赫金遭流放时如何用他孤本手稿卷烟卷来抽。第一个主要的故事是讲作家保罗·本雅明（奥斯特在早期的侦探小说《抢分战术》［*Squeeze Play*］中使用的假名）和奥吉·雷恩。本雅明正在经受丧妻之痛，作为作家也才思枯竭，他需要一个圣诞故事，奥吉就向他提供了一个。第二个故事讲的是黑人男孩拉什德/托马斯·科尔，他住在公租房里，母亲已经去世，和父亲不在一起生活，在找到他人偷盗的金钱后，从当地的黑人邻里社区逃走。在他两次逃避追踪者、寻找父亲的过程中，他使用了不同的名字和身份。他的生活和保罗·本雅明、奥吉有交叉点，他们的生活和他也有交叉点。那被盗的金钱在他们中间辗转，最终作为礼物传了下去。保罗·本雅明和拉什德佯装父-子关系和（不可能的）子-父关系，后来拉什迪就面对生身父亲现在的家庭、与之斗争并且勉强被这个家庭接纳。拉什德的故事结束时，这个家庭和沉默的客人保罗、奥吉坐在一起尴尬地野餐，互相交流的不是话语而是雪茄。

拉什德是一个胸怀大志的艺术家，他将父亲的汽车修理厂画了下来，当作一个秘密的礼物送给父亲。奥吉也是艺术家，他的创意就是拍摄烟店对面的角落，每天同一时间都拍摄一张，整理成多卷的、连续的摄影集。若不是奥吉的启发，保罗无法看出这些明显相同的照片中隐藏的不同之处，而这些差异是存在的。奥吉见证了这个社群日常生活的多样性，他是这个社群日常生活和活力的记录者，他的创意将定义和生命赋予这个社群，即使有张照片偶然拍摄到了本雅明去世的妻子，其意义也不例外。

关于这两部电影，还有更多方面值得评述。我想，一个主要的关注点是：如果要在这个社区中心建立一种对话交流，尤其是男人之间的对话交流，那么讲故事到底扮演着什么角色。保罗·本雅明需要一个圣诞故事，奥吉就给他一个故事，这个场景占据了《烟》最后的10分钟。在这个场景里，他讲的故事——就是保罗·奥斯特已经出版的故事“奥吉·雷恩的圣诞故事”——以黑白的颜色，与电影上的故事相交切。奥吉追赶一个在他烟店行窃的黑人男孩，发现这个男孩的钱包里有多张照片，其中有一张是他的祖母，埃塞尔奶奶。圣诞节到了，奥吉去归还钱包。埃塞尔奶奶双目失明，在公租房里独居。她误以为奥吉就是她的孙子，奥吉也就顺水推舟。他们一起吃了圣诞晚餐，他就准备离去，但是在他离开之前，他从浴室里那一堆偷来的摄像机里拿走了一部。这个故事就是这样，这部摄像机也是他后来每天使用的摄像机。这是一个真实的故事吗？这故事表明了奥吉好的一面还是说明他也是一个小偷呢？

电影结束，奥吉和保罗·本雅明在烟雾缭绕中微笑，他们分享了这个含义不明确的故事——那就是朋友的本质，因为他们愿意分享秘密。显然，这个场景证实了他们的友谊，但是电影又暗示了更多关于这种友谊的意义。这部电影早期拍摄的场景是以广镜头和主控摄影拍摄的，当人物关系越来越亲密，场景就转成近镜头和单格拍摄。在讲述故事的时候，摄影机几乎完全对准奥吉的脸，然后镜头慢慢靠近奥吉的嘴，奥斯特说，“显然是尽可能地靠近”（1995b：13）。它是以一种预料不到的亲密感逐渐靠近的（13）。“摄影机仿佛推土机要推掉一面砖墙一样”，奥斯特说，“铲除那阻碍人与人之间真诚的亲密关系的最后一道障碍”（13）。因此，视觉的、情感的传统一刹那间灰飞烟灭，这一瞬间定格了两个男人的纽带。嘴巴说话和微笑，是他们之间一个情欲的出口，正如语言、身体和友谊一样，都是亲密相连的。当然，占据了屏幕的那张嘴也是讲故事人的嘴，他把这个故事当作礼物奉献出来，我们可以说，他就是一个神话学家、一个讲故事的历史学家，用口述的形式将部落的故事传递下去。安东尼·吉登斯在《亲密关系的转变》（*The Transformation of Intimacy*）里提醒我们说，男人如何很少形成并维持亲密的友谊。根据他的研究，在一个 200 位美国人（男人和女人）的群体里，有三分之二不能说出一个亲密朋友的名字，而那些说出亲密朋友名字的男人，他们说出的都是女性朋友。四分之三的女人很容易说出一个或多个亲密的朋友，而她们的亲密朋友总是女人（Giddens，1992：126）。《烟》强调了两个异性恋的白人男性之间的友谊，用一个有性别偏见的、我们可能认为是有限的视角呈现社群内部积极的关系。但是，在奥吉和保罗·本雅明之间不断进展的亲密、尊敬和互相依赖（简单地说就是他们的对话关系）中，电影挑战了男人之间在关系上互相竞争、缺乏沟通、缺乏关爱的固有模式。根据奥斯特作品的背景，这部电影超越了内省的、普遍化的个人这一理念，将男性的自我从父与子这种互相映照的关系中解放出来，展示另外一种情感联系，取代父亲、母亲和孩子那种脆弱的三角关系（31）。这两个男人的场景建立一种与性无关的、充满感情的亲密：这种友谊关系立足于给予，主要是给予一个故事，这同时也是将自我交出来，是一种释放。

在《面有忧色》中，烟店终于保存下来，公共的布鲁克林身份得以重新确立。电影即将结束前，整个社区的人们在街道里同时跳起狂欢的舞，尽情地欢乐，恋人们、朋友们、陌生人、男人和女人、高个子和矮个子、白人、亚裔美国人、非洲裔美国人、西班牙人和波多黎各人在拖曳舞者鲁保罗的带领下跳着“布鲁克林曳步舞”。因此，在这部多人合作的、创造性的电影作品中，一种混合的、蒙太奇式的叙事方法就这样赞扬了男人之间的亲密、社群的价值和民族的多样性。毫无疑问，这听上去是怀旧的、保守的，同时在情感上也是乌托邦的，符合上述艾里斯·马里恩·扬以及其他人对理想社群的判断性意见。这两部电影维护了面对面的友谊——在扬看来，这种友谊在保守的社群理想里占据特别的优势——而且进一步将旧布鲁克林宝贵的社区空间置于保留这个烟店的整个过程中。我不希望为保守的观点辩护，也不认为我的分析导致了这样的结果。问题是，仅仅使用旧理想、新理想这个二元模式，远远不足以说明问题。

我想说，奥斯特和王颖的电影真实体现了一个城市社群：人们在这里生活，人们对它想象，而且它面临更大的复杂性的挑战，这复杂性远超乎扬的模式。这个当地的社群当然是受到重视的，但是它没有统一的历史或身份，是以混杂的、多样化的面貌被表现出来的，而且是在有差别的、互相矛盾的层面上运行的。首先，这两部电影让我们意识到扬的描述未能考虑的、社群里一系列的关系。因为，在这里，在一个穿越时空的、或近或远的联系网络中，非同化的关系既包含面对面的友谊也包含“与陌生人共处”这一关系。在这个网络中，这些关系会变化，而且确实也发生了变化。第二，这两部电影，尤其是《面有忧色》，体现了这个社群所处的地点是文化身份的重要坐标，并且表明，在重申这个城市社会关系网络的过程中，这个地方作为一种活跃、积极的力量①如何有可能“继续充满回响的声音”（Carter 等编写，1994，vii）。

如果人与地方的这一概念是怀旧的、乌托邦的，那么这两个术语就需要重新定义。如贝尔·胡克斯（Bell Hooks）所说，怀旧是“渴望某种东西和从前一样，是一种无用的行为”，其本身和“用于启发、改变现状的记忆”是截然不同的（Hooks，1990：147）。在奥斯特看来，这种“具有政治性的记忆”适用于再现早期的布鲁克林，最明显的是杰基·鲁宾逊的记忆，他为“理智”辩护，反对“金钱”；为勇于战斗的、反种族主义的文化辩护，反对商业利益。因此，过去最美好的事物作为一种鲜活的记忆、作为对现状最活跃的影响而被人们体会。这不是空想，也不是模仿性地重新运用后现代的“怀旧模式”。伊丽莎白·威尔逊（Elizabeth Wilson）有类似的思想，她描述说，“无论对过去还是对未来”，能激起“积极责任感的”是对过去的“寻回”而不是被动的“记忆”（Wilson，1997：139）。这种对历史的解释性想象，就其本身来说，和对更美好世界的乌托邦思想是紧密相连的。当然，乌托邦思想是对完美的未来发狂地、不切实际地展望，如同怀旧一样，通常都是和逃避现实联系在一起的。因此，扬说，“理想的社群是发狂的乌托邦，是不受欢迎的”（1990：302）。但是，在这里，重要的问题是：这个更加美好的世界与眼前的不完美这之间的关系；将后者转化为前者的可能的策略。因此，虽然扬摒弃对社群的乌托邦思想，她认

---

① 沙伦·祖金（Sharon Zukin，1996）说明在邻里社区的贸易街上身份的问题是如何解决的，使之与市中心商业区相比较。她写道：“这些街道存在一些问题，但是它们拥有纽约人所珍视的生活质量，拥有使邻里社区生机勃勃、使居民有地方归属感的公共空间”（58）。另外，有趣的是约瑟夫·西奥拉（Joseph Sciorra）的观点。他写道，纽约市的波多黎各居民建的小屋不仅是他们记忆中的加勒比海地区实际建筑的样貌，而且“是一个理想的、想象的地点，记忆所赋予的形式是为了服务于未来的可能性”。出处：“回归未来。纽约市的波多黎各民俗建筑（*Return to the future. Puerto Rican vernacular architecture in New York City*）。”（King 编纂，1996：78）

为通过“差异政治”可以实现另外一种“良好社会的理想”或“想象”。

因此，问题是这两部电影究竟展现了哪种乌托邦思想？奥斯特说，《面有忧色》是“献给布鲁克林伟大人民共和国的赞美诗”（1995b：16）。公园斜坡（Park Slope）社区，他已经在这里居住了15年，这里也是电影的拍摄地。他把这里描述为“地球上最民主最宽容的地方之一”。他说，“每个人都住在那里，每一个种族、宗教、经济阶层以及每一个人相处得非常好”（14）。① 这么说是因为不计较布鲁克林发生的那些“可怕的……痛苦的……难以忍受的事情”，更不用说，纽约整体上就是一个“藏污纳垢之处”（14，15）。在这两部电影的文本里，这种乌托邦思想并没有体现在一个完整生命的性格刻画上或者对美好社会的“幻想”里，而是体现在宝贵的瞬间或顿悟里：最明显的是奥吉和保罗·本雅明的场景以及众多居民为庆祝保卫烟店成功而在街道上跳舞的场景。安吉拉·卡特（Angela Carter）曾经说过，故事为我们呈现的英雄乐观主义说明“有一天我们可能幸福，哪怕这种幸福不长久”（Carter，1991：xviii）。《烟》和《面有忧色》中建立的喜剧的社群精神不会长久，但是它的乌托邦思想、它的怀旧并非幼稚，并非不合适。最后的场景展现了一个和谐的、多民族的社群自行庆祝重新确立的身份。但是，其积极的价值并非在于暗示以永恒的胜利战胜当前糟糕的时代，而在于一个短暂的、更美好的瞬间（涉及到大约600人）蕴藏在那个世界并从中呈现出来。当前的这个世界，男女之间互相怨恨、嫉妒和不满，黑人和白人互相怀疑；而那欢喜的瞬间就暂时胜过了当前的世界，仿佛记忆中更加美好的自我回归于当前并塑造现实。

---

① 简·罗森堡（Jan Rosenberg，1989）表达了持怀疑态度的观点。她描述了“这个社区集中在一起的左派分子和自由主义者”的“社群政治”，他们自行组织，“抵制私有化的浪潮”。她陈述了展望公园（Prospect Park）如何“充当了白人中上阶层和黑人及西班牙人的布鲁克林之间的障碍，而不是聚会的场所”（159－161）。

最后这一点值得做更多的评论。奥吉和保罗显然是这两部电影联合叙事中的中心人物。然而，如我前面所说，他们各自的故事、共同的故事使他们与其他人联系起来，包括他们以前的妻子、新交往的女性伴侣、非白人的人物，尤其是黑人。这交织在一起的联系构成他们稳定的友谊关系的背景，又使他们的友谊附带亲属关系的色彩。女性人物（例如，鲁比和麦当娜）从布鲁克林以外的某个地方进入这个社区或这个烟店（例如，女服务员、奥吉的女性朋友维奥利特）；或者（像保罗的女性朋友还是学生身份的阿普里尔）她们在这个以男性为中心的世界里没有进入实际的空间；或者像罗西妮·巴尔饰演的人物，她们渴望离开这里。因此，女性的位置次于棒球、生意，甚至次于“男孩们”。即使事情的进展像罗西妮那样和文尼一起去了拉斯维加斯，或者像鲁比那样，道路依然崎岖，布满怀疑、侮辱、欺骗和面对面硬拼的争吵。然而，这些关系孕育了女人自信心确立、行为独立的瞬间，孕育了男女之间非攻击性的、互相的认可。例如，鲁比也是一个讲故事的人，这一点上可以与奥吉和保罗媲美。她说她那怀有身孕的女儿菲利斯蒂是奥吉的孩子，她讲这个故事是要手段，可能是为了获得一笔钱帮助菲利斯蒂戒毒。奥吉一开始压根儿不理会这个故事，菲利斯蒂也不接受他是自己的父亲，但是他和鲁比最后能够真诚地、充满深情地达成相互的理解。贯穿于电影《烟》里面被偷的那笔钱最终辗转到了奥吉手里，他把它作为礼物赠予鲁比，如同他无偿地向保罗·本雅明赠送故事那样。他眨了一下眼睛，默认了菲利斯蒂50%是他女儿的概率。这个场景实际上将小说的模棱两可性赋予鲁比的故事，和奥吉讲的故事一样，亦真亦假，同时也用同样的方式认可了鲁比的难解之谜也是他的另外一面。

这两部电影展现的黑人和白人之间的关系、民族身份的问题同样是复杂的。黑人没有在公园斜坡社区居住而是住在博鲁姆山前后毗邻的公租房里。男人们都是失业的，或者打零工，或者偷盗，在经济上举步维艰。奥吉和保罗的故事通过埃塞尔奶奶（奥吉假装是她的孙子）、通过拉什德/托马斯（他和保罗假装成父子关系）将他们自己同黑人的生活联系起来。电影《烟》告诉我们，虽然这些关系在“真正”意义上是可能的，但也是极度艰难的。奥吉能够冒充埃塞尔奶奶的孙子是因为她是盲人，拉什德/托马斯简直不可能是保罗的儿子。拉什德/托马斯的姑姑暗示说，保罗肯定是“有点变态”才对拉什德/托马斯产生兴趣；而拉什德则明确表示，保罗收留他在家里居住几天，这并非是治疗种族不平等的灵丹妙药：“我们不要太理想化了”，他们两个人都认同这个说法（1995b：58，83）。拉什德/托马斯新找到的家庭，包括他父亲的第二个妻子和孩子，沉默地坐在一起，奥吉和保罗坐在旁边：这整个画面就是个人、家庭、性别、种族混合在一起的不确定性。因此，街道上的庆祝，聚集在烟店里的白人男性、波多黎各男人、黑人男性，奥吉与西班牙裔美国人维奥利特成功的恋人关系，针对种族混合的商业区的录像，对布鲁克林的多种族居民的采访以及他们所说的话（这些都出现在更加轻松的《面有忧色》里）等等，所有这些有关共存、流动身份的积极标志必须置于这个种族区别相当明显的背景里来看待。也就是说，快乐团结的乌托邦瞬间之所以有效，是因为这些快乐的瞬间缓和了社区里常见的、活跃的紧张气氛；反过来，紧张的气氛也限制了那些乌托邦的瞬间。

因此，这两部电影里的怀旧情绪和乌托邦思想既不是多愁善感的也不是理想主义的；无论我们考虑理想的“非压迫的社会”还是与“未同化的他人”保持对话的关系，这里的怀旧情绪和乌托邦思想都不是“不受欢迎的”。他们的自我意识、与他人交往沟通而确立共存关系，这些瞬间展示出来的，不完全是憧憬另一个更美好的世界，而主要是瞻望当前这个不完美的世界所蕴含的可能性。在互相交叉、互相冲突的故事集里，这个社群被完美的和不甚完美的生活赋予了定义。社区中积极的瞬间，比如互不打扰的爱心，宽容的社会交往，重申自己观点时的斗争精神，这些瞬间汲取了与一个地方，尤其与这个烟店及其周围属于布鲁克林的地方之间互相联系的能力。我们可以说，这些地方在混杂、流动的生活中，蕴含了短暂的、难忘的特性。

凯文·罗宾斯认为，“安定与流动”结合的经历构成现代城市最重要的紧张情绪，而现在随着信息网络毫无阻碍地穿越社区、地区、国家而形成新的、全球化的流动，那种紧张的情绪得以缓和（1994：316-321）。因此，后现代城市被视为完全可渗透的空间，没有安定或稳定可言。但是，如果“安定和流动”之间的区别减少了，那么其他方面——社群与习惯性迁徙、归属与无家可归、完整与分散、局域与全球、现代与后现代——之间的区别也当如此。如果真的是这样，《烟》和《面有忧色》这两部电影既然保留了安定与过程之间的张力，那么电影中社群和城市的表征又是怎样的？这些文本毕竟是“现代的”，至少还不是后现代的，是这样吗？正如我前面所说的，我认为事情远比上述一系列的区别更加不均衡，更加有争议。一方面，这两部电影里的布鲁克林在科技方面是落后的，完全没有信息技术、媒体传播、随身听、传真或电子邮件；在这里，作家用打字机而不是用计算机处理文字，唯一的一台电视机是出了故障的黑白电视机。但是，这就是奥斯特所总结的布鲁克林。“‘我们不依靠数字’”（1995b：161）：一个具有自发性、多样性的布鲁克林，而不是巧于心计、千篇一律的布鲁克林；布鲁克林作为纽约的一个“补充”，它用自己没有规律的、后现代的、临时拼凑的、古怪的混乱状态去抵制仍处于现代化进程的曼哈顿所拥有的那种数学和理性的框架与格局。

对于现代和后现代的忠诚分为了两个部分，对这一点做出最佳说明的是奥吉的摄影计划。精准的日期、时间以及整个计划明显的完整性渗透出来的理想，奥吉没有使用不固定的摄影机这个后现代的工具，而是把照相机静静地放在三脚架上：这一切都体现了渴望整理日常生活随机性的现代主义者的情感。这里也是男性主导的视觉去凝视现代性的、视觉占优势的体系。但是，与此同时，奥吉 14 年的相册，“同一个地方的四千多张照片”（1995b：42）构成的不是一件有作者的艺术品，而是一部无名的、公众的编年史。这项计划没有提供任何区分高低贵贱的评价，也没有说明最终的目的。对一系列快照的描述没有中心，它的视角是平等的，民主的，不是掠夺性的或侵扰的。虽然照片是“静止摄影”，但是当他们集中在一起，就呈现了时间上的动感和变化，这些动感和变化存在于“安定和流动”之间不断协商的过程中，存在于现在和后现代的脉搏中。更重要的是，当奥吉不得不向保罗·本雅明指出，照片需要一种阅读：“如果你不慢下来，你就看不懂，我的朋友，”他说，“……他们都是相同的，但是每一张与其他任何一张都有差别”（1995b：44）。当保罗更加仔细地看照片时，他看见了一张照片上有他已经去世的妻子，所以照片就变成了个人的也是公共的备忘录。它们记录了集体中的个体、日常平凡生活中的不寻常和偶发事件、相同中的不同。其结果并不是通常理解的现代主义或后现代主义，但是它属于我们可能认为的一种解构的、自反性的、后现代时期的现代作品。

和这两部电影一样，奥吉的摄影计划告诉我们，现代和后现代、局域与全球、一致性与偶发性之间绝对的区别太过简单。人们熟知的地方和社群、陌生的事和遥远的事都在向前走，但是不会融合为一体。稳定性的瞬间不一定是与世隔绝的或压迫性的，强烈的情感和清晰的身份也不是多愁善感的、怀旧的或者保守的。在电影里面，奥吉的文化设想代表了这些复杂性，这样说是合适的，因为与文化有关的文本在谈及依据理论的纪录片时正是这种观点，这一点我在别处也说过。这些文本没有代替理论，也没有摒弃理论，但是提醒我们，在描述和定义方面，我们需要一种相应足够的复杂性。从某种意识上说，和奥吉的摄影计划一样，这些文本提供的经验就在于如何阅读。要欣赏相同中的不同（在社群、身份、现代性、后现代性的概念里），我们必须慢下来，无论“胜利”多么短暂，我们都要将影片倒回，按下定格键，享受这“胜利”；我们要按下暂停键，将不均衡、矛盾的逆时间引进“今天城市快速变化的状况”里（Watson & Gibson，1995：262）。换言之，后现代的政治需要注意暂时稳定性的瞬间，这样的瞬间荟萃在一起的意义是瞬间即逝的，因此还要注意这些瞬间持续的过程。观察意象、阅读故事有助于我们做到这一点。

第六章 “见证我的时代”：萨拉·舒尔曼和下东城

邻里社区（Neighborhoods）

纽约有59个“行政社区”和几百个“邻里社区”。居民点的空间区域不是从法律意义上界定的，而是从地理、社会和民族的角度界定的；从历史上看，它们或许给居民“社区”的感受，或许没有。“邻里社区”这个术语，尽管它有诸般的歧义，我们仍可以说，对于当地人或者居住在某一个城区的人来说，它意味着这样一种感觉：有共同的亚文化，有社会、心理的归属感（见 Krieger，1982）。即使如此，这些亚文化社区可能在和谐、差异、紧张关系以及各自内部思想的差异中互相搭接，共同生存。

我们已经看到，保罗·奥斯特把布鲁克林的公园斜坡区视为一个乌托邦。这个邻里社区也是美国女同性恋者最集中的地方，而且塔马·罗滕伯格（Tamar Rothenberg）说，这里是“纽约女同性恋者的中心”（Rothenberg，1995：175）。[①] 但是，即使这给公园斜坡区一个数字上的身份，认为它是“女同性恋的”，这里居住的女同性恋者也不会把它视为一个“女同性恋社区”，而是更多地将它视为“女同性恋者居住的一个地区”（172）。20 世纪 80 年代中期，那些参加罗滕伯格调查的人意识到公园斜坡区早期的历史，知道它是一个多种族的、“艺术上附庸风雅的左翼人士的”邻里社区，它提供了人们支付得起的住房以及社会、文化设施。20 世纪 70 年代末，人们感觉到它支撑了一个“女人的社区，但是含义模糊”（175）。然而，罗滕伯格说，居民感觉这是一个清晰的女同性恋的“社区”，这种感觉超出了公园斜坡区的范围，一直延伸到格林尼治村。格林尼治村和近来的切尔西一样，被城市的符号学打上了标记，获得一个公开的名声，“女同性恋的”。显然，这使得“第三处地方”诞生了——既非家也非工作场所——比如，咖啡厅、书店、俱乐部和酒吧（Oldenburg，1989）。在公园斜坡区，这样一个重要的、公共的地方就是第七大道，在这里，女同性恋者周末出来散步、走在人们的目光里，不会感觉不自在（Rothenberg，173）。这一点使得这个邻里社区有别于格林尼治村和附近的温泽街，有人已经搬去那里居住，但是并没有提供这样安全的空间。

倘若公园斜坡区被打上了明显的记号或者被公众认可为一个女同性恋者的社区，那么它本身会构成一个女同性恋者的社区吗？它会和奥斯特描写的社区联系在一起还是要重新定义呢？这些变化是居住在这里的女同性恋者渴望的吗？这些变化对她们有利吗？在第七大道，人们能看到女同性恋者，但是她们并不显眼。在展望高地（Prospect

---

① 这一信息并非来自人口调查或其他类似的数据，罗滕伯格论证的主要依据有：以政治选举为目的而收集的数据；1990 年的一个决定，要找到反同性恋的暴力集会在布鲁克林的具体地点；展望公园女子垒球联盟的会员资格（大约 95%是女同性恋）；SAL（女同性恋者的社会活动［Social Activities for Lesbians］）的存在状况；公园斜坡区女同性恋者的历史档案，以及这是一个“女同性恋邻里社区”这个“众所周知”的事实（1995：169，173）。

Heights)，人们能看到她们，因为她们比较罕见而且人们对她们存有偏见。那么，被接纳意味着被看见并且被议论、还是被看见但是不被注意呢？一个女同性恋者的社区意味着拥有“邻里社区生活的”哪一种“品质”：宣称自己“独特”还是既“独特又无个性特征”这样自相矛盾呢？（Wolf，1979：98）。纽约的小说家、新闻记者、女同性恋活动家萨拉·舒尔曼（Sarah Schulman）不断地、直接或间接地提出了这些问题。而且，舒尔曼将这些与城市的、性的、文化的身份有关的问题与女同性恋作家的地位和作用结合在一起。做一个边缘人，还是跟随主流，哪一个是自己喜欢的选择？舒尔曼显然是两个选择都要：既要美国的身份，又要在美国文化和美国文学的领域里占据重要的地位。但是，这其中就产生了问题。舒尔曼曾经评论说，如果保罗·奥斯特声明自己是一位读者，声明女同性恋小说已成为美国文学一个重要的部分，那么这声明对女同性恋小说的地位就非常有用（http：//www. bookwire. com）。这回应了上面提到的关于公园斜坡区的身份问题。这种认可意味着女同性恋者作品的地位和价值获得了尊重和肯定？还是融入“美国文学”就产生同化和妥协呢？这两个范畴在对话之后能依然各自保持不变吗？确切地说，边缘和主流之间等级区分的意识，这是开始的最佳地方吗？

罗滕伯格说，生活在公园斜坡区或者展望高地的女同性恋者，她们这一代人政治的、性的身份不是在艾滋病或与同性恋话题、男同性恋激进主义有关的背景下出现的，而是在女同性恋者女权主义的背景下出现的。公园斜坡的一位居民说，“我觉得她们（年轻的女人）就住在下东城”（176）。从政治上讲，萨拉·舒尔曼属于上述两个年代，但是她的生活和她从1984到1996年六部小说的写作都是依据下东城尤其是东村，她就是在这里提出了前面列举的一系列问题。

下东城有几个方面是人人皆知的：20世纪早期为移民的劳工建起的经济公寓；人口密集、贫穷、以犹太人为主的历史身份；政治上持不同意见这一传统。正如珍妮特·阿布-卢格霍德（Janet Abu-Lughod）

所说的，在 20 世纪 70、80 年代，它那破败衰落的居住条件与附近商业、行政中心明显的富裕和权力以及具有象征意义的摩天大楼形成强烈的对比（1994：17）。然而，从其他方面说，它渐渐变成一个多民族的、多样化的地区，拥有大都市内城邻里社区的典型特征。阿布-卢格霍德论证说，这样的地带“已经失去共同的文化，逐渐变成多群体、亚群体竞相争夺的地盘，这些群体在同一区域近距离的生存中追求着迥异的生活方式和互相冲突的生活目标”（1994：5）。她对东村的详细研究表明，东村是从下东城这个由居民、擅自占用空屋的人、无家可归的人临时构成的不稳定的多样性中发展起来的，它和城市当局因为汤普金斯广场（Tompkins Square）的占用权而“斗争”。汤普金斯广场是激进活动长期使用的地点，是一个象征性的中心，20 世纪 90 年代早期当地社区与城市当局针对该地区的“所有权”和它的命运问题发生过冲突（见 Brooker，1996）。

萨拉·舒尔曼基本上把东村视为女同性恋者的城市空间，有时候将其视为一个女同性恋的社区。阿布-卢格霍德没有评论这个邻里社区同性恋者或者女同性恋者出现的情况，也没有谈到她们参与和汤普金斯广场有关的活动（见 Schulman，1995：220－222）。从某种意义上说，这只能证实她的描述中的一个方面。“同一个”地方不再是同一个地方了，而是被居民和作家以不同的方式编码、解读为建立在楼房、街道、公园和公共场所这个可以看见的符号文本之上的超文本。如此说来，同一个实际空间就是一个忙于表达含义的文化舞台：无论针对无家可归者、男同性恋者、女同性恋者甚至是艺术家生活的戏剧性情景，这个舞台背景在活跃程度上不亚于他们生活这部戏剧的符号、场景以及活生生的人物。但是，阿布-卢格霍德认为这些“亚文化”不和谐，而在舒尔曼看来它们既有冲突又互相联合。

同时，下东区和别的地方一样，这些故事和视角在其内部本身都是有分歧的，上面还覆盖着其他有影响力的“更加宏大的”故事：那些被经济政策和计划的项目所塑造的故事。在居民、无家可归者、作家和研究者的眼里，布鲁克林和东村的共同之处是对破败区域的中产阶级化改造。罗滕伯格说，妇女运动和破败地区的中产阶级化改造在历史上同时存在，这对于公园斜坡区女同性恋人口的确立起着关键作用，因为这类社会运动会导致短期的居住模式以及自一个邻里社区到另一个邻里社区的迁移，这最终刺激房屋价格的上升。“导致破败区域中产阶级化改造的是我们，我们甚至没有意识到这一点”，罗滕伯格的一位受访者曾这样说（178）。在东村，中产阶级化改造是这样循环的：开发商在迅速购买年久失修、废弃或烧毁的房屋后，迅速修缮恢复，从中赚取可观的收益。科克（Koch）市长鼓励这种做法，因此商业利益和城市官方结合起来，二者的结盟遭到抵制，导致了汤普金斯广场之战。这样，破败区域的中产阶级化改造在某种程度上被提前阻止，原因之一是公共房屋现有的存量，原因之二是雅皮士们觉得这个地区的方方面面都难以接受。因此，后果很复杂——居民不予理睬、迁走或被迁走，还有一些一定程度的协议安置，甚至还有铺设社会的、性取向的社区标志。①但是，总体上来说，近期的历史进一步证明了这个邻里社区内在的多样性，也证明了一个“社区”一旦产生，对它的描述就要依赖对其以外的“他者”的感受。阿布-卢格霍德对这种情况的看法略微悲观，她的结论是东村社区缺乏那种本可以顶住权力和特权影响的、有组织的、民主“内容”。结果，东村衰败了，沦为惰性的和内在纷争的状态，“易于分裂，易于被同化”（1998：234）。

舒尔曼（为了艾滋病患者的利益，为了认可女同性恋者的生活和创作）发起一场运动，反对在性取向领域、文化领域内的冷漠、敌意和标准代码。她竭力超越社会和经济的现状，与“美国”这个更大的实体对话，与此同时，她发起的运动也就与直接的社会经济状况复叠，因而有可能受到这些情况的影响。她讲述的东村的故事与众不同：以新闻工作者的身份写文章进行辩论性的叙述；作为一个政治活动家，

① 2000年底，网络广告将东村描述为男同性恋者和女同性恋者最热闹的场所：“东村复兴，成为纽约最吸引人的同性恋聚居区，这是粉三角群体的好消息”，www. gaynyc. com 这个网站如此说。

她撰写政治小册子讨论男同性恋、女同性恋者生活中的事宜；她还写剧本、写小说讲东村的故事。下面我想提一个问题：这些不同的对话如何服务于舒尔曼总体的政治设想？我尤其想问一问：小说与众不同的想象模式和结构，可能被视为“间接的政治行为”的一种方式，那么这样的模式和结构如何在此处以及在其他的地方发挥作用？《微光》（*Shimmer*，1998a）这本小说在这个方面特别有趣。在这本小说里，舒尔曼一方面为了回应东村发生的变化，另一方面为了回应她对美国的信心遭受的挫败，在时空上她将小说从当前的东村转移到20世纪40年代的曼哈顿。我相信，这表明了一个重要的策略上的变化。

关于女同性恋社区的小说

在《德洛丽丝之后》（*After Delores*，1988）里，那个没有名字的叙事者在一家低级咖啡馆（“不是那种”不付钱“就被赶出来的那种地方”，96）里工作。在舒尔曼的下一部即第三部小说《女孩，梦想与一切》（*Girls, Visions and Everything*，1986）中，女主人公莱拉·福淳斯基在一个复印店里工作，没有什么工作热情。她的爱人埃米莉在服装厂起早贪黑地工作；她的朋友伊莎贝尔在一个快餐店当服务员。可以看出，她们都属于这个时期的东村，阿布-卢格霍德说，在这个时期，这个城市的制造业下滑，金融、保险和信息领域得以发展，经济这样重新调整使得无需技能的服务业得到拓展，“血汗工厂①的生产”又回到下东区（Abu-Lughod，1994：2）。

这也说明，舒尔曼的人物都是典型人物，均处于经济和文化发生变化的过程中。舒尔曼说，这种变化如此地快，到1999年《女孩》再版时，它所描述的世界已荡然无存。舒尔曼在小说1999年的“前言”里说，促进变化的力量是“艾滋病、中产阶级化的改造、市场营销”

① 血汗工厂（sweatshop）是指榨取工人血汗的工厂，以长时间工作、低酬劳等不利条件使工人卖力工作的地方。——译者注

(1999：x)。在莱拉·福淳斯基的意识里，中产阶级化的改造是1986年东村的一股新兴力量。在后来的小说里，比如，《困境中的人》(*People in Trouble*，1990)、《共鸣》(*Empathy*，1993)、《放荡不羁者的鼠类聚居》(Rat Bohemia，1995)，中产阶级化的改造已见成效。《困境中的人》主要关注艾滋病，而艾滋病和市场营销作为一个联合主题则贯穿于《放荡不羁者的鼠类聚居》和《舞台在我心》(*Stagestruck*，1998b)，后者是对纽约影剧院区体现的同性恋生活所做的评论，因为风靡一时的音乐剧《吉屋出租》(*Rent*)抄袭舒尔曼《困境中的人》，她就专门写了评论。就《舞台在我心》来说，小说和非小说的散文紧密地结合在一起，不过，也可能自始至终都拥有一个共同的目的。在小说里，她反对漠视、对抗不公；在散文里，她以一个坚定的社会现实主义者的面貌来处理同样的问题，将个人的事宜牢牢地嵌入现代性政治和国家政治所塑造的可证实的城市社会中。当地的、国家的事件(同性恋自豪日[gay pride]①、ACT UP②、中产阶级化的改造、向里根领导下的右翼的转变)调整着小说写作的步伐，舒尔曼在1981-1994年间断断续续地写了颇多论文，直接讨论这些事件，最后结集为《我的美国历史》(*My American History*，1995)。

《困境中的人》的卷首引语是马克思的名言“社会存在决定意识”。这句引语仿佛使我们清晰地看见事件与创作的联系以及舒尔曼的优先顺序(政治第一，文化第二)，它显然也使她的作品付诸正统马克思主义

---

① 同性恋自豪日是同性恋权利运动的一部分，时间是每年6月的最后一个星期日。同性恋自豪运动的成员认为同性恋的价值不应该由占大多数人口的异性恋者来评价。——译者注

② ACT UP是AIDS COALITION TO UNLEASH POWER的缩写，意思是艾滋病(患者)联合起来爆发(巨大的)力量。ACT UP在许多大城市都有各自独立的当地组织，比如ACT UP纽约，ACT UP费城，ACT UP巴黎。这是一个艾滋病民间工作组织，它称自己是一个多样化的、非政党性的组织，是一个愤怒的人群的集合，它采取直接的行动来结束艾滋病危机。——译者注

所支持的那种现实主义的美学，它显然和舒尔曼于20世纪90年代早期协助成立的“女同性恋复仇者（The Lesbian Avengers）”行动组提出的“具体方案”政治如出一辙（1995：279－319）。还有，即使政治日程发生变化——比如《女孩》首发和再版之间社会发生的变化——舒尔曼坚持认为，这个早期的世界“的确存在过”（1999：x）。因此，她的小说用于干预当时的问题，但是当现在的时间逐渐退去的时候，这些小说仍然有用，它们讲述的故事是“我的美国历史”。而且，《女孩》中记录的时光“的确存在过”，这一事实可以得到事件具体地点的现实性的支持；再版的小说封底上东村的小地图确保了这一事实的现实性。

但是，我们也知道，靠封面评判一本书，这是错误的。尽管舒尔曼的小说貌似事实，关注时事，但是她的小说与她的论文和社会活动的关系、与下东区文化历史的关系尤其是与东村的女同性恋生活的关系都非常复杂，远非“真实性、社会记录、传统现实主义”这样的词汇所能描述。《放荡不羁者的鼠类聚居》中的丽塔想“成为我这个时代的见证人”（1996：6）。见证人就是那个站在一旁的人，但是，倘若她是一台录像设备，记录那流逝的现实，这样的假设是幼稚的。和往常一样，对“时代”的描绘也要依赖“见证人”的眼光（洞察力、视角和关注的焦点）。事实上，《女孩》的“前言”就是围绕着一条简单的、发人深思的新闻报道所做的假设。舒尔曼说，这部小说为它的女同性恋读者提供了一个环境、一个场所和一个群体的身份。也就是说，当现实朦胧或缺乏时，小说就有助于创造一种现实。这就更加符合舒尔曼在别处就参与“重新评价、重新想象社会生活各领域”的需要所做的评论（1995：1）。因此，艺术渊源超出了对这个世界的报道甚至是构建。艺术旨在改变这个世界以及关于这个世界的认识和态度，从而有目的地重建这个世界。

当然，我们也许认为舒尔曼的散文体作品也是这个主旨。但是，在这种情况下，我们不能认为她的散文体作品陈述事实时没有修辞形式，没有目的，也不能认为她的小说是对推理的现实进行的间接的呈现。这仿佛说明，只有后现代的相对主义才能恰如其分地描述这样一种状况：描述“现实”或“事实真相”的不同的叙事，无论小说还是新闻中的“故事”，是这些故事导致了“现实”或“事实真相”被解读的方式。但是，这既不是舒尔曼的观点，也不是我要采取的立场。我的观点是：舒尔曼的作品引起争论的原因是，她使概念陌生化的目的是用“事实”代替误解和无知。这与其说是归因于后现代的多元论，还不如说归因于激进左派的现代主义设想，也就是与贝托尔特·布莱希特（Bertolt Brecht）或社会主义女权主义有关的那种设想。在这个意义上，我们可以看出，舒尔曼的小说和非虚构的散文以不同的方式使用辩护的、修辞的手段来达到一个既定的目的。这主要是使异性恋的模式陌生化，使之遭到颠覆，从而突出女同性恋生活和文化的“现实”。到目前为止，左派的现代主义看起来不仅是可行的，而且得到全新的表达。问题是，在小说里，这是一个想象的现实。小说的风格，就其本身而论，远远没有补充别处所确立的“事实”和“真实性”，而是削弱了这些同样的概念以及与此相关的舒尔曼的思考所依据的真假二元区分。无论这些小说对不同读者的“意识”有什么影响，最耐人寻味的影响最终会是内在的——其方式是，作为小说，它们说明了诉诸“事实”站不住脚，因此就把总体设想进行陌生化，并改变方向。

事实上，这样说应当是更准确的：舒尔曼的小说本身呈现了现实与想象之间的张力。在一些情况下，尤其是在《困境中的人》，她倾心于“社会现实主义”（她自己的描述，1995：xxi；1998b：23）。但是，比较独特的是，这些小说心照不宣地使用了通俗文学类型的传统手法，运用自觉的、喜剧化的严肃性或称为跨类型的戏剧。因此，《索菲·霍洛维茨的故事》（*The Sophie Horowitz Story*，1984）和《德洛丽丝之后》（1988）在讽刺20世纪60年代革命的左派女性主义的僵化死板时，在揭露下东区“异位的……‘作战地带’”里相互疏远的亚文化之间的摩擦时，都利用了侦探小说和犯罪小说的传统（Munt 1992：43）。[①]《共鸣》以一个简短的电影剧本的方式展现一个家庭葬礼的紧张气氛，《放荡不羁者的鼠类聚居》在“穆丽尔·凯·斯塔尔（Muriel Kay Starr）”所写的长达三章的“附录”里揭示了尚未公开身份的（未出柜的）女同性恋者的写作是多么虚伪，该附录的风格是用来抚慰异性恋模式的，毫不掩饰地重写了小说前面的部分。从这一点，我们可以看出，舒尔曼的小说将后现代效果与严肃的、说教的意图结合起来。小说用不同的内容给不同的读者提供娱乐、支持和教育：小说写到艾滋病、同性恋者的家庭对他们的残酷待遇，本着尽义务而过异性性生活带来的沉重负担。但是，小说的认真和讽刺可以将事情引向不同的方向。正如赛莉·芒特（Sally Munt）的观点，舒尔曼“在戏谑的不确定状态中”提取了“后现代主义的精华”，但是她的作品带着后现代主义“非政治化的倾向”，流露出“一种愈来愈重的不安”（1982：34）。舒尔曼作品中的其他地方也重复了这种不安——例如，在后来质疑广告的吸收、中和效果的辩论中也有所体现（1998：102－108）。市场的力量如此巨大，两个女人互吻，这在以前具有象征意义的政治形象，如今则商品化了，成为女同性恋的时尚。舒尔曼意识到，公众如此明显的接纳，这令人震惊的现象在短期内起着情感释放的作用，但是最终会令人失望，因为这样的形象完全丧失了最初的意义。美国人与众不同的、真正的需要和经历——舒尔曼称之为“真实、丰富的实践经验”（117）——被混淆了或者仅仅被视为与众不同的“产品”。但是，这样的区分是无效的。一方面，女同性恋和男同性恋生活的“真实性”本身都是高度编码的，用舒尔曼的术语就是说，即便是人们知道一个公共认可的符号旨在操纵人们，是诓骗的，女同性恋消费者仍然受到这个符号的引诱（117－118）。要进入直接的现实和真实性，无

① 芒特（Munt）（1992）详细地描述了这些小说以及后来的小说展现的“强烈的超小说（metafictional）”的效果（37）。

法逃避公共的意象及构建的亚文化身份。①这些小说仅用于证实形态的流动性，并且解构商业对话和艺术对话之间任何意义的绝对区分。这是后现代主义为早期的“意识形态的评论”提供的一个典范，它致力于揭示现代世界被曲解的表面下压抑的现实。正如赛莉·芒特所说的，无论我们认为这是“非政治化”还是“重新政治化”，尽管它依赖的因素很多，仍要取决于我们如何证明小说和广告之间的区别——当然这区别也不是绝对的。我们慢慢就明白，这个问题引起新的讨论，要讨论表征的独特形式中存在的伦理道德，而不是讨论事实和失实之间令人疲倦的僵局。

所有这一切都和主体身份及社会的性倾向身份这些概念有着特别的关系，因此也就涉及到如何体现或看待女同性恋的身份或一个女同性恋社区的生活。舒尔曼满怀希冀，她希望美国文化逐渐接纳女同性恋者，将她们视为“完全的人，她们的生活能够在美国人体验的众多生活选择中得到真实的呈现”（1998：50）。然而，她小说里的世界——无论是在写作技巧里还是在人物的生活中——把女同性恋者的身份和社区描绘成自我适应的、不稳定的一个行为或一整套的行为，而不是圆满的、稳定的实体。赛莉·芒特这样评论《索菲·霍洛维茨的故事》：“身份被置于突出的位置……读者的愉悦来源于对角色的认可，而不是对自我的认可”（1992：36）。这并不是说，女同性恋者的身份仅仅被呈现为戏谑的或者没有问题的。在《共鸣》里，主人公安娜·O（根据弗洛伊德的第一个病人而命名，仿佛为了将小说定位为一个

① 芒特（1992）评论说，“女同性恋者作为一个群体，往往具有很强的自我意识。互相之间要有明显的区别，与主导的异性性行为要有明显的区别，这种永恒的需要深深地影响她们。即使在最亲密的‘隐私的’层面上，性的欲望也需要有角色的创造性构建”。她说，这使得女同性恋文化“在某些方面……成为宣泄后现代幻想的最佳场所”（34）。舒尔曼还挑战决定论者的观点，说：“同性恋有太多不同的方式。”（1998b：119）

心理寓言，而不是一个现实主义的故事)，在她的爱人——“白衣女子”——离开以后，她便罹患人格分裂症。她既是安娜·O，又是给她治病的男性“医生”——一个反权威、后弗洛伊德时代的业余医生，有聆听的天赋或曰“共鸣”。在新的恋人多拉（第二个弗洛伊德女性癔症个案研究的研究对象，有一种崭新的灵活而情境式的身份意识）的帮助下，她才从精神分裂症（以多种形式呈现为电影或梦幻的连续镜头）中走出来。舒尔曼写道：“她认识到，一个人把自己定位在流沙上……每一个个体必须为了自己重新思考道德规范，同时达成新协商的社会契约”（1993：165）。因此，在一个费解然而又可以自由解释的、自相矛盾的世界里，安娜“学会了同时拥有许多人的身份”（165）。因此，女同性恋的身份可以理解为暂时性的、有区别的，它让人想起的词汇多半是“假面舞会”、“性别的表演性”而不是“稳定”和“透明”。同等重要的是，这种新的自我意识被视为是有风险的。正如一个人站在流沙上的形象，这形象将安娜·O置于任何规范的定义都无法企及的、一块岌岌可危的地面上。①

所有这些小说都证实，身份观都是从这种张力中构建出来的。《女孩》就是一个尤为有趣的例子，因为在这里对自我、对社区的一种罕见的、积极的意识同时发生。舒尔曼说《女孩》是她最喜欢的小说（1995：xx），当然，在她对东村不断变化的画像中，《女孩》这一部小说占据一个关键的位置。女同性恋人物无一例外地都从事艺术，她们是舞蹈家、设计师、演员或者作家。她们的世界事实上就是她们的创造。这种自我塑造在莱拉·福淳斯基身上尤为明显，她依据《在路上》（*On the Road*）的作者杰克·凯鲁亚克塑造了她自己的城市逃犯

---

① 索尼娅·安德马赫尔（Sonya Andermahr，2000）曾对这部小说做过精彩的讨论，认为小说为反击后现代政治的脱身而表达了一种“合乎道德的现代主义”。她认为这部小说支持朱迪思·巴特勒（Judith Butler）表演性身份的理论、排斥针对女同性恋身份和欲望的本质论的观点；但是她也表明舒尔曼是如何坚持压迫性语言的有效性。

的人物形象。凯鲁亚克展现了一种文化风格、一种视角以及对于街道生活的一种态度，即“只要是新的，就准备接纳”（1999：15）。凯鲁亚克为她的小说提供了标题，产生了一些散文化的效果，也以同样的方式影响了作者、文本和人物。因此，小说栖息于一个语言和意象回响的世界里，强调小说以及这个社区内在的社会-文本构建。前面提到，舒尔曼对广告的弥漫性影响产生激烈的反应，然而，与此相反，莱拉积极地重读“杰克·凯鲁亚克”的转义，选择成为凯鲁亚克而不是他的某一个女孩儿（17），这一点至关重要。因此，舒尔曼以这种方式表明，以没有意象的现实之名而重新利用而不是摒弃占主导地位的以男性为中心的反文化的意象以及伴随而来的散文化的风格。

莱拉的街头风格有助于将女同性恋邻里社区定义为对抗性的亚文化：她是“地铁小姐”，这个名字就蕴涵了一个新兴的“未来”。她在朋友们的眼中是这种面貌，她们和她一样，在把东村塑造成一个女性恋邻里社区的过程中，利用了早期反文化的一个浪漫故事。莱拉不得不穿过B大道上的一个布满垃圾和碎砖瓦砾的废品厂才能走到“易比士（yippie）① ”萨莉·利伯蒂培育的花园，这是一个征兆。这种在当地“可供选择的”公共地点和精神特质（女人发起运动反对城市当局仅打算开放街区内的花园）让人想起简·雅各布斯。雅各布斯在自己的经典作品《美国大城市的死与生》（*The Death and Life of Great American Cities*）里，赞扬了纽约格林尼治村人与人之间稠密的关系、邂逅等的日常生活，她“几乎以无政府主义的态度欣然接受无规划的社区”（Kasinitz 1995：94）。正如菲利普·卡辛尼茨所说的，雅各布斯的研究反驳了现代主义的主将勒·柯布西耶（Le Corbusier）对曼哈顿市中心摩天大楼坚定不移的喜爱；并且为“热爱城市人口稠密的邻里社区中‘凄惨’庸俗的红灯区的众多民众”提供一套词汇和全部的理

---

① 易比士（yippie）：20世纪60年代后期在美国出现的一个松散的激进青年组织易比派（Youth International Party的首字母缩合）的成员。——译者注

由（93）。我们可以说，莱拉、萨莉·利伯蒂和舒尔曼都想抵抗后来实现现代化的那一代人。

马歇尔·伯曼（Marshal Berman）说明，简·雅各布斯展现了一个“世外桃源”般的内城邻里社区，没有黑人或西班牙裔人，没有“犯罪、无故的暴力、普遍的怒气和恐惧”，这因此削弱了她对现代主义同质性的抗议（Berman，1983：325）。舒尔曼的“前言”证实了这个城市自1999年以来变得多么的复杂，并且说她的小说曾提议用“垮掉的一代”自我宣传的方式为女同性恋关系做广告宣传，她坦诚这个提议有些幼稚（1999：vii）。

她将广告宣传、破败区域的中产阶级化改造还有艾滋病并列在一起，认为这些因素将世界带向一个终结。在这些危机尚未影响朋友们和爱人们在东村塑造的女同性恋者的“花园”这片绿洲时，《女孩》就抓住了这个瞬间。她们曾公开地在女同性恋者相聚的场所（基奇酒店［the Kitsch Inn］和金字塔俱乐部［the Pyramid Club］）将这片绿洲的精神特质从艺术、舞蹈和先锋派讽刺性的演出中呈现出来。这些相聚的场所为这种文化提供了空间位置。

这个世界有夏天般的明亮和乐观，这在早期的小说里却不常见。但是，在女同性恋社区与社区外“另一个”世界的关系中，紧张的情绪依然会出现；与此同时，外界正统的生活、性别歧视、城市当局和商业利益不仅威胁着而且侵犯这个邻里社区，所以紧张的情绪同样会在社区内出现。雅皮士们、警察、开发商们影响莱拉的生活，她的生活观也因之发生变化。她逐渐认识到，她结交为朋友的、“顶呱呱的”街头毒贩子的生活是肮脏乏味的；她尤其开始感觉在街道上受到性别歧视者虚张声势的威胁，也受到男人暴力的威胁（59，173）。其结果是，一方面她憧憬在未来成为冒险的女性凯鲁亚克这一自我形象，另一方面，她新结交的女朋友海伦呈现了那种充满爱的、成双成对的、安全的居家生活，她处于这两者之间的夹缝里。她将自己那本《在路上》和这种生活的文本交给伊莎贝尔，但是她所散发出来的自信的街头风格以及她与朋友、爱人和这个女性化的城市之间灵活、忠诚的关系遭遇危险。海伦的身体变成了一个“解放”的地带，代替了路上的“自由”（164，176）。但是，很难不这样认为，这种肉体的强度占据的领域比这个城市的身体更加有限。当然，莱拉选择“伤心的事实”而非“快乐的欺骗”（164），她意识到，选择“永远不会正确（178）”。但是，这毕竟是一个选择。这部小说证明，身份是选择性的，社区必须谐调地融入物质空间和社会空间，从而获得生命。但是，小说带给“后现代主义”的“社会现实主义”，无论是在小说内部还是在舒尔曼后来撰写的“前言”的回顾中，都表明了这种选择的自由如何勉为其难地被原始的男性权力以及新出现的趋势（对社区有他们自己的设想）所引领和限制。

《女孩》中朦胧的乐观精神使这个故事在舒尔曼20世纪80、90年代的小说中占据了一个关键的位置。早期其他的小说，尽管拥有正规的喜剧风格，最终还是呈现了一种阴郁的孤独感、一种被排斥的感觉，而不是社区的感觉。索菲·霍洛维茨过着一种有原则的即兴生活，在轻松快乐的盼望中离世（“我只是想享受生活，拥有朋友，过有趣的生活。如果我坚持自己的感觉，世界就跟着我走”1997：195），但是，小说中的不幸遭遇几乎无法确保这样的信心。以前的女性主义革命家和毒贩子为了自己的阴谋狼狈为奸，一起利用她；她的小说也因为美化“以男性身份自居的女人们”而遭到集体经营的《女权主义新闻》（*Feminist News*）的排斥。索菲·霍洛维茨的“故事”是，最终没有了故事，她临终的话语倾诉给了那一片空虚。《德洛丽丝之后》里无名的叙事者，被日益痛苦的憎恨和沮丧折磨着。她的爱人德洛丽丝抛弃她后和《时尚》（*Vogue*）的职员、摄影师“阳光”玛丽恋爱以后，这位叙事者杀了一个男人，那个男人曾谋害一个以前的恋人、一个朋克摇滚乐手。她杀了这个男人（因此找到了一个报复的替代品），但是基本上是毫不相干的。她进入一连串短期的、肤浅的、甚至是恶劣的恋爱关系，引起以前的朋友的反感。在她处于人生最低谷的时候，她沦落为没有工作、随波逐流的醉鬼。演员比阿特丽斯（Beatriz）对她说：“你就是一个孤独的人”（1998：152）。后现代主义麻木不仁的表面

(一直吸引德洛丽丝的高档时尚的世界，以及演员比阿特丽斯和夏洛特残酷的、关注自身利益的角色扮演）战胜了友谊和爱情。当叙事者发现“最好的朋友”德洛丽丝不会再“那么友好”（77）了，甚是震惊，但是她仍不动摇她曾经是谁或者看起来是谁这一“幻想”。

这两部小说的主人公都没有在社区里找到爱、爱情或经久不衰、予人慰藉的关系。因此，虽然这两部小说分别在《女孩》的前后写成的，为以后的小说定了情感基调，但是它们和《女孩》还是形成了鲜明的对照。在《困境中的人》《共鸣》《放荡不羁者的鼠类聚居》中，人物的生活也同样遭受排斥：莫莉受到双性实验艺术家凯特厌弃，安娜·O 被“白衣女子”抛弃，丽塔、戴维以及“所有的同性恋者”（1996：63）都被自己的家人嫌弃。换句话说，正如《放荡不羁者的鼠类聚居》中的一个人物所认识到的，他们承受着“回归正常、正常、再正常的这种怀旧欲望”的折磨（1996：111)。尽管所有这些小说都展现了女同性恋者与合乎规范的、主流“他者”之间的一种关系——中产阶级“附庸风雅的类型”或者雅皮士、“义务性的异性性活动”或父权家庭的约束都代表了主流“他者”——这种霸权的关系既无法得到控制，又无法成功地协调，更加无法引向不同的思考或行为方式。与此同时，珍妮特·阿布-卢格霍德详细地叙述了这些状况。在人们不易注意的地方，有越来越多无家可归的人，邻里社区衰败，当地的福利受挫，在唐人街，四个女性朋友被困在一辆租来的没有了汽油的车里，这意味着她们无法按照本意开车去拜访丽塔在郊区结交的第一个少女时期的爱人。也就是说，她们既无法同过去联系，也无法于现在认认真真地前进。她们看见，现在变更的道路就在车窗的对面延伸。但是，她们感到她们已经带来了偌大的变化，这个世界已经“因为我们这样的人”而改变（1996：216)。因此，她们虽然明显地被困，但是她们对自己在差异中的一致性深信不疑，这种感觉是好不容易才得来的。尽管现实不易，她们还是扭转现状，已经前进了一段路程——并且在油箱空空的情况下，把车拖到了一块空地上。

异性恋思维的力量

在舒尔曼的小说中，那些公开同性恋身份的女性人物与曾经的女同性恋者、双性恋者的恋人关系，与父权家庭的关系，在另外一个层面上，也体现了舒尔曼自己作为一个女同性恋作家与文学界、与美国的观念之间的关系，因为美国的观念已经将控制权交予右翼，屈从于20世纪80年代和20世纪90年代早期愤世嫉俗的文化宿命论。舒尔曼在《我的美国历史》(1995)、《舞台在我心》(1998b) 以及相关的论文和访谈中直接探讨了这一形势。她写道，她一直想“成为美国知识分子生活的一部分，同时仍然以每一种方式完全地公开同性恋的身份”(1998b：22)。我们已经看见，她的小说如何依据现实中人们对自然、直接的身份产生的看法。而在她的散文体作品中，尤其是在《舞台在我心》中对美国戏剧、广告和同性恋的论述过程中，这些观点出现，与此同时又自我否定。小说《困境中的人》呈现了将艾滋病的真相公诸于世这一过程的挣扎。《舞台在我心》旨在揭露真相，告诉我们《吉屋出租》是如何抄袭并歪曲小说本身的；同时她向公众说明纽约舞台对同性恋生活普遍的曲解。

舒尔曼提出的论据完全具有说服力，《舞台在我心》大胆地控诉了纽约文化界的无知和自鸣得意。但是，除了这个职业性的-媒体的阶层的态度，舒尔曼自己的评论以及她的期待的方式仍有潜在的问题，尤其是她认为摆出事实就能说服这个群体换一个方式去思考或行动。《舞台在我心》中，一个朋友向她提出的那个问题表明了她的理想主义和文学-媒体-法律界这一现实世界之间的鸿沟。那位朋友谈到东村一个女同性恋所写的艾滋病和男同性恋者的生活事实时，他问道，“‘人们为何会介意呢?’”(16) 针对有人抄袭她的作品这个问题她的编辑、出版商和代理所做出的回应显示，掌权的人对这件事并不感兴趣，而且，糟糕的是，他们不必为了文化界的继续运行而专门关注此事。舒尔曼渴望使女同性恋者的创作被纳入“美国文学的万花筒”(1995：

274)。但是，有人问，倘若一个俱乐部已经将它的规则撕碎了，她还有什么理由要求和其他成员平等的待遇呢？同时，过分简单地看待中产阶层异性恋的读者和戏迷也加剧了这种混乱状态。她因此产生了一个疑问：万一异性恋的男人偶然阅读了一部女同性恋的小说，他们是否会和《困境中的人》中的彼得那样（1998b：14），仿佛性别和性取向的认同有可能将这个人物视为肤浅的自我主义者而全然否决，或者仿佛用其他的方式就无法阅读这部小说。一方面，她接受一种有原则的、开放的民族文化，结果仅发现了冷漠和机会主义；另一方面，她接受一种性取向和性别的结合，但这种结合对于其他的认同方式和态度来说都是封闭的。总的来说，她没有用足够复杂的，抑或说足够狡猾的方式来看待这个国家和掌权的群体，因此没有产生她渴望的那种变化。

《舞台在我心》中舒尔曼的结论是：必须说服美国，让它承认主流文化所谓的中立态度和"'客观的'的姿态都是矫揉造作的"（1998b：3，145）。尤其需要说服异性恋的社会从标准以外的一个位置来"看待这个群体"，因为正是这种社会标准令这个群体隐形。她在现实生活中发起运动反对《吉屋出租》，这显然没有带来预期的效果，《舞台在我心》也一样没有带来预期的效果。第一个原因是，这本书讲述了这样一个故事：在"道德"胜利的背后，欲从法律的胜利中获得真正的正义，却以失败告终。"我只是力量不够强大"，她说（1998b：1）。我们可以想，如果她最初的案子没有触及媒体，媒体更加不必聆听她书中的故事。第二个原因是，舒尔曼文章中的论证有些像她那些虚构的人物的生活一样被"正常的生活"所困扰。也就是说，她无法动摇对美国和美国文学的信仰，也无法动摇对文化主流文学权威的信仰。因此，她写到女同性恋作家时说她们的"鼻子顶着那面将'我们'与'他（她）们'隔开的玻璃墙（1995：260）"；她说，她相信女同性恋者的生活能够被视为"美国文学的有机成分"（1999：viii）；还有另一段颇具启发性的肺腑之言，提及要把同性恋文化"升级到主流可见度的层面上"（1998 b：146）。当然，在这些时刻，她向沉重的等级制度做出了很大的让步。这等级制度使得占支配地位的中心地带与排除在外的边缘地带对立起来，实实在在地维护了统治性文化的霸权地位。

因此，使舒尔曼的设想陷入窘困的是当代美国的两面性：它是这种“现代设想”象征性的主人，其首要的原则是正义和平等；同时它还是后现代时期侵略性的公司文化所施展的阴谋诡计的一个最佳例子。舒尔曼呼吁前者，仅仅为了揭露后者的影响。她显然于后来对“真正的”美国产生了绝望的心理。其结果就产生了锋利的评论，加上一些困惑和夸张。最终不可避免地走向失败感。她感觉自己写作时就像“不复存在的文明的遗物”（1998b：41）。

《舞台在我心》没有解决自身卷入的那些问题。但是，具有重要意义的是，舒尔曼的结论着实将注意力从代表人数不足的边缘地带转向中心地带：因为在她看来，现在挑战主流文化“中立的情感对于即将出现的任何真诚的表达都是至关重要的”（1998b：3）。她的一些作品——甚至是默认的——确实暗示了另外一种策略，智胜容纳中立情感的分类系统，使其失去平衡。我想将这一策略中的两个方面抽出来加以说明。舒尔曼在她的论文“一个小小的建议（A Modest Proposal）”（1995：272－274）里将自己的注意力对准出版和评论系统。她在文章里论证说要结束“同性恋列表”，因为与表面现象相反，这种列表已成为帮凶，将女同性恋艺术限制在文化的贫民窟里。因此，她呼吁出版公司的出版商、杂志的编辑和书店都加入她所说的扭转现实的“具体解决方案”。要做到这一点，他们可以“完善列表，完善广告，完善阅读”（273），结束对女同性恋文本评论的配额制，告知公众“同性恋书籍是为每个人写的”（274）。然而，舒尔曼很明显没有考虑向里面延伸这一措施直达自己作品的内容。作为一名作家，她仅看见移除女同性恋内容、使其最小化和模糊化所带来的压力，因此她仅看见坚持不妥协的中心地位的必要性。对女同性恋以及其他内容的“完善”处理会使书籍和书店“重新定位”，这看来不属于她的议事日程，至少不甚清楚，当然她的论证在政治立场上的逻辑是指向这个方向的。①因此，在稍早期的一篇论文中，她写道，如何“为人际关系想象一种解决办法”，这意味着“像黑人和犹太人这样的类别”需要向“诸如性别、性取向、阶级忠诚等其他因素”开放（1995：262）。如果有黑人和犹太人，那为什么没有女同性恋人呢？

第二个方面与其说涉及到舒尔曼小说对身份的内在处理，不如说涉及到她认为属于读者的辨认模式。在《舞台在我心》中，她设置了一套“规则”，通过这套规则强化“公众虚假的同性恋倾向”并使之值得接受。这包括两项禁止：第一，“展现异性恋者以共谋或独立责任人的方式对同性恋者憎恨或恐惧，这样的信息必须禁止”；第二，“不必期待异性恋的观众将普遍的意义赋予一个男或女同性恋主人公，除非他们在身为异性恋者的前提下已然与那个人物建立了一种关系”（1998b：147）。显然，她自己的目的是使那些合乎规范的设想以及潜存其下的中立“情感”陌生化。她希望读者和剧院的观众都视自己为构建完全的，因此对变化持开明态度。但是，除了上面所说的集性取向、阶级、性别和民族为一体的身份概念以外，这种意识还能够采取其他什么形式呢？在这样的意义上，难道观众或读者会从认同一种分类体系转移至认同、理解另一个分类体系吗？

因此，《我的美国历史》和《舞台在我心》产生了奇异的结果，它显示舒尔曼如何需要提出一种与作品思想不同的政治策略：以另外一种方式有效地批评和转化“现存社会体制”而不是期待它去倾听简单的事实。依照舒尔曼的设想，以不同的方式看待并感受周遭的事物，

---

① 关于更广泛的完善的政治策略，该策略的理由是在1985年所做的一次访谈中提出来的。当时舒尔曼引用女同性恋者、女权主义活动家玛格丽特·洛佩斯（Marguerita Lopez）的话。洛佩斯曾主张有必要“参与正在发生的每次运动”（1995：100），反对城市的中产阶级化改造。洛佩斯说，女同性恋者的运动和女权主义运动都犯了同样一个错误：将自己封闭起来。她们“必须从地下室里走出来，参与运动”（100）。当时舒尔曼不支持这一观点，但是我相信，这一观点指引她找到了一个更广泛的政治环境。

因而创造“一个更好的未来”（1998b：146），这必然意味着要削弱现存的分类体系，证实这一体系将这种文化中符合标准的假设凝结在一起。舒尔曼一定要社会按照她的本来面貌接纳她，把她当作一个“公开身份”的女同性恋者将她包容“进去”。然而，她手里握着事实去敲“美国”的门，头脑里却装着“他们和我们”这样的概念，就目前的情况看，无法达到她的目的。不过，她的沮丧启发了一种选择：与其想变成“美国的女同性恋作家”，在美国主流文化中和其他作家获得同样的待遇，还不如成为一个美国作家，扎根于充满异议和悖逆的美国传统。东村在经济和空间上变化，使城市中产阶级化改造与贫穷并肩存在，这进一步重新定义了这些选择。比如，到了《放荡不羁者的鼠类聚居》（1996）中描述的时代，“垮掉的一代”早期的样式已经完全过时了。凯勒（Killer，30）评论说，“那些男人代表了美国”。今天，逃避现实就意味着和无家可归的人成为一体。她说，想做一个放荡不羁的人，“你要生活，必须迎头撞上现行的体制，至少偶尔会这样”（30）。“我喜欢越南共产党”，丽塔说，“因为那是我认可的那种美国。我是一个非美国人”（53）。

因此，最重要的是，舒尔曼要拆卸“美国/非美国”这个等级体系，为了要表明后者如何被牵涉其中，后者如何具有历史意义地挑战前者并且从内在给前者以定义：总之，成为非美国人是成为一种美国人的一种方式。这并非意味着放弃为她自己和别人“赢得尊重和认可”的“不可放弃的设想”，但是的确意味着要把“美国”官方自我肖像的另一面展示出来，同时将“女同性恋基本的内容”向现存的分类体系展开（这个分类体系涉及种族、民族、性别和阶级忠诚，是“为人与人之间的关系想象的一种选择”）。这还意味着通过一个计谋用一种崭新的方式而不是充满挫折地向异性恋者直接交流的方式走进美国读者的“情感”里。我想，舒尔曼在她的小说《微光》里尝试做了所有这一切。

非美国人的活动

舒尔曼在20世纪80年代中的一篇论文中讲述她曾参观邻里社区的一些建筑物，这些建筑物使人联想到世纪之交时下东城激进的犹太妇女所付出的努力（1995：125-148）。舒尔曼实实在在地体现了自己的激进主义和她们的激进主义之间的共鸣，为她早期作品中涌动的对个人及家庭犹太身份的处理方式增添了一个新的历史维度。在《微光》中，小说一开始就强调了民族性的影响，体现在布鲁克林犹太工人阶级的女孩儿西尔维娅·戈卢鲍斯基这个人物身上。西尔维娅在《纽约星报》（*The New York Star*）工作，是一个速记员。她希望从打字员的职位上升为一名记者，最后成为作家。她曾经思考为何“犹太人仍聚在一起回忆过去五千年所蒙受的冤屈”。她说，那“就是我们人数虽少却依然作为一个民族而存在的原因”——我们团结在“一种审慎的集体意识”里（1998a：181）。西尔维娅目睹了20世纪40年代晚期和20世纪50年代早期反共的政治迫害所犯的错误，在“微光闪烁的愤怒”里，她表明，那个时期的政治恐惧和政治迫害与反犹主义、妇女遭歧视、同性恋者遭压迫是完全相同的。西尔维娅的哥哥卢获得了本应属于她的工作，后来在追踪共产主义支持者时跟踪她来到一个女同性恋聚会的酒吧。这在小说后面才出现。我们在小说开篇时只听说有一种“秘密的、秘密的生活”（7），但是一直到27章（离小说还剩40页）时西尔维娅才提到自己发现了这个酒吧，在这里能够自由地表达自己的性取向。对于那个时期强迫性的缄默来说，这种耽延也许是真实的，然而这主要是一种创作手段，舒尔曼通过这一策略颠覆“假公开的同性恋”的规则，引领读者首先相信这个人物是异性恋者，再认可她是一个女同性恋者。西尔维娅的理想、她哥哥的行为以及她的家庭给予他的支持，已经决定了读者同情的方向。因此，和早期的小说不一样，这部小说通过一个历史事例中曾经存在的疏离的、充满寓意的力量，用女权主义的和激进开明的视角来论证女人、阶级和民族性，进而将我们带到这里去面对现代性取向的问题。

这部小说将多重的认可和种族的问题结合在一起。一位黑人剧作家卡尔·拜菲尔德和他来自南部的白人妻子、爵士乐钢琴家卡罗琳搬到西尔维娅在格林尼治村公寓的隔壁。卡尔和西尔维娅都有同样压抑的经历，都有一个饱受挫折的梦想："在 1949 年，来自布鲁克林的、靠打字为生的犹太小女孩们长大后都成为美国伟大的小说家，同样，黑人厨师们也能看见自己写的剧本在百老汇上演"（107）。爵士乐的场景首次让西尔维娅拥有自我感和归属感（89）。当她和在第 16 街的酒吧演奏的卡罗琳成为恋人时，这证实了她的自我感和归属感。在这个"非正式"的世界里，"在这个完美的环境里"，她感受到了"巨大的幸福"，那就是"我的渴望、我的能力和我的自我是不分离的"（235，236）。

小说将奥斯丁·范克利夫的故事置于西尔维娅和卡尔互相交织的叙事框架里——卡尔的叙事是通过他的孙女 N. 塔米·拜菲尔德而体现的。范克利夫是一个可憎的人、唯利是图的上层精英、爱搞阴谋的社会新闻专栏作家，是罗斯福坚定不移的反对者。他下定决心要彻底打败《纽约星报》开明的编辑吉姆·奥德怀尔，他为了达到这个目的而施展的损人利己的阴谋诡计渗透了整部小说。小说结束时，他成功了，独自一人幸灾乐祸地看着 1996 年克林顿福利项目解体所标志的新政原则的彻底失败。

其他主要人物的生活都终结于妥协和失败。迷茫的奥德怀尔（"我亲近开明的思想，反对共产主义，你有自由成为你想成为的人，因为这是美国"，145）几乎被逼上自杀的边缘，最终惨遭谋杀。卡尔·拜菲尔德为了黑人的戏剧能在美国的舞台上上演竭力辩护，拒绝妥协。他的论据和舒尔曼为女同性恋艺术辩护的论据显然如出一辙，但是小说表明要让人们理解这些论点会面临诸多困难。他为图利向资助人埃米·奥德怀尔出卖自己的人格，差一点为了黑人电视节目"阿莫斯与安迪"撰稿人这份工作而出卖自己的灵魂。他最终成为一家黑人拥有的广告公司的合伙人，他负责向黑人消费者介绍利基产品。他的孙女以他为典范，认为涉及种族间关系的思想危及到她“像微光一样闪烁的存在”（127）因而拒绝这些思想，她发誓要保护他为了黑人这个种族的已经暗淡的梦想（272－273）。西尔维娅的生活也坍塌了。她从“情感上离开了”自己的家（186），被卡罗琳抛弃 —— 承受了舒尔曼早期小说中女主人公遭受的排斥 —— 而且因为哥哥和爱人的背叛而充满仇恨。克林顿“福利项目的瓦解”仅仅证实了“最终取胜的是掌权人”（270）。正如她在小说开篇第一句话里所说的，她的经历赋予她“动辄就怨恨的习性”。

但是，这样的开始并非是结束，而且有另外一种方式来看待小说中事件的进程。毕竟，西尔维娅成了一位作家。她写了一系列的小说讲述纽约一群职业女孩的经历，还因为她的回忆录《弗洛伊德是我副驾驶员》（*Freud Was My Co-Pilot*）赢得了“全体同性恋工作人员”的仰慕。20 世纪 80 年代，她和阿格尼丝（Agnes）（是那个她在第 16 街的酒吧里遇见的、来自新泽西州的“小孩儿”吗?）搬到佛蒙特州，在那里教授硕士学位的写作课程。在小说的开始，谈到那个“什么事儿都不懂”的卖弄风情的学生，她说自己认为“历史的视角”具有“不可抵挡的诱惑力”（6）。她接着说，她这一代人生活的历史时期，其标志就是罗森堡夫妇，他们被错误地指控为“原子弹”间谍，于 1953 年判处死刑。他们的案例不仅暴露了反左癔病的浅薄和狠毒，而且也说明了他们作为犹太移民、马克思主义者对于另外一个美国的坚定信心。他们“是工人阶级……爱国者……渴望一个公平的美国”，舒尔曼写道（4）。小说后来又记录了西尔维娅和《纽约星报》一个记者（他第一个认出她是一位作家）之间的一段对话。在对话里，他说社会安全和福利是共产主义运动对美国社会的一个贡献。在马克思主义的经典里，他认为“渴望结束一切形式的对人的剥削”这其中蕴含着“源头之美”（259）。此类的信念表明了，在这个充满偏见和守旧的历史时期，美国人持不同政见这一传统有它的源头。当然，这种偏见和守旧在小说的结局之后依然存在。

卡尔的尊严并非简单地遭到妥协。舒尔曼在《舞台在我心》中批评了那些干扰人的意象。卡尔所走进的世界正是充满了这样的意象。但是，他并非没有原则。他的公司属于最早出现的那一批由黑人管理的广告公司，他支持非洲裔美国人在主流广告中的体现，他因为一次向黑人消费者推销“城郊香烟”的运动而辞职。我们也记得在“阿莫斯与安迪”的节目上黑人经理采访卡尔时说的那番话。他说，他越来越相信，“为黑人争取权力的唯一方式是一次一个人”。这是指在体制内温和地有策略地变化，不经过革命性的推翻。他的推理在成熟的西尔维娅·戈卢鲍斯基的教学理念中得到回应。她说，同学们，“你们去改变世界吧，一次一个人。把一本伟大的书介绍给某个人，你就能带来很大的影响”（5）。无论她付出的努力显得多么地多余，无论她自己显得多么的“卑微和贫穷”，她都会将她的学生吸引到她的书架边——邀请他们拜访真理同时展现她的权威。书本是世界和电视、广告的世界是一样的。舒尔曼在这样的时刻仿佛认识到，这个体制不能用革命的方式去转变，只能使它重新弯曲，一次一个人，将它颠覆。变化的可能性依赖的不是信仰的纯洁和意志的力量，而是改善语言和意象的象征性的对话，这也许会增强“批判性的意识”。《微光》就是以这样的方式呈现的。它提供了自己“历史视角”的教诲和比喻，将女同性恋者生活的事实置于这样的一个社会里：一个几乎没有权力的、工人阶级的犹太妇女和一个黑人，他们个人的努力和挣扎是连接在一起的。这些人物还有范克利夫，都存在于绵延不断的历史里。历史不能被视为一个单维度的统一体，它是内在分裂的，人们因为美国的定义和命运、因为成为美国人而进行的斗争将定义赋予历史。过去和现在也是根据一个不同的未来进行预测的。西尔维娅·戈卢鲍斯基想到要给自己学生一些建议，就总结道：

> 你无法打败历史，但是如果你足够年轻，你可以尝试等待历史时刻的结束。一切都会过去，但是不幸的是，你也会过去。因此，我们每个人必须遵循变化的过程，以我们能够实现的方式努力快速前进，不要成为变化的受害者。这是历史的一个讽刺，但

> 是带来变化的人们不是从变化中受益的人。这是必须吞下的一粒苦涩的药丸（4）。

她论证说，好书肯定让你不适，让你“渴望一种不同的生活”（6）。舒尔曼的《女孩》为女同性恋读者描绘了一个鼓舞人的共同的身份。但是她后来的作品却说明，这深深地扎根于东村的文化现在已不见踪影。《放荡不羁者的鼠类聚居》有一句反复重复的话：“纽约是封闭的。”《舞台在我心》为作家缺乏一致性而痛惜，因为舒尔曼于1997年在一个艺术聚居区结识的那些作家们都只是致力于闲话、阿谀奉承、联络、交易（1998b：43－44）。《微光》势必要树立一个新的目标，以回应这样的形势：要介入并且努力地重新构建，但是构建的不是“边缘”文化而是中心地带的文化，因为中心地带的文化中那些符合社会规范的、“客观中立”的情感时时刻刻影响着边缘地带的人们。因此，这部作品在认可和陌生化方面运用的手段提供了与《女孩》完全不同的语境。它对读者说，在美国历史中早期出现的将“爱国者”贬损为“非美国人”的历史时刻“依然存在”（1986：x）；这是一个充满性别歧视、种族歧视、反犹主义、憎恶同性恋者、拥有父权家庭的美国。当然，美国历史这让人不适的一个教训是，这现实依然存在。《微光》使用比喻，产生疏远效应，将西尔维娅的女同性恋倾向置于阶级、性别、种族和民族性相结合的复杂网络里，最终使那一粒“苦涩的药丸”吃起来比较可口。因此，舒尔曼找到了一种方式，不直接地依靠说服，而利用“间接”地符合事实顺序的方式，让她的读者拥有历史的视角，体会更丰富的身份感；将她的读者放在公民的位置上，让他们敞开胸怀接受小说的某种劝说。

第七章　在矩阵里：东方和西方相遇

转动地球

BBC新闻广播的商标过去是一个地球仪，它慢慢地绕着轴线转动，最后回到这个世界的欧洲和西方面孔。这个商标已经被一组神秘的连续镜头所代替：一个成角度摆放的、显示英国各岛屿的圆盘，接着取而代之的是漩涡状旋转的、显示地球各组成部分的一组椭圆。在这些形象上附加上去的是，涂鸦状的世界城市的名字，接着慢慢地清晰起来。这组连续镜头，再配上那个彩色热气球状的地球仪作为频道标志，热气球在多种多样的背景里飘动，这一切都表明出了一点什么问题。我们对世界的看法已经相当的混乱。一个原因是通讯的无处不在和同时性。这一发展，以及与之相连的大公司的影响，它们的运作超越国界，并凌驾于国家政府的协商之上，这似乎是一脚把地球踢成一团超速运作的、多彩的、模糊不清的东西。靴子穿在谁的脚上，这也很清楚。托马斯·弗里德曼（Thomas Friedman，1999）说，全球化等于美国化：时代-华纳（Time Warner）公司和美国在线公司（AOL）在21世纪初的合并中急于要证明这一主题。这次合并用遍布全世界的强大的“信息娱乐”集团来迎接21世纪。

与此同时，走向同质性的驱动力也遭遇这样一些阻力：极其明显的社会不公平，导致民族内部紧张和冲突的文化、民族差异，总是指向发展中国家而不是发达国家的环境危机和破坏。那个转动的地球停了下来，将饥饿、贫穷、战争和经济灾难或“自然”灾害的蹂躏呈现出来。在孟加拉国，洪水冲走了千千万万座乡村的家园；在委内瑞拉，泥流将电视机卷走，摧毁了布满棚屋的小镇；东帝汶人遭到印度尼西亚军队的野蛮袭击，车臣的“叛乱分子”遭受着曾经的世界强国的威胁。西欧通过各种描写以及新闻知晓了这些故事。尽管这些故事看起来属于另外一个世界，属于他人的历史，属于贫困的“第三世界”或者第二世界前途未卜的处境，但是我们通过媒体得以了解西部和北部与南部和东部之间的天壤之别，媒体同时用别的方式给整个地球穿上一件统一的袍子。全球化强化了特权，同时也展现了特权的对立面以及两者之间不可避免的紧密结合的方式。瓦尔特·本雅明曾指出，文明与野蛮在同一条历史轨道上肩并肩地前进。在“现代”阶段真实存在的事物，在晚期现代或反射性现代时期也一样真实。在全球化的环境下，同质化的过程与差异的过程在持续不断的、自相矛盾的共存中牢牢地结合在一起。现在，唯一的差异是，这种形势的发展规模是史无前例的，“全球化”一词也说明了这样的规模。这种形势是在广为知晓的情况下发展的。人们对这种形势的了解，无论是自傲的态度还是抗拒的态度，其本身都是以前不曾有的。

学术话语让我们留意到这一矛盾，而且在后殖民研究中提供了一套术语，描述了从殖民地的依附性到新民族性和离散身份的转变，这一转变是由移民和跨文化交际所产生的。这些研究颇具意义，它有助于削弱任何在肤色之间、文化之间以及西方和非西方地理上简单的二元区分。战后的移民将殖民的经历带到大英帝国的门口。人们公认这一事实，到了 20 世纪 90 年代，“第三世界”在“第一世界”重新安家。也就是说，人们对内在的差异和文化杂交的意识，伴随着在国家和世界的空间里对自我的重新认识。国家和世界的空间可以是直接的城市街道，也可以是连接全球与地方的科技。在这一章里，我想把地理坐标从伦敦和纽约迁移到美国西海岸以及太平洋沿岸地区的一些城市。弗雷德里克·詹姆森说，尤其是在这个地区，叙事“将本体论和地理合并为一”（1992a：4）。但是，“我们是谁”，意味着“我们在地球上的位置”，这一意识再一次既影响西方又影响东方。因此，两个半球在一种新的经济和文化的世界空间里相互搭接。这也许就是詹姆森使用“地缘政治无意识”这个术语时想表达的意思。“地缘政治无意识”不仅竭力在阶级权力的网络里描述我们的位置，而且也描述“我们在世界里全新的存在”，因此这一概念就与以往的“政治无意识”连接起来了（1992a：3）。

当然，令人茫然的问题是，当我们以某种方式看我们视野中的事物时，“我们”是谁呢。因此，一些基本的要点或者参照的地方必须首先澄清。比如，伦敦几个世纪以来都是一个多民族的城市。但是，仅从20世纪50年代开始，殖民的历史悄悄地走进曾经的大英帝国当今的生活和意识里，此时，伦敦这个大都市才逐渐痛苦地、不完全地意识到，种族和民族性不单纯是其身份的一个外在的部分，而是内在的一个成分。无论是伦敦（和其他曾处于欧洲帝国主义中心的城市一样）还是纽约（后来出现的、一个完全不同的世界城市），人们必须都视之为“后帝国的”或者“后殖民的”城市。这并不是说，这两个城市日益增长的民族和文化的多样性使得它们在政治上和经济上“等同于”以前被殖民的国家的城市。比尔·施瓦茨（Bill Schwarz）写道：“后殖民城市是混杂的”但又是由“强大的逻辑学运作的”（1999：269）。这就是全球资本主义的逻辑学，和以往一样，有益于已经获得优势的群体。后殖民时期的不同点是，与大都市“中心”和殖民“边缘”（边缘地带曾经设在足够远的地方，使中心和边缘的关系成为一种背景）的位置有关的状况 —— 现在在城市的人口和内在文化中显而易见。另外，因为现在是“后”帝国或“后”殖民时期，这概念至少蕴涵了“出现”于殖民主义“之后”的意味，所以早期的经历不仅仅成为现在的一部公共戏剧，在以前当事的城市重新上演，而且造就一种不同的城市特质，至少具有反射性的重新评估、交流和创新的潜力。

但就这一点来看，虽然欧洲和美国在许多事情上仍然具有霸权地位，在一个贫富悬殊的世界里，“西方和东方”不能再定义为一个简单的二元对立。这也不单纯是西方内部变化和自我形象改变的问题。就主要的东方国家来说，中国和日本曾经有作为帝国的悠久历史。在 18 世纪末，东京的人口超过了一百万。在 19 世纪最后的 25 年里，东京“现代化”了，到了第二次世界大战前后，它迅速扩大，成为世界第一个行政城市，人口超过一千万。近些年，东京有名的是汽车、用于摄影、传播媒介以及计算机等设备的生产和出口。尽管它在住房、交通、公共设施和薪酬水平方面情况较差（Hall，1966；Wantanabe，1984），大约 30 年来它一直作为全球的一个金融中心和纽约、伦敦齐名（Sassen，1991）。下面我要分析的威廉·吉布森（William Gibson）的小说就证明了东京的这个地位。这些小说基于东京的空间密度、国际商务企业以及在微技术、生物技术方面的领先地位，推断了未来的城市风光、社会经济组织和人的或者“后人”的类型。

我们会看到，尤其是吉布森的叙事重新书写了连接美国西海岸和日本的太平洋沿岸地区的地理状况。然而，以东京为中心的、发展中的世界城市构成的另一个网络已经在南亚和东亚出现，而且对全球产生了显著的影响（Potter & Lloyd-Evans，198：67 - 69）。第一代亚洲“小龙”经济 —— 中国香港、新加坡、韩国和中国台湾 —— 是在 20 世纪 80 年代出现的，接下来经济腾飞的是印度尼西亚、泰国、马来西亚、菲律宾和中国。它们共同的特点是：经济以惊人的速度增长（同时期的英国经济增长速度是 2%，而马来西亚是 8%，中国台湾是 10%，中国南方的深圳是 20%）；在原本空旷的地方，在传统的农村经济运行的场所，城市建筑物如雨后春笋般地拔地而起，城区迅速扩大。西方目睹了一个崭新的、矛盾的社会经济体系的崛起。高速公路霎时间就修成了；摩天大楼一夜之间直插云霄，容纳了世界上的主要公司；高科技产品得以开发和应用。与这一切齐手并肩的是一党专政、严酷的民法、裙带关系、年轻而雄心勃勃的中产阶层、福利制度的缺失以及新城市里处于社会边缘地带的老人和穷人遭到忽视和遗忘的状况。马来西亚的总理马哈蒂尔·穆罕默德（Mahathir Mohamad）执政时，经济繁荣最明显的迹象是：当时世界最高的大楼佩特洛纳斯双子星塔（the Petronas Towers）于1996年2月竣工；为1998年英联邦运动会准备的庞大的国家体育馆竣工；“赛城（Cyberjava）”这个崭新的“智能城市”，位于吉隆坡以南30英里处，也于2000年落成。

曾担任杂志《今日马克思主义》（*Marxism Today*）编辑的马丁·雅克在1996年将中国台湾、马来西亚的“小龙”经济视为即将到来的“亚洲世纪”的前兆。他问了两个问题：亚洲“小龙”经济是否能够持续它们当前的发展并且“赶上”西方；“现代化”意味着这些“小龙”经济会“保持独立的个性还是越来越像我们”（1996，第一部分）。即使我们知道“西方”蕴涵着一种心态和象征主义，其活跃程度超越了其地理意义上的家园（正如马哈蒂尔的特洛纳斯双子星塔用力所能及的、唯一的一种方式放大马来西亚的自豪感，即超过美国的摩天大楼），亚洲经济的增长形势让人自鸣得意，看似拥有了西方的特点。正如多琳·马西所说的，在“广阔的现代主义的叙事”里，“每个人都被设想为同一部历史的一个组成部分，差异被重组为一个具有历史意义的队伍，空间上的差异被抹去，变成了时间上的顺序”（1999：232）。雅克提出的问题似乎要强化这些假设，将亚洲社会放进电梯里，一直朝着西方（有些国家会把自己的位置放在西方）国家向上升。但是，他最终发现一个更加不符合逻辑的局面：西方资本主义中司空见惯的经济目标与无法从一个半球迁移到另一个半球的政治、文化传统混合在一起。因此，他不得不提出在复杂的和渗透性的社会之间“学习和借鉴”的过程，并预测在未来西方和亚洲均不会占主导地位。

雅克曾这样假定，说“现代化意味着西方化”，但是在1996年他发现了“亚洲风格的”现代化。然而，这不是故事的结局。雅克和其他许多人一样，没有发现亚洲“小龙”经济衰落的迹象，亚洲经济以多米诺的风格在接下来的两年时间里倒塌了。人们普遍把亚洲经济崩溃归因于这些国家“不同的”、非西方的特征：过度的借贷、裙带关系、政府对无力偿债的银行和企业的支持、清偿程序遭受的阻碍、对终身职业根深蒂固的坚守。因此，使经济慢慢复苏的条件——依据国际货币基金组织的制度制定更加严格透明的金融条例、借鉴美国的管理经验、接纳美国参与的股份——看来使当时的状况再次步入正轨。"现代化"，结果就意味着"全球化"，新世纪的形象仿佛更像以前出现过的"美国的"世纪。但是，更加重要的也许是，"全然是亚洲的或全然是美国的"这样根据不足的概括都不够准确。如果说21世纪的日本已然怀着感恩的心接受了美国的方法，马来西亚则在不屈不挠的马哈蒂尔的领导下，一方面打击西方的投机商，另一方面和泰国、印度尼西亚和韩国一起对付巨额的债务和破产危机。再加上反腐败、处理国内的矛盾和动荡不安的社会秩序，这使得债务和破产的问题雪上加霜，这个问题在印度尼西亚尤为严重。这四个国家的经济遭受了重创，而香港和新加坡的情况则有些不同，它们和作为"小龙"经济稳定最长久的中国台湾都很快重新获得稳定的发展模式。相对来说，这种崩溃或萧条的恐惧并未影响中国大陆。所有的"小龙"经济，无论历时长短，都有望在新世纪恢复元气，哪怕是发展的速度比以前略慢也无妨。最终，《经济学人》（*The Economist*）作出这样的结论：既没有"一个亚洲模式"，也不存在绝对的西方霸权。①

如果经济"现代化"的标志表现出动摇，下滑，那么决定欧洲

① 见《经济学人》（1998年3月17日：第14页）。上述的论述依据该时期《经济学人》的若干文章和调查报告：见1997年11月29日：第17－27，85－86，93－94，109－110页；"日本商业调查：发展中的复苏（A Survey of Business in Japan: Restoration in Progress）"，1999年11月27日：第1－18页；"亚洲重整旗鼓（Asia Picks Up Pieces）"，1998年1月3日：第69－70页，第72－73页；"东亚经济状况调查（Survey of East Asian Economies）"，1998年3月17日：第3－19页；1999年12月4日：第79－80页。另外，见BBC2台于2000年1月9日、16日和23日播出的节目"泡沫麻烦（Bubble Trouble）"。

现代主义和政治、伦理现代性的因素也一样在动摇。1999年，伦敦举办了名为“移动中的城市”的展览和一系列的讨论，内容是东亚艺术、建筑和电影。展览的副标题是“城市的混乱和全球的变化”，秩序与稳定这一思想一直萦绕着展览。安德鲁·奥黑根（Andrew O'Hagan）是展览的组织者之一，他写了一篇文章名为“非真实的城市”（Unreal City），谈论这次展览，这使人想到T. S. 艾略特的诗《荒原》，也强化了秩序与稳定这一思想。对于艾略特来说，伦敦的“非真实性”是与现代生活“虚无和无秩序的巨大全景”密不可分的，而他的“神秘的方法”就是为了塑造和规整现代生活（Kolocotroni等编纂，1998：373）。奥黑根有意支持艾略特的秩序观和艾略特的城市意象吗？显然不是，因为奥黑根对东方“非真实的城市”的观点转向了伊塔罗·卡尔维诺（Italo Calvino）的想象的城市和“虚拟”观。① 在前面几章里，我们能够看到，对现代主义的权威意见和检验标准如果要跨越过去和现在的地理文化时区而产生影响，那么对它们的解释必须是自觉的（或具有反射性的）。

在同一篇论文里，奥黑根描述了美国消费文化产生的影响，描写了“超级资本主义”正在营造一个没有差异、没有区别的世界。他认为，“制造有人性的东西”这种能力缓和了城市“混乱”的程度；亚洲艺术家从“政治和人道主义”的角度运用城市空间也缓和了这种“混乱”的程度（1999：未标记页码）。因此，后期资本主义同质化的力量唤起的并非是一个恢复原状的差异，而是植根于共同的人性观或人道主义观的另一种共同性。杰里米·西布鲁克（Jeremy Seabrook，1996）按照同样的思路，源于强烈的政治责任感，研究了南半球“发展中的世界”的城市状况。19世纪英国工业化的冲击，20世纪末南亚的城市中农民工面对陌生的生活和劳动时遭受的心理、精神上的创伤，使西

① 同样难以理解的是，奥黑根还引述了埃兹拉·庞德1915年翻译的5世纪时中国的一首诗歌，认为这首诗适合展览所体现的当代的城市文化。这首诗是庞德翻译的陶渊明的诗“停云（The Unmoving Cloud）”。

布鲁克在这两者之间看见了历史的节奏。他论证说，即使说英国的亲戚关系、邻里关系的纽带现在正在薄弱，但是它们曾经极其重要；如今在现代化进程中的第三世界的支持性网络中，这种纽带重新出现（1996：1－3）。西布鲁克还说，全球化使得欧洲城市的街道上出现了第三世界的景象，因此，穷人、无家可归者、劳动者将会具有“一种真正的、普遍存在的国际性”（1996：301）。

奥黑根和西布鲁克的思想都来源于西方人道主义的传统；也就是说，来源于“现代”启蒙思想对正义和公平的普遍性的信仰。但是，奥黑根和西布鲁克都说明了要跨世纪地迁移这一理念所存在的困难。第一个原因是，凡是亲密关系、团结精神可能存在的地方，也就存在着根本的差异。西布鲁克承认，西方化的媒体和消费文化早前将有关城市的知识灌输给了人们，这预先的了解将巨大的差异带给了新移民。第二个原因是，奥黑根和西布鲁克将共同人性置于资本主义统一性的背景中，他们冒着这样的风险：明确地证实同一西方理念中同质化的逻辑，而不是削弱这一逻辑。也就是说，现代全球化的经济和“去地域化的”科技，会逐渐削弱共同的、压迫的历史，也会促进新的国际无产阶级的诞生。这一现代理念能为这里所提出的问题提供思考的方式方法吗？现代社会和现代世界城市重新提出了这些问题，这些问题有关于身份和差异的，也有关于人的机构和政治机构的。下面将要讨论的弗雷德里克·詹姆森和雷姆·库哈斯（Rem Koolhaas）为这些问题找到了不同的答案。在下文的分析中，我将把他们的观点与文学、电影文本对上述问题的反应方式以及提出的新问题联系起来。

“街道自会找到东西的用途”：杨德昌（Edward Yang）和威廉·吉布森

人们都知道，弗雷德里克·詹姆森从内部描述了一种西方的马克思主义传统，他对于当代后现代社会和政治文化的理解、对于一个彻底改变的未来的理解都来自于这个框架。近年来，在后现代主义和全球化环境下对“第三世界”文学和电影文本所做的研究中，詹姆森一直占据着重要的领先地位（1986，1992a）。虽然后期资本主义的体系在他看来一直是无法全然理解的，也是无法呈现的，但是我们一直不惧困难、竭尽全力地描绘、理解这整个的体系。而且，因为我们的知识本质上是有限的，不完全的，因此詹姆森建议我们必须用唯一可能的方式来做这件事，那就是用寓言的方式，在部分中去看整体。詹姆森从黑格尔马克思主义（Hegelian Marxism）中挪用了这个方法，试图从马克思主义传统所激发的现代主义政治理念的角度去阐释后现代。也就是说，他自己的方法以及他从“第三世界”电影里看到的方法，都是这个时期具有转型性质的例子；来自西方传统的概念和步骤（还有消费社会、媒体社会中的意象和风格）在新的、非西方的文本和背景里被转码，拼接，重置。总的来说，这是我前面探讨过的一种不可避免的“自反性”，但是我们需要理解我在上面所列的种种困难。因为如果晚期西方现代社会不得不与它们自己的过去采用自反性的对话，那么殖民主义和后殖民主义的历史就告诉我们，过去的历史不是绝对地、也不是唯一地属于西方。当东方和南半球回过头开始与西方和北半球对话时，这随之而来的对话就跨越帝国主义的经历、跨越全球资本主义的经济和文化影响从而对非西方的或“第三世界”领域“局域的”或者区域的历史产生影响。这个对话的结果不能用直线发展的语言来描述，也不能用直截了当的、单向同化的语言来描述，而是要用适当笨拙的、“不均衡发展的语言”来描述。詹姆森就是用后者来描述“现代化进程中的第三世界里姗姗来迟的现代主义——此时，所谓的发达国家正进入完全的后现代状态”（1992a：1）。詹姆森着重强调了他在台湾导演杨德昌的电影《恐怖分子》（*Terrorizer*，1986）中发现的“现代”的残余影响。我想先讨论这部电影，然后再讨论其他的电影和文学文本。尽管这些例子各不相同，无论是影视的、说理的还是叙事的，都说明在局域和全球相遇的地方，基于城市的身份的描述几乎不可避免地涉及到高度的文本和文化的自反性。一个世界，充满了叙事和意象还有其他的商品，显然走到了重复和满溢的边缘，以至于到了累赘和浪费的程度。詹姆森的心情最为悲观，他认为，艺术在这样的重压下下沉；在新事物已经被创造的地方，艺术惨遭不幸，仍要重复着过去。我想，我们最好把这一点当作一个问题提出来。旧的东西能够经过翻新修补而再次服务于一个全新的目的吗？废物能够被有效地循环利用吗？一个故事能够用一种新的语言或叙事风格重讲吗？身份能够重新创造吗？

电影《恐怖分子》对这些问题都做了肯定的回答。电影的中心故事（三个互相交错的故事之一）讲的是一位医生和一个曾经的女编辑之间的故事。这位编辑已经放弃出版界的工作，在家从事小说创作。这一故事背景促使电影对小说和现实、欺骗与真实的主导性思考。电影中的人物在交流中直言不讳地就这个问题进行辩论，这种直言不讳的交锋也是法国“新浪潮①”的典型特点，因此也就把这部电影与“全球的”影视历史结合起来了，但是，付出的代价是姗姗来迟、弱不禁风的“现代主义”氛围。但是，是杨德昌的电影，而不是电影中的人物将一种“当地的”、复杂的变化赋予这一切。詹姆森说，这位小说家是有障碍的。事实上，她的障碍就是婚姻生活的局限以及写作方式的枯竭。她重写小说的导火线是一个恶意“电话”。这电话是一个欧亚混血的女孩打来的。她是一个贼，生活堕落，参与贩毒、卖淫，被称为“白娃娃”。她现在因为腿部骨折，住在妈妈的公寓里，无法出门。电影中所有的人物都以某种方式待在狭窄的空间里或遭禁闭，都在讲故事，有些故事是恶意的或者自欺欺人的谎言。“白娃娃”打电话骗人，成了其他故事的连接点。小说家接了电话后，去“白娃娃”指定的公寓赴约。她意识到，说自己丈夫通奸这个故事显然是失真的，但是她利用这个情节，用一种新的方式重写了自己的小说。

她的模型既不是现代主义的也不是西方的，而是“日本的悬疑小

① 新浪潮（the New Wave）是20世纪50年代后期起源于法国的电影流派，运用抽象派、象征派等手法，刻意标新，表现个人的独特风格。——译者注

说”。背叛、谋杀和自杀这些体裁因素使她的小说获奖，走向成功；这些因素也塑造了或者表面上塑造了她丈夫在故事中后来的命运。她自始至终坚持认为小说和生活是不同的，而且电影的结局也支持了这种区别——这个“仅懂得过日常生活”的不读小说的迟钝的丈夫不能接受的那种区别。他已经失去了妻子，升职的希望也落空。在最后的一些场景中，我们看见他开枪打死了上司，追踪他的妻子和她的情人、追踪“白娃娃”。当警察赶到时，摄影机对准溅了鲜血的一面墙壁，这就是他在朋友家浴室里自杀的现场。他的这个朋友是警察，是主要负责调查这个案子的警察。枪声惊醒了这位警察和小说家。我们看见的这个故事是他们共同的梦，而且在小说家的梦里，她的丈夫和这个警察都是她的人物。詹姆森认为，这位警察的公寓和浴室——友谊和自杀的场所——都不是西方风格的，这将电影置于台湾当地特别的文化里。但是，此处的“当地”是有内在差别的，从另外一个层面（阶级和性别）上看，它是被这个女人和她的小说呈现出来的，台湾在日本找到了一种策略。在“日本悬疑小说”中寻找灵感，这说明，美国风格的晚期资本主义官僚化的生活已经造就了中产阶级无爱、乏味的婚姻生活，因此阻碍了她的创作（“这对夫妻有一个问题”，她写到这里就住笔了），但是现在可以穿越这种生活，重新开始。至少她有了新的生活，也许还孕育了另一部风格全新的小说。

下面的例子和《恐怖分子》一样，以一种新的方式证明詹姆森关于艺术的观点。用詹姆森的话说，这些例子的基本信息是“艺术和审美必然的失败、新事物的失败、在过去历史中的囚禁”（1992b：169）。但是，这一说法是不能肯定的。事实上，我想明确提出与这一信息背道而驰的、重新修改和重写的美学。《恐怖分子》正是宣告了这种美学。而且，如果这些例子讲述的是艺术，那么它们“讲述”的也超越了艺术。很显然，它们赋予艺术以共性，以这种方式讲述过去历史的可使用性、它多余的产品或者废品、它的存活或者重新创造。因为，即使在后现实主义的年代，上述列举的全球经济、民族和城市身份中的变化不仅仅决定和塑造新的艺术和创作，它们还在描写和叙事的细节上，以詹姆森所认为的转义的形式，为艺术和创作提供最直接的对象。当代的科幻小说是最能说明这一点的。科幻小说这种文学类型以别的方式，或者我们认为它们用别的方式，既不讲述过去也不讲述现在，单单讲述未来。

科幻小说是20世纪的发明，是一种通俗的文学，致力于现代性的隐喻。亨利·詹姆斯和弗吉尼亚·伍尔芙对英国科幻小说创始人H. G. 威尔斯（H. G. Wells）作品中广泛的社会现实主义评价很低，所以科幻小说在“现代主义”的文学殿堂里不受欢迎。彼得·基廷（Peter Keating）认为这源于对威尔斯的错误评价，对于弗吉尼亚·伍尔芙“在1910年或1910年前后”在现代伦敦目睹的、人的性情的变化，威尔斯和她一样的敏感（Woolf，1992：70；Keating，1984：135－139）。事实上，现代主义者对威尔斯的反应说明了他们不能够或不愿意（这既是社会阶级的问题，也是审美趣味的问题）认可另外一种更直接面对现代化的现代主义，因此也就无法用积极的眼光来看待这种现代主义。然而，这些分歧被置于现代主义者和现实主义者、高与低、小众文学和大众文学之间。自20世纪80年代开始，只有在作为后现代标志的自反性里，非体裁的“严肃”文学才和科幻作品结合起来，在电脑科幻小说领域里创造了一种新的模式，将科学、技术、街道语言和“文学”技巧融为一体。电脑科幻小说腾空出世后，它就在现代主义的理论文本里、在盎格鲁-美利坚反文化的时尚文本和时尚人物身上找到了自己血统混合的来源。这些来源有巴拉德、巴勒斯、品钦（Pynchon）、卢·里德、劳里·安德森（Laurie Anderson），还有性手枪（the Sex Pistols）朋克乐队，以及站在主流科幻小说边缘的前辈，比如阿尔弗雷德·贝斯特（Alfred Bester）、菲利普·K. 迪克（见McCaffery，1991：7－29）。

因此，电脑科幻小说走在了领先者的前面，将文学的、媒体的、和通俗文化的文本凝聚在一个庞大的社区里；它传递的信息跨越不同的年代和亚文化，从60年代的反文化到70年代的朋克摇滚乐和80年代的电脑黑客。在名人堂里，约翰尼·罗顿和让-弗朗索瓦·利奥塔结为伙伴，这说明新的动向正在进行中：布鲁斯·斯特林（Bruce Sterling）说，这简直就是科学、技术和“街道无政府主义”的“一种邪恶的联盟”，它的产品就是电脑黑客和朋克摇滚乐手的极度荒谬的混合（1988：x）。斯特林也许该把后现代理论的主旨加上去：历史的丧失，四分五裂的主体性，影像和假象的力量。菲利普·K. 迪克的作品《机器人会梦见电子羊吗?》（*Do Androids Dream of Electric Sheep*?，1968）就贯穿着这一系列的主题，这部作品经改编而促成电脑科幻电影《银翼杀手》（*Blade Runner*，1982，1991）的诞生。吉布森看了这部电影的开头就不得不离开电影院，担心它已经在他之前到达了目的地。实际上，他正在证实一种共同的文化基调的互文性。

吉布森认可的另外一个老前辈是J. G. 巴拉德。巴拉德指出，“情感的死亡”（death of affect）是“本世纪最不祥的意外事故”（1996：91）。① 巴拉德的双重来源是：萨尔瓦多·达利（Salvador Dali）和弗洛依德的《文明与缺憾》（*Civilization and its Discontents*），而且这一源头说明，我们所讨论的起初的文明一直是现代社会的文明，而不是晚期现代社会的文明。我们依然看见，早期的评论者认为，大都市威胁到传统社区所依赖的敞开的交流模式和人的情感模式。后来的评论者，比如格奥尔格·齐美尔，又担心自由、深刻地感受事物的能力已不复存在，被忘却了，遗失了。在《机器人会梦见电子羊吗?》中，人们必须踏上一个“共鸣的盒子”，以此方式故意产生情感。被视为基本人性的东西，只能当做一个补充物来体验，这只能证明这个东西是缺失的。里得雷·斯科特（Ridley Scott）导演的《银翼杀手》围绕着感受的能力，在迪克的文本里更确切地说，是共鸣的能力。电影就是围

① 关于巴拉德的学术影响，见斯特林（Stirling，1986：xii）、麦卡弗里（McCaffery）的编著（1991：274，281）。吉布森说到黑客一代“无目的的忧虑和情感的丧失”，见《神经漫游者》（*Neuromancer*），麦卡弗里编著（1991：271）。

绕共鸣的能力使复制人建立对人的感觉，然而这种感觉也是可疑的。复制人因为不能对人和动物表现出感情，所以展现出来的仍然是非人的本质。

《银翼杀手》称得上是一个重要的寓言，说明在即将到来的后人类时代中多重杂乱的忧虑。电影展现了一群目击者对电子人的观察。电子人和机器人不同，机器人和人有着明显的差异，而电子人是有机体和技术的高度结合，和人之间的区别非常模糊。《银翼杀手》还用了别的一些方式，它在互文性的效仿中越过电影和类型小说体裁（比如四十年代的黑白电影和侦探小说）的表面，在主题上呈现复制人的困境，从而让大众理解了后现代理论所宣告的丧失情感深度和历史意识的观念。复制人处于困境当中，他们竭力地顺从人，为了证明自己真实的历史，他们千方百计搜集照片作为“证据”。电影把复制人模棱两可的特点延伸到主人公德卡德身上，这其中的含义主要来自他那可疑的身份。尤其是 1991 年的“导演剪辑版”留下了足够多的线索，虽然这些线索神秘，缺乏逻辑，但是却暗示了德卡德本身可能是一个复制人。也就是说，我们可能都是“情感死亡”的受害者，是一种无意识的产品，是一系列影像和模拟情感“编程”后输入我们体内的结果。但是，事实上，我们也可以朝相反的方向辩论：电影一开始，德卡德是一个“没有感情的人”，可是，当他认可了自己与复制人的某种关系后，在对蕾切尔“产生爱”之后，他逐渐“感情丰富起来”。我们在这里需要用引号，因为复制人和人因爱而结合，显然是依据机械的行为和经由学习而做出的行为。而且有足够的信息说明在没有感情的地方也会产生情感的纽带。电影中还有这样的镜头，德卡德仔细研究一张照片，试图从它的平面上挖掘深层的内容，从而获得线索，他抗拒从后现代单维度的肤浅性上获得的智慧。在德卡德这个人物身上，后人类保留了传统的人本主义的特征：尊重敌人，与异性产生激情，近乎本能地追求肤浅的影像之后和之下的事实真相。而且，电影对“他们”（警察和泰罗［Tyrell］）和“我们”的描述强化了这个世界启发式的、垂直式的管理方式，“他们”居于城市的最高点，有权力实行监督，“我们”

（和德卡德、复制人）身陷最底层，承受未来反面乌托邦城市的危险和禁闭。在一个更加传统的比喻里，这种挣扎开启了在另一个更美好的地方获得自由的前景。这部电影的第一版就把这个地方描绘成一个田园风光的世外桃源，等待着这一对蒙受挑选的情侣的到来。

当然，德卡德和蕾切尔逃离的地方是洛杉矶，这是凯瑟琳·比奇洛（Kathryn Bigelow）的《末世纪暴潮》（Strange Days，1996）中为不远的将来挑选的城市，是詹姆森、爱德华·苏贾、迈克·戴维斯（Mike Davis）作品中后现代大都市的原型。在《银翼杀手》中，这是污染、权力腐败、高科技、衰朽、消费主义和强迫劳动的世界，在这里东方和西方“卑微的人们”在明显不公平的状况下在大街上拥挤着。对于詹姆森来说，洛杉矶是博纳旺蒂尔酒店（the Bonaventure Hotel）所在的地方，是后现代主体在后现代空间中认知迷失方向的一个“象征和类比”（1991：44）。对于迈克·戴维斯来（1990）说，洛杉矶就是一座堡垒，周围都是铁丝网，专门保护有特权的人；而爱德华·苏贾（2000）则认为，它已经是一个“后都市”了。我们仿佛已经到了西方世界的终点，从洛杉矶我们能看到未来。事实上，我们已经到了那里。威廉·吉布森是电脑科幻未来这一领域里公认领先的编年史家。在他的作品里，洛杉矶几乎没有或完全没有出现，这是很奇怪的现象。在《爱朵露》（*Idoru*，1996）中，洛杉矶是电视台无良的名为“狭缝扫描（Slitscan）”的“新闻”摘要公司的所在地。在《所有明天的聚会》（*All Tomorrow's Parties*，1999）里，加利福尼亚州被正式划分，洛杉矶和旧金山“仿佛不是迥异的城市，而像迥异的星球”（84）。吉布森在这部小说里的未来渐渐地围绕后来的即60年代嬉皮士的活动场所而旋转，只是这种旋转仅仅存在于他的第二个三部曲（旧金山三部曲，即《虚拟之光》[*Virtual Light*]、《伊朵儿》和《所有明天的聚会》），早期的小说和故事是在美国东海岸和东京之间的“蔓延城市（the Sprawl）三部曲”中来回徘徊。

但是，如果吉布森的未来将文化和意识形态的家安置在美国，那么因为东南亚国家的引力，尤其是来自北美的镜子影像和日本这个主要竞争者的吸引力，他的小说已经延伸到独特的地域。布鲁斯·斯特林认为在几十年的空间幻想、刀剑及魔法的故事之后，吉布森的小说为我们呈现了“可信可靠的未来”，因此他张开双臂欢迎吉布森的小说（1987：x）。从某种意义上说，我们可能想，吉布森使现在而不是未来变得可信可靠，至少证实了区域和语言特性的变化，这些变化伴随着我们这个时代跨国公司不断增长的力量、信息和媒体网络的影响、更加难以捉摸的神经技术和生物科技。但是，可信度的问题似乎没有那么重要。尽管吉布森说明了社会和经济现代性的重要事实的本质特征，他在《神经漫游者》（*Neuromancer*）中对千叶市只是想象，并没有去过日本——他虽然借用了网络主要的隐喻，但是他很多年不使用网络。小说的来源不是未来（这怎么可能呢?），也不全是现在，而是过去和现在凑在一起的碎片、碎块。在早期的一篇故事“新玫瑰旅馆”（New Rose Hotel）里，桑迪重新塑造了自己的过去，因此她现在的自我好像从一副卡纸做的“散乱的纸牌”中来（1987a：109）。吉布森为了产生对未来的看法或创造未来的影响，他和这个女孩一样，将现代和后现代、街上混杂的语言和实验室、东方和西方放在一起重新洗牌。他的方法就是既随意又故意的拼贴，他写的故事，非常明显也非常的关键，都是想象的小说，利用“空想美术馆”——正如他所说的，“将我大脑中漂浮的所有废旧杂物都缝合在一起”（McCaffery，1991：277）。斯特林说，吉布森是一个“复古的装配工”（1987：xii）；他是一个“修理工匠”，将过去重新修理，用詹姆森的话说，现代艺术家注定要做这件事。詹姆森非常神秘地暗示，他认为吉布森的电脑科幻小说“即使不是针对后现代主义，那么也是对后期资本主义的最高形式的文学表达（1991：419，n. 1）。这意味着他模仿了还是更新了“死去的风格”呢？这意味着他重现了资本主义的文化逻辑还是抵制了它？

事实上，两个方面的评论意见都有。在人们看来，吉布森的电脑科幻小说探索现代“政治、哲学、道德和文化问题”整个领域，这一点是独一无二的，是单纯的“营销策略”（Wolmark，1993：109），最后“和文化工业的拥有者、经营者”以及跨国公司是“串通一气的”

（McCaffery，1991：364）。这类文章部分来自对后期资本主义的不同反应、科技的作用以及吉布森的评论者对人的观念，它们也指出了文本中重要的模糊性，最明显的是在吉布森“蔓延城市三部曲”这个系列的作品，其中的模糊性由第二个三部曲费了一番工夫去解决。这涉及到对空间不同的概念和处理。人们一致认为，吉布森的“赛博空间”的概念对科幻小说以及科幻小说以外的信息科技世界做出了最有创意的贡献。这个术语将名字赋予计算机屏幕后储存和保护数据的地方。它不仅强调在当今全球经济中信息和跨国公司的重要性，而且也强调运行中的体系和体系中困惑不解、耗尽精力的人这两者之间的距离。非常盛行的情绪是偏执狂。虽然这种情绪是那些在这个体系神秘的大型叙事中威风凛凛的人们所产生的，但是就沉湎于不可知的力量的那些孤单的个人来说，这种情绪不会改变他们最基本的心态。依据对赛博空间的描写，我们可以看出这个空间存在于母体（矩阵）里的“那个地方”，同时又存在于大脑皮层的“这个地方”，因此这些描写加强了两个极端之间有限的对话。

“蔓延城市三部曲”的核心主人公都是白人、男人、北美人。尽管他们对身份和形象进行了解构和重塑，作品并没有严肃地考虑改变生理性别，更加没有考虑改变种族或民族。女人是同案犯，是背叛者，偶尔充当情人，但是如果将吉布森意志薄弱的男性英雄和现代电影里肌肉发达的电子人混为一谈，那就是一个错误。性仿佛偷偷溜进矩阵里（或者溜出来），是一种体外的、狂喜的经历。但是这样的性是罕见的。女人是欲望的目标，因此是无法获得的。对于“燃烧的铬”（*Burning Chrome*）里面的博比·奎因来说，女人是鼓舞人心的，至关重要的，然而又是理想化的。他借着她们来掌握自己的人生航向，将她们变成“自己忙碌的生活地图上柏拉图式的标志、符号以及航行的灯塔……”（1987：176）。因此，在这个意淫的结构里，女人是“非真实的”或者“后人类”的形象，她们身体的部位以手术的方式增大，增长到了扭曲的地步，或者她们的身体变成了纯粹的意象，在这条特殊的进化链条的终端产生了伊朵儿或人造的“偶像歌星”瑞·托埃，

"一个人格建构，软件商智慧和力量的结晶，信息设计者的创造"（1997：92）。男性的小角色（《神经漫游者》中的迪恩、阿米蒂奇和芬恩）同样也包涵了多层的自我形象，但是行动力不足，只是倾向于默许和思考；他们是大脑动物而不是身体动物，就《计零》（*Count Zero*）中的米切尔和《神经漫游者》中的迪克西·福莱特莱恩来说，他们只不过是浴缸或盒子里的一个大脑而已。

后人类时代的实验室是在核心主人公的两面进行的，他们如同《银翼杀手》中的情景一样，最终证实了自由人文主义的规范性行为准则。即使如此，吉布森小说里的男性，在享受优越感的同时却充当了一种工具，体现了时髦的自给自足这一姿态之下更深层次的忧虑。在早期的"新玫瑰旅馆"（*New Rose Hotel*）里，叙事者被漂亮的桑迪背叛，身陷一口棺材中，等待"最大的财阀"保坂最终去发现（1987a：104）。在《所有明天的聚会》里，莱尼躲藏在东京地铁里卡纸板做的屋子里。吉布森自始至终都在呈现相似的寓言，说明后现代的恐惧和无中心性：这种处境将人物不断重复的窘境解释为公司代理人的勉为其难和困惑以及他们在让人费神的数据的矩阵中对同一性的追求。"宗教在吉布森小说中各个地方都有喧闹的声音"，塞缪尔·德拉尼（Samuel Delany）如此说（1988：33）。神秘主义和玄学也都在赛博空间回响：从《神经漫游者》结局时人工智能（AI）在宇宙中的统一体，从《蒙娜·丽莎超速档》（*Mona Lisa Overdrive*，1988）中伏都教掌管人对神灵的祈求，到洛·雷兹和爱朵露在数据大教堂即将举办的"婚礼"，最后莱尼在《所有明天的聚会》里消失在纯意识的乌有之乡。

布莱恩·迈克海尔（Brian McHale）把赛博空间视为一个"嵌入的世界"或者一个平行空间，是一个大脑的、虚拟现实的平面，"与基础现实平面相平行"（1992：155，156）。后者指的是美国东海岸"蔓延城市"的城市所在地以及东京和千叶。在这些地方，吉布森描绘了一个丰富多彩的微世界。迈克海尔说，这是"一个狂欢的城市意象"，近似于福柯的"异托邦"（154）。这些城市地点中的生活与吉布森散文风格中的变化、交替相一致，这种生活将人们熟知的虚构的商标、技术和地点统统置于一个焦躁不安的背景里，或者把一件东西举起来，用鉴赏家的眼光去审视。从达希尔·哈米特（Dashiell Hammet）“被激活的”的自然主义学来的拼贴和“超型特异性”（McCaffery，1991：269）在吉布森眼中的超现实主义中共同发挥作用，在相互搭接的城市地貌中创造多层时间、多层风格的建筑物和城市。但是，如果把这些城市地点看作一个整体，认为赛博空间是其中的一部分，那是错误的。赛博空间是一个身体外的经历，在早期的小说里，尤其是在《神经漫游者》中，这种经历符合男性主人公对身体“肉性”的反感以及对和谐的超越的欲望。赛博空间将个人从物质世界拉出来，进入一个人类社会以外的一个“乌有之乡”。总的来说，赛博空间起着隐喻的作用，比喻从生到死的跨越，迈克海尔说这是小说强烈的驱动力（1992：16-173）。

珍妮·沃尔马克（Jenny Wolmark）强调了赛博空间和城市空间这两个领域之间的反差，认为后者是一个没有边界的领域，而且在她看来，这个领域与女性的密切关系间接地批评了故事以男性为中心的主导性（1993：117-119）。但是，这些领域并非没有边界，并非没有地理上或社会上的明确区分。城市的街道“生意”兴隆，这里是混杂的，流动的，危险的，充满了竞争的，混迹其中的有杀人犯，间谍，非法跟踪的人，还有一些团体：匪徒、亚文化和社群，比如“约翰尼的记忆”（Johnny Mnemonic）中反现存社会体制的机器人（Lo Teks），《神经漫游者》中的“黑豹党（Panther Moderns）”和拉斯塔法里教徒①组成的“锡安聚居区（Zion colony）”，或者《计零》中的哥特人（Gothicks）和卡苏尔人（Kasuals），他们有自己的长相、俚语和领土。还有，这些边缘群体将自己定位于城市的边上或者上方。因此，反现存社会体制的机器人住在千叶市的城市结构以上，住天桥下、绳梯上、

---

① 拉斯塔法里教，是一种起源于牙买加的宗教，其教徒以埃塞俄比亚前皇帝海尔·塞拉西为其信仰之上帝。——译者注

网络里或吊床上（1987a：14，16），而“锡安的族群”从一个临时的空间站规划了巴比伦的终结，这个空间站是一个船体，使人想起“伊斯坦布尔拼凑在一起的公共房屋”（1986：127）。

因此，赛博空间脱离实体的统一性和同一性与吉布森城市空间混杂的、世俗的、政治化的、谨慎保卫着的领域形成鲜明的对照。在早期的小说里，赛博空间将个人和宇宙的力量联结在一起，而城市的地点则将他或她置于商业的、烦躁不堪的主流世界里，置于互相对立的社区所构成的可疑但是起支撑作用的网络里。这些分别在第二个三部曲里继续存在，但是吉布森在第二个三部曲里超越了赛博空间里的白人男性个体和蜷缩于城市空间内外的混杂的团体之间突出的区别。最成熟、最重要的例子有：《爱朵露》和《所有明天的聚会》里的“城寨”是香港九龙城在虚拟世界的重建；还有《虚拟之光》和《所有明天的聚会》里“桥民”对旧金山湾桥的占领。这两者都是互相对立的社区或者取而代之的社区存在的地点，吉布森指出过这一点（参见他为《爱朵露》写的“前言”）；而且《所有明天的聚会》也说明，在他看来，这些相对应的社区在物质空间和意识形态上都有密切的联系。在《所有明天的聚会》这部小说里，桥和它所代表的一切都遭到一个公共关系混合体的威胁，这个混合体代表了极力想保证桥的安全以利旅游业的全球的客户。为了达到这个目的，全球最有钱的富翁、舆论导向专家哈伍德提供赞助，在桥头的一个关键位置设一个以新加坡为基地的便利店“幸运龙”。小说有些犹豫，因为使用纳米技术将物品从一家幸运龙商店通过全球的网络转移到另外一家商店，这个项目有些可怕，但是这并不意味着“我们常说的世界的终结”，莱尼靠直觉就知道这一点。但是，这的确突出了吉布森对世界真正的同情心。桥民将这座桥视为一个“独立自主的地带”，并且用主流社会循环的废品在桥的铁架上建设了纵横交错的居所。这座桥最终被大火付之一炬，但是桥民都得到及时的提醒。这提醒来自于城寨网址的成员们的窃听技术。城寨网址的成员们在打击哈伍德的过程中，为墨西哥市“彻底的重新改造”找到了一种拓展他们生态运动的方式（1999：177）。

《所有明天的聚会》反映历史和互相对立的团体这一双重主题。莱尼后来进入超自然的存在，与爱朵露成为一体，从而接触自己混乱的过去。他说，历史现在就是“一个形状”。城寨和桥均以自己不同的方式展现了对历史、社会集体性和政治目的的相反的理解。城寨重建了无政府的另外一个九龙城，以该城 19 世纪中叶的状态为开始，一层一层地逐步建设，到 1993 年遭到摧毁。这个城寨既不是为逃避现实的人（“网虫”）准备的多用途的领域，也不是“男孩子独享的领域”（88），这个城寨“什么都不像”（125）。它和那座桥一样，拓展了吉布森早期小说中提到的“垃圾”、废物和废品利用以及“街道利用”主流社会的废品和技术的方式。①《爱朵露》和《所有明天的聚会》中最关键的问题，与其说是对信息的控制，不如说是对“身边任何东西都可作建筑材料的”纳米技术的控制（1997：196）。东京在地震后重建，正在使用这种技术；该技术是哈伍德计划的关键。城寨“没有地址”（125），但是奇亚后来在《爱朵露》中做了这样的梦：这城寨会在东京湾拥有实体，成为一个小岛。它“从世界上的船只残骸和沉船漂浮物”中浮现出来，“然后情况发生变化 …… 它是人类随意增添东西的后果，它极其巨大，骇人听闻，它曾化身为交感幻想的领域，接着再变化，正在这里恢复原状”（289）。赛博空间过去被赋予物质形式，而今又被挪用。

在《所有明天的聚会》里，废品的创造性循环，这种观念体现在方丹身上。方丹经营一家“废品商店”，他在店里展示小装饰品和小摆设，尤其是往年的钟表和手表。和城寨的建造者们一样，他将过去的物品和机器修好，为当地的社区使用 —— 特别值得一提的是，他为一个残疾朋友做了一个“‘用缆索运转的’……可在废品场工作的可升降手摇车”（1999：81）。在这本小说里，这个社区在击败哈伍德之后，

---

① 早前出现的一个人物，就是《燃烧的铬》里面的鲁宾（Rubin）。“我们的世纪漂浮在被丢弃的商品的海洋里”，而鲁宾是“垃圾、废物（kipple）、废料的主人”（118）。“垃圾（gomi）”或“废物（kipple）”的概念被菲利普·K. 迪克再度采用。

学会了使用纳米技术，在“沉寂”经营的商店里一张“修复平台”上使用这种技术。“沉寂”最终找到了自己和自己的声音。

大桥社区和城寨均保留旧事物，转变新事物，对抗全球联合大企业的商业目的。哈伍德说，曾经有放荡不羁的民族小群落，有“可供选择的亚文化……其中工业文化梦想拥着互相交替的社会策略”(174)。所有这些已经灭绝，仿佛“整体的地貌一样”消失了，被大桥社区那样“独立自主的地带”所代替。这些“独立自主的地带”与单一的文化绝缘，对商品化过程是抗拒的（174）。“独立自主的地带”是从他们现代主义的先锋人物那里演变而来的，我们可以说，这使得他们变成“反射性现代化”：一种对立的社会形式，其特征是合作、保守的道德观念和循环的美学。吉布森和斯特林共同创作的《差分机》(*The Difference Engine*，1990）使公众嘲笑曼哈顿一个“马克主义公社”(Marxist Commune）的合作观念，但是吉布森为恢复使用价值代替交换价值所作的辩论，运用20世纪60年代的自由无政府主义和嬉皮士的社群主义，实际上还是环绕马克思主义的主要见解转了一圈。在大桥社区和城寨，恢复、重建集体意识，集体的对抗，以自发、随意的增长对抗法人团体的计划，正是在这样的观念里，吉布森风格的拼贴才寻觅到了产生回响的主题内涵和关键性优势。

从头再来：王家卫（Wong Kar-Wai）和劳伦斯·蔡(Lawrence Chua)

吉布森将“城寨”从中国的九龙移植到东京的一个虚拟的地方，将“独立自主的地带”这一观念输入他喜欢的远东大都市的各个层面里。他对新加坡的感受表明了他重视对城市的选择。他说，新加坡就像“判了死刑的迪斯尼乐园”，像一块“微观管理的瑞士手表”，在这样的环境里，“循规蹈矩……是首要的指令……而且人们有……‘内在的警察’”(1994：15，16，20)。新加坡的干净和井然有序让他不安，这预示着在将来，自由表达和“种类不清晰的创造性”（15）会被迫停止。他万分紧张，从一尘不染的樟宜国际机场匆忙来到香港，渴望看看城寨那“不协调的、未经规划的窗户”（20）。

吉布森的描述证实了作为他作品核心的无政府主义的平民主义，而且，建筑师、都市理论家雷姆·库哈斯（Rem Koolhaas）认为，吉布森的描述说明他以西方的视角来看待东方。库哈斯说，东京因为它“混乱的、无计划的、随意的特质”而吸引西方的情感（1997：98）。新加坡呈现了更加有难度的挑战，需要人们去适度认可这种不同的政治和社会秩序：在一些方面不自由，另一些方面又是自由的（105-106）。库哈斯说，他不指责一种异域的、“丑的”体制，而是迫使自己寻找“做多样化工作的可能性”，在这样的工作中有枯燥的成分，有一致性，“和体制打交道，在体制中工作”（107）。库哈斯所描述的“普通城市”的概念，新加坡是最好的例子：一个没有身份、没有特性的大都市，均质的，安静祥和，清闲的；是一个国际化都市，也是杰出的亚洲城市（1995：1011-1089；1248-1264）。“普通城市”是“没有历史的城市”（1995：1250），在空白的基础上建立起来，以前的村子拆平后城市便拔地而起，或者是殖民主义将城市强加给当地。库哈斯说，后殖民的政府被迫从头再来，在这一方面，就像以前的独裁的政治体制一样，残酷地抹杀过去（1995：1019；1997：99-100，105）。历史上西方的城市以向外重新书写的方式，其结果就是与以前更加相像（1995：1248）①。东方的这些“后城市”（1995：1252）与西方的不同，它们已经抹平了中心和边缘之间的不平衡，在一种间隔合适、完全相同的摩天大楼规则的布局中走向未来。吉布森的后现代城市景观包括了边缘地区、生态龛位、疯狂的“商业区”、见物即可造物的充满魔力的纳米技术等因素。对于吉布森这样的后现代景观来说，就有

① 库哈斯认为伦敦是一个例外，伦敦的身份就是“缺乏一个明确的身份”，（1995：1248）。四年后，在一次名为“大都市的完美典型（Metropolitan Apotheosis）”的访谈（BBC 第三电台，1999 年 10 月 9 日）中，他重申了这个观点。

了“普通城市”这样的未来主义的理念。在“普通城市”中，差别最大的空间就是没有个性特征的机场（1995：1251）：一个等候的地方，一个空荡荡的地方，飞机起飞的场所。在吉布森最坏的设想里，机场至少可以把你同第二个机场、第二个克隆而来的“普通城市”连接起来。

同时，库哈斯的推论依据的是一系列的条件和矛盾。“普通城市”虽然是均质的，但又是多文化的、多民族的（1995：1252）。它虽然没有中心、千篇一律，但是“处处都是既激动人心又单调乏味”，而且“每个星期一的早晨都产生一个崭新的身份”（1995：1250）。它表面平静，内在却蕴含着永恒变化的漩涡。最重要的是，快速的周转、拆毁、高楼从无到有拔地而起，这种节奏在现代主义建筑学的理想遭到怀疑的时代却实现了这种理想，这颇有讽刺意味。20 世纪 60 年代的新加坡，其灵感就来自于勒·柯布西耶（“我立刻把一切都扔掉”，他叫喊着）① 的现代主义。但是，如果“普通城市”的新意是对“国际风格”姗姗来迟的表达，那么库哈斯说，新加坡在摆脱“现代主义艺术的、非理性的、不可控制的、颠覆性的理想”时，也释放了“现代化过程中机械的、理性主义的力量”，从而将“呆头笨脑”的半个生命赋予现代主义（1995：1041）。与此同时，这个城市在后来的几十年里，持续营造一种混杂的“儒家的后现代主义”（1995：1077），为早期朴素的高楼大厦增添了传统的亚洲装饰。历史的重复，是有选择性的，而且在重新合并中重复。

因此，库哈斯意识到，未解决的问题在某个时刻得到了解决。亚洲“普通城市”的千篇一律，区别于西方大都市有差异的相似性；其千篇一律与环太平洋地区大城市内在的差异共存：比如，东京和新加坡截然不同；新加坡“儒家的后现代”迥异于吉隆坡双子星塔

① 库哈斯引用了这句话（1995：1112）。参见他对巴黎拉德芳斯区（La Défense）的建筑设想——即网格状结构的曼哈顿风格——所做的评价。他认为，1991 年对巴黎拉德芳斯区的设想是对“本世纪初人们本该如何理解建筑”所做的夸张的回应（1995：1129）。

“伊斯兰后现代主义”。这让我们意识到，20世纪90年代末的经济危机在这个地区普遍出现；但是影响各异——主要的建设项目都停顿下来，使该地区的城市面貌遭受重挫。库哈斯说“亚洲的城市都是不同的，不存在‘亚洲情况’”（1997：106，117）。也就是说，除非我们把亚洲的状况视为相似性和差异性不稳定的混合体，是此时全球化背景下现代主义复苏在亚洲重新出现的结果，那就不存在“亚洲情况”。在这样复杂多变的力场里，这种“普通性”里受到严格管理的秩序不仅体现在整个地区，也体现在单个城市的街道上，它与“后现代主义”难以驾驭的强度之间存在着反复无常的张力。那么，恰如福柯对当今时代的描绘，亚洲属于“近与远、聚集与消散并置”的情况（1999：350）。

库哈斯仿佛为了强调这一状况，他用“普通城市”这一概念与后来人们熟知的现代大都市形成鲜明的对比，但是这一概念正好表达了城市设计中后现代主义最平常的主题：“情感的死亡”和“历史的丧失”。反过来，后现代的文学和电影文本似乎也体现了“普通城市”的特征。香港的导演王家卫的电影就是极为出色的证明。尤其是在《重庆森林》（*Chungking Express*，1994）和《堕落的天使》（*Fallen Angels*，1995）中，库哈斯所描写的麻木不仁的隔阂和空虚都在人物情感距离和情感空白中得以复制，而城市建筑项目的迅速周转和未来的方向在人物生活的临时性和渴望中以及电影的叙事方式中找到了反应。①

---

① 批评家拉里·格洛斯（Larry Gross）对王家卫的电影投以赞赏的目光，他认为这些电影颠覆了正常的参照点和评价用语（《视觉和声音》[*Sight and Sound*]，1996年9月：10）。这个评价颇有启发性。而人们对待王家卫的电影，犹如对待亚洲的经济，一直认为它们代表了电影的未来。最为重要的是，批评家和观众都觉得他的电影非常好看，而电影的社会意义却不那么容易解释。我们也许期待20世纪90年代在香港拍摄的电影从某种程度上反映香港从英国统治回归中国的历史转变。这一点，电影并未直接提及。这并非意味着它们没有社会意义，这是我想要说明的。王家卫最近的电影《花样年华》（*In the Mood for Love*，2000）将背景设置在20世纪60年代早期至中期的香港。如王家卫早期的电影一样，《花样年华》描绘了未成事实的婚外恋中的几种类似的暗恋的关系。人们会认为，这以寓言的方式说明了这个地区即将到来的不稳定以及过去时光中丧失的东西。

香港是多文化的、多民族的、后现代的，是一个世界性的经济都会，其中有政府的严格管理，也不乏有组织的犯罪团伙（Cuthbert，1995）。在王家卫的电影中，年轻的专业人士和罪犯重现了香港灵活的资本积累和坚持不懈的商品化模式，而且用库哈斯列举的术语来说，也是“普通的”。他们的故事在飞速、拥挤的大都市野兽派①的背景下互相交叉，互相映照，但是没有持久的联系。日常简单的生活，羞涩的爱情故事，贩毒，赌博，雇凶杀人，这一切的活动都在街道上发生，又各不相扰，擦身而过。人与人之间的关系是短暂的，可互换的：它们和工作一样来来去去；和楼群一样越来越相像。在《重庆森林》里，两个以数字为代码的年轻警察仿佛互相渗透一样 —— 他们共同拜访一家小吃店，第二个警察成了店主，小吃店里的姑娘像他的第一位女朋友那样成为一名空姐。她听着录音带里播放的“加州梦想”就梦想加利福尼亚州，突然离开香港，而在归来时却宣称加利福尼亚州“就那么回事”。与此同时，这两位年轻的警察安慰自己不要伤心。第一个警察在日历上数算自己的生日—— 他的生日刚好和女朋友的名字梅巧合②——以这种方式排解痛苦，而且这也是菠萝罐头上保质期的数字，这个数字也概括了电影中的其他含义。

即使这些人物使人想起现代主义城市的拘谨、距离感和物体化，他们却没有城市的庄重严肃。看不到任何过去的痕迹或共鸣。过去的一切一笔勾销，他们可以和“普通城市”一样，从头再来。任何一个种类（家用器皿、服饰、工作、女朋友、男朋友）都可以被代替或者复制，如同城市里一个地区到另一个地区的任何一个普通的单元。但是，未解决的问题不遵循“普通城市”的千篇一律，同样，电影也逐渐地暗示悖逆性、模糊性，忽视“普通性”中单调沉闷的千篇一律。

---

① 野兽派（fauvism）是20世纪初法国的一个激进的表现主义画派，使用鲜明的色彩和醒目的图案，以求得装饰效果。——译者注

② May（梅）在英语中是“五月”的意思。电影中警察的生日是五月一日。——译者注

电影中这20个人物不仅仅没有情感上的责任感，没有过往的历史或目的，而且他们被认为是一种标准，与责任感、历史和目的相悖的标准。这在《堕落的天使》中是中产阶级婚姻、事业和挣钱的标准（这让人想起《恐怖分子》里面那位医生的生活），影片中年轻的职业杀手王启明有意识地“堕落”成为一个罪犯。婚姻、事业和挣钱，这些都是人物渴望但又不能实现的东西。这在《春光乍泄》（*Happy Together*，1997）里尤为明显。这部电影讲述两个同性恋人，离开香港，来到布宜诺斯艾利斯。他们分手、重逢、争吵、互相关心、相爱。虽然其中一个常说要“从头再来”，却从来没有。“春光乍泄”对其中一个人物黎耀辉来说，是一个短暂而珍贵的记忆。这部电影有一个具有讽刺意味的标题，而且颠覆了居家的异性恋，因而质疑这对“幸福恋人”宽松的标准——因为这是一个讲述“不幸”的故事。但是，更重要的是，在这里，过往的历史不可推翻。黎耀辉伤痛的减轻，源于另外一段背井离乡的年轻人，来自台湾的张宛。张宛过着一种开心快乐的独立生活，并且和他之间是与性无关的、男人之间的友谊。黎耀辉后来到旅行到台湾，想念张宛，但是并未见到他。他最终回到香港，回到同样的、“普通的”的地方，却是不同“类型”的人，他的心境已经改变，过去的经历如今使他转化为适合当前这个城市的人。看起来可以有一种能忍受的、幸福的单身生活，即使不是存在于当前这个时空，也是存在于时空中的。黎耀辉正重新开始，不过不是从空白开始的。

我想在结束本章时对另外一位作家稍作探讨：他的作品也涉及到上述问题，只不过探索这些问题的背景不像东京、新加坡或香港这样稳定成熟的地区。劳伦斯·蔡是亚洲裔美国人，生于泰国，在纽约生活、写作。他写作的对象是韩国的首尔，还有三篇互相联系的散文体文章写到贝鲁特、纽约市和吉隆坡南部的智能城市——赛城。作为Muae一位编辑，他审读过与东南亚、东亚文化有关的许多作品。

在蔡的第一部小说《寸金》（*Gold by the Inch*，1999）里，一个人物从纽约的一段失败的同性恋关系中回归到泰国曼谷。这个没有名字的叙事者（使用“我”和“你”来指代他自己）为了寻找温情，为了重新找到个人和家庭历史中隐藏的事实，他回到“故乡”。与曼谷一位年轻男妓桑的激情冷却之后，他回到自己的出生地，槟榔屿上的槟城。他是十岁时离开槟城随父母去纽约的。他的父亲在佛罗里达州的奥兰多去世，周围全是纪念品和美国消费文化中的无生命的物件。父亲和资本主义一起使过去变得模糊。叙事者中国祖母的生活尤其是一个谜团。讲一个他父亲不愿意讲的故事，看起来是“空白……清白的历史”（48），但远非如此。叙事者努力发现过去的历史，在带着明显来自作者的辩白的段落里，他也就把殖民主义的政治历史以及跨国公司新拥有的能力描绘出来了。在现在，现代化无法遏制地飞速发展。叙事者的弟弟，一个建筑师，就参与了国家重建的项目中，但是他在暹罗广场建设的办公大楼倒塌了（20，198）①，这表明了这个项目假冒伪劣，缺乏真诚。

资本主义牟取暴利，无论是过去还是现在，这已经渗透进一切，全球化已经将“美国制造”印在全世界的脸庞上（78）；身体上也带着帝国主义的印记。桑也属于商品化的性的世界，沉湎于美元的力量不能自拔。叙事者将一段真实的历史，将爱而不是金钱引入这个谬误的世界里，但是无法反驳或改变这个世界。他“追本求源”（70），在一个顽强的表面上滑行。他决心找到一张祖母的照片，他从街道小商贩那里弄到一张，但是这张照片“可能是任何一位老祖母”（107）。他必须编织的故事（43）坍塌了，因为，在最后，“这里没有故事”，只有残余的意象，充满了不合逻辑的信息：“一个矩阵。孕育着反复无常的事物、灾难、幻想和发现。”（113）地方是假想的；家是不稳定的：“依然如故”但是“和你的记忆中的又完全不同”（46）。在曼谷，一头大象导致交通拥堵，这使得“前现代……后现代”和“反现代”渐渐地并置（17）。槟城致力于“永恒的飞速前进”，变成了“一个多姿多

---

① 西布鲁克发现曼谷的一个小型男同性恋电影院是一个充满男性间友情的社区。这个电影院就在狭窄的小巷子里面，上方是高耸的公寓楼（1996：263－265）。

彩的蒙太奇”，在这里楼群前进，碰撞，液化（65，79）。

无论如何，在这里，身份不管是以性倾向、阶层、教育、语言、肤色还是以文化编码，都是充满焦虑的，都是支离破碎的。美元赋予叙事者身份和流动性，但是不能提供爱。他既不是游客，也不是西方的剥削者，更加不是本地人。他的泰国语掌握得很有限，很蹩脚，和桑谈话时需要词典。有人看他的肤色浅，有人看他的肤色深（133，201）。他大部分的思想是用与身体和皮肤有关的话语进行表达的。他的思想就是一个表面，在这个表面上，与自我、与世界之间的张力在自我最外面的边缘展现了出来。没有稳定的身体或地方可以居住，“身份没有预先的包装可以拥有，没有民族的传统可以传承”（135）。“局域”无法替代“全球”，“全球”掌控并危及自己的真实性而且自身也“没有固定的地址”（24）。腐败的亚洲无法取代西方；而西方自身的存在，是由丹麦的一个性爱受虐狂或者一群发怒、沮丧的军人来代表的，西方的这种存在激起不可思议的报复情绪。叙事者准备离开，但是除了去机场随便飞往“任何一个地方”以外，没有十分把握的目的地（205）。他拿起一个“内存释放器”，在最后的一个场景里，在天使之城洛杉矶，他将自己的身体当作一个表面，用于焦煤的滑道；当作一个城市的网络，下面是道路的网络；当作这个故事的文本。叙事者在一个中转点、期望点停下，立足于“纯属虚构”的谎言（205）。

蔡在他的一篇论文“一切都倒塌了”（*All Fall Down*）里面写到资本主义对梦和想象力的压抑（1997：16－17）。在他的小说里，梦想的能力得以从瓦砾下解救出来。对于现代性有关“进步”的描述，他所做出的反应是，在小说中，声音、身份和命运都是模糊不清的。他的故事运用混合的血液、历史和性倾向以及“互相冲撞的世界”这样的“矩阵”对扎根于传统的小说、有殖民主义偏见的神话、商品化文化中的陷阱作出回应（1998：113）。但是，小说结尾处的幻想，追忆在城里的一段时光，那时“我最后一次和你分享我的身体”（207）。诸如此类的梦想从过去的历史中将可能性建立起来。蔡在这里成为上述讨论过的“重写”、“重新创造”或“重建”的美学的代言人。显然，他的贡献没有那些作家的付出那么“有根有基”：对于爱和友谊，没有可补救的替代品；对于一个互相支持的社区或亚文化，更加没有可补救的替代品 —— 即便有，它也在这本书以外，存在于那些离散的评论性声音里，比如 Muae 这本杂志所收录的文章里。① 蔡从一个受压抑的社会叙事的世界里，重新获得意象的蒙太奇：就这样，一段关系就像是“一枚火箭、一座桥梁”（32），像一座城市（“永恒的飞速前进”），像一枚发射物，将他从空间推向时间。小说所讲述的故事是，在一个充满谎言的世界里，真理不存在于一个地方，一个身体，一种语言，而存在于别处，任何别的地方：在飞行中，在时间里，穿越空间。真理在全球化的背景下从高压中得以释放；想象力在世界的身体上撰写另外一种生活，使真理之火烧得更旺。

① 蔡关于韩国的论文，标题是“一切都倒塌了”；Muae 这本杂志收录这篇文章的那一期的命名是“坍塌中的新楼群（*Collapsing New Buildings*）”，有意或无意地回应了吉布森《爱朵露》中章节标题“新楼群的坍塌（Collapse of new buildings）”。

尾声：后大都市与创造的艺术

当21世纪即将到来时，雷姆·库哈斯宣告说，城市终结了（1999b）；凯文·罗宾斯（1994）、罗伯·希尔兹（Rob Shields，1996）以及爱德华·W.苏贾在思考后大都市时（1995，1997，2000）都以类别不甚明确的术语提出了这个论点。我们仿佛被置于未来的、超越我们之外的“乌有之乡”。事实上，这些学者最终都不想说明城市或大都市已走到尽头。然而，有一种城市或这种城市的表征现在正处于危机中，需要我们去理解既衰落又兴起这种双重状况：也就是说，自反性转化的双重状况。

我们正在讨论的这种城市是“现代”美国或受美国影响的20世纪的城市。它由三个同心圈构成：一个中心商业区、一个工业生产区，还有一个城外的住宅区，配备交通系统，很大程度上由汽车将人们运进市内或运送至远离中心的地区。20世纪最后25年，社会经济和科技的一系列变化改变了这种模式：既促进市中心商业区的发展，又使其向外分散；降低工业生产的重要性，鼓励彻底城市化的

“边缘城”①。其结果就是公路、办公园区和大型购物中心“去中心化的”的“蔓延（sprawl）”，这在美国尤其常见（Fishman：1995）；另外，内城的条件明显恶化（Harvey：2000）。爱德华·苏贾在试图理解这些变化的时候，认可了六种基本“话语”：“柔性城市（flexcity）”、“国际都市（cosmopolis）”、“外缘都市（exopolis）”、“两级分化（metropolarities）”、“牢狱城市（carcereal archipelagoes）”和“模拟城市（simcities）”（1997：23－29）。这些术语分别指：后福特时代灵活生产的新模式、全球化的经济和文化；“城市化与郊区”；阶级、性别、种族和民族领域中明显的社会和经济的不平等；无处不在的监控，隔离的或“有门禁的城市”；消费工业和媒体工业在创造超真实或模拟的城市环境时产生的侵略性效果（1997：23－29）。苏贾称，这些特征对于现代城市生活来说都是普遍存在的。非常明显的是，他常常把洛杉矶当作最主要的、最典型的例子。其结果是，虽然苏贾有意使自己的“宏观”分析去矫正对局域、主观性和全球金融资本的过分强调，他却忽视了“全球化”城市的特性，忽视了在不同城市的文化和历史中微观于宏观中所起的复杂作用。

事实上，这种关键性的变化与其说是朝着某一种城市或后城市的运动，还不如说是在阿米巴式的后现代城区以及多层的、“现代”全球城市中存在着地区和全球不均衡的发展，以及明显的差异和定义的丧失。这些城区和城市已经开始具有跨国的、充满活力的生命。我们并非看到了城市生活的终结，我们经历的是城市地点和城市意识加速的变化，却没有明显的定位或目标。因此，这种经历会导致宿命论和悲观情绪，而宿命论和悲观情绪是这个时期占主导地位的新自由主义的一个主要产物（Beck 2000：98；Harvey：2000：154－155，258）。同时，正是这种心态——撒切尔主义反复念诵的“别无选择”这一符咒——激发了当代对“反方案”的追求。因此，戴维·哈维（2000）

① 边缘城（edge city）：指位于城市郊区且靠近主干道的城区。——译者注

在乌托邦思想和批评性思考复兴的传统中寻找“希望的空间”。乌尔里克·贝克（Ulrich Beck）强调说，对于“自我批评的”、“负责的现代性”的建立来说，“怀疑和辩论”是重要的（2000：99）。苏贾展望了“城市想象的重建”以及“后现代城市政治”塑造的过程中“我们基于城市位置的、以城市为中心的意识”（324）。马歇尔·伯曼（2000）试图寻求一种“批评性的文化”，他以20世纪50年代纽约格林尼治村的“实验社区”为模型：“在这些地方，人以及思想能够互相碰撞……能够找到或想象出崭新的方式将观点融合在一起。”

在这本书里，我一直坚持这样的观点：文学和电影通过模仿可能的、可供选择的与身份和社会性有关的故事，对现代批评文化和重塑的城市想象起着促进作用。正如一开始我所说的，我在本书中借用福柯的描述。关于现代性的态度，福柯的描述是：渴望对“现在”进行想象，通过“对现在、对我们自己进行批评性的审问”“用一种不同的方式来想象现在，改变现在”（1986：41，49－50）。在当前这个世纪，激进的自反性现代性需要我们在这个意义上“更加现代”。这意味着千方百计重新定位或重新表达那些文化资源，也就是那些在欧洲或者大都市现代主义中已经违背了国家现代性的文化资源。我一直感兴趣的是，这一自反性美学如何由实际的艺术网络或局域的社群和亚文化来支撑，还有，这些网络、社区、亚文化如何重申城市身份或城市社区的现成物品。激进的社会和文化地理学家已然常常轻视社区这一理念。因此，艾里斯·马里恩·扬（1990）、理查德·塞纳特（Richard Sennet）（1996）和哈维（1996，2000）都排斥塞纳特所说的“纯净社区的神话”，认为这一神话是怀旧的，均质化的，排外的，极端保守的。这一论点存在的问题是，它过于欣然接受明显保守的社区“神话”，而这一“神话”尚需分析和重新阐释（见Kasinitiz，1995：163－270）。在上面的一些文本中所挖掘的另外一种理解方式，将社群视为一个临时的网络，是立足于场地的，离散的，开放的和多样化的。它符合苏贾对“不同文化的混杂的联合”的理解，这种联合在创造一种新的违反规则的意象这一过程中，在创造“社会和空间公平”的过程中，超越了种族、阶级和性别和地域的局限（2000：348）。我相信，它和哈维的思考结果也是一致的：从乌托邦思想拓展而出的“开放、仁慈”的可能性，必须认可在物质世界里对结束的需求，围绕“某一套特定的公共机构安排或社会关系的模式”，这种对结束的需求“至少持续短暂的时期”。（2000：185，188）

这些思想主要涉及发达国家城市空间中创造、改造的策略。正如理查德·罗杰斯所指出的，这些国家大多数的城市在过去的二十年里经历了程度颇重的去工业化过程。这使得“大面积荒废的地点遗留下来”（1997：56），还有哈维详细描述的在巴尔的摩出现的种种公然的不平等。其他诸如柏林、贝鲁特、格罗兹尼这样的城市一直亲身经历政治的分裂或遭受各种冲突的蹂躏。然而，发展中国家（库哈斯的“普通城市”所涉及的地方）则形成鲜明的对照。罗杰斯说，在这里，城市迅猛发展。结果“出现了大面积的棚户区”，展现了世界50%的人口对城市的初次经历。据估计，在孟买，有五百万的人口——相当于伦敦城内的人口——都住在窝棚里（Rogers 1997：57-58）。在发展中国家大多数的大城市里，30%到60%都住在窝棚里，比如，圣保罗（32%）、墨西哥城（40%）、马尼拉（47%）、波哥大（59%）。这些棚户区居民点大多不合法，缺乏基本的服务，比如有效的排水系统、电、干净的水；另外，食物、交通和学校教育均不足够。住在窝棚里的人们，因为饥饿、政治不稳定、内战和其他的压力被迫来到这些地方，他们过着岌岌可危的生活，承受着塌方、疾病、干旱、水灾的威胁。在这里，整个世界都目睹了贝克的“风险社会”① 最极端的效应。

模拟城市和棚户区

我想在这个“尾声”部分重复上面讨论过的一些内容，即社区的形成和变形，与后大都市时代产生的两个极端状况相关的重新创造的

---

① 见“引言”部分贝克对“风险社会”的解释。——译者注

美学：第一，爱德华·苏贾所描述的与发达的西方社会有关的“模拟城市”；第二，棚户区或者城市贫民窟。正如杰里米·西布鲁克所说，很多人认为棚户区是发展中国家或“第三世界”的“典型特征”(1996：174)。在我们现代的城市想象中，棚户区或者城市贫民窟这两种环境被视为梦或梦魇般的版本，代表的是我们可能的未来和我们现在的失败，是激进化的全球化过程中孪生的后果，与发展、困惑或灾难并行。现代好莱坞电影经常借助这种“风险社会”中最糟糕的局面，为电影中的环境“灾难”、企业欺诈、计算机故障、监视和偏执狂等获取情节。贝克认为，正如我们所看见的，经历这些影响，也会在可能的策略和防护手段方面引起怀疑和讨论。可以说，好莱坞的电影促进了这同样的过程。当然，电影的途径并非是贝克所描述的和其他人心中所想的民主讨论和集体行为，而是具体的个人英雄主义的故事。

电影《黑暗的城市》(*Dark City*，1998) 和《矩阵》(1999) 就是如此。这两部电影和近期其他许多电影一样，尤其是那些电子人和信息科技题材的电影，真实与想象、物质世界和虚拟世界之间的差别是模糊的。也就是说，这样的电影是根据苏贾的“模拟城市”推理出来的。在每部电影里，模拟的、“非真实的”的世界都是由无名的、外星的力量所创造，这些力量的媒介则实体化，都是白人男性，是大脑冷静的公司职员。在《矩阵》里，敌方面对的是一个团队的男人和女人。这个团队的最高领导人是一个黑人，他来自一个科技摇摇欲坠的秘密基地，为人类的自由而殚精竭虑。他们相信自己会取得最终的胜利。因此，当一个城市的居民遭受欺骗、被迫认为模拟就是现实的时候，这个内部有差异的、“当地的”无私的团体，借助于一种神秘的信仰、计算机的智慧和柔道术，为这个城市居民的利益而反击独裁的力量。但是，在这两部电影里，这个世界（又名美国）“大众的”利益都要等待一个能力超群的人（一个男人）来拯救。在《矩阵》里，这个英雄疑似一个宗教的救世主，已经有预言启示他的到来。但是，最为重要的是，英雄人物神奇的能力像镜子一样映照敌人的能力。《黑暗的城市》里的那座城市（20 世纪 40 年代和 50 年代美国一座普通的城市），每天夜里都遭到外星“陌生人”的改变。这些外星人已经侵略地球，为了在地球上生存，他们需要学习如何做人。他们让时间停顿下来，同时用西方建筑风格兼收并蓄的拼贴重新塑造或“调整”这个城市，他们终止了人们的生活，并在另外一个轨道上重启人们的生活。人们的记忆受到限制，身份被操纵。唯一一个能抵制外星人病毒的是一个男人，他只有施展同一种“调整”这个城市的强大能力才能打败外星人。这个城市最终成为一个小行星，这个男人从自己喜爱的意象的仓库中将阳光和海水带到这个小行星上。崭新的未来源自于“海洋沙滩”上对过去的缅怀。而这个“海洋沙滩”可能从来没有存在过。所有的建筑物，凭借着英雄魔力般意志的力量被重新抛了起来。

《黑暗的城市》是一首赞歌，歌颂了人类从旧的、或真实、或记忆的、或移植的瓦砾和碎片中重新创造更美好生活的能力（在电影里，这种美好的生活体现在浪漫的异性恋里和阳光、海水这样的“绿色”意象里）。从外星人手中将世界的控制权抢夺过来，一个反乌托邦的、模拟的世界沿着乌托邦的方向得以重置。请注意，这仍是模拟的。这些电影说明，全球化的疾病只有一种顺势疗法。人类的想象力必须与公司操控博弈，这就产生了救世英雄和邪恶匪徒之间一对一的竞赛，从某种意义上说，看谁的模拟城市最终取胜。倘若最佳论点是全球的联合大企业使用的方法和技术能够得到重新利用，实现共同的目标，那么，其所依赖的男性个人英雄主义的意识形态以及这个过于让人熟悉的世界又削弱了这个论点。胜利被交托给自由的个人主义，而在个人主义宽厚的面孔后面隐藏着企业那张攻击性的面容，随时准备着利用同一个意识形态。

有关模拟城市的、通俗的电影故事几乎没有表现集体行为的概念。正如我们所看见的，在威廉·吉布森未来的世界里必须有英雄人物，但是它将集体的道德规范和代理者置于“桥民”的身上，置于那些和“城寨”的虚拟地点成为一个网络的人们当中。在玛吉·皮尔西（Marge Piercy）的电脑科幻小说《玻璃体》（*Body of Glass*，1992）中，建造模仿人“约德”的目的是为了让他击溃公司权力人物的贪婪，结果他自己毁了自己。所有的希望，最后被寄托在一个女战士内莉身上。内莉开始时是人，后来是半机械人，生活在“格洛普”这个城市一个混杂的社区里。这个城市，将高科技产品的废料和消费社会的废品回收利用，服务于大众的利益。在这两位作家的作品里，这些可资替代的社区位于非此即彼的世界里或者在主要的大都市所处位置的边缘上。他们使用了与好莱坞电影不同的方式，探索反文化社区的理念；他们表现了全球化的模拟城市和窝棚或贫民窟如何你中有我、我中有你地在既对立又亲近的空间关系中共存，这很有趣。他们也因此批评了这一臆断：先进的或未来的模拟城市与发展中国家萧条的城镇或棚户区有“天壤之别”①。

上面提到的这类与未来有关的电影和小说都站在推测性的立场上，与当前的动态毗连。它们都相信，遭受压抑的个人或大众的力量都会在全球的最深处或边缘开始撞击、扰乱全世界。因此，当人们构建新的或者复苏的城市想象的故事时，这些力量起着不可或缺的作用。棚户区虽然处于后大都市的另一个极端，也可以以类似的方式解读。比如，理查德·罗杰斯就指出，在巴西的城市库里提巴的棚户区就拥有颇具环保意识、体现民主思想的创新项目（1997：59－63）。这些故事说，城市的荒原是可以开垦的。但是，杰里米·西布鲁克提示说，如果像罗杰斯那样强调自助和局域的主动性，会有相反的效果。发展中国家的非法建筑物和窝棚，与 19 世纪和 20 世纪早期西方城市的“贫民窟”不一样，它们是人们自己建的，“有时候使用从垃圾里捡来的工

① 这两个领域在现实生活中互相渗透。在 2000 年 4 月和 5 月，“爱虫”病毒，一种蠕虫类脚本病毒（the“love bug” virus）戏剧性地证实了这一点。当时，在菲律宾马尼拉一个贫穷的地区，一位学习计算机的学生在一间黑暗的屋子里研发了这种病毒。这种病毒在世界范围内袭击了四千五百万台计算机，造成的损失估计达数亿英镑。和其他“计算机犯罪”的事例一样，这个案例同时也证明了全球通讯的跨国影响力、全球通讯的脆弱，这说明在“局域的”和边缘的地带，一个简单、随意的手段如何能够毁坏金融和企业的网络，颠覆、毁坏它们的正常运行。

业废料，有时候使用传统的材料，常常使用这两者的混合品”（1996：174）。早期西方的观察者会看到肮脏、邋遢、疾病和社会的不稳定，而最近人们对贫民区的反应是，这里的居民“拥有社区的价值观，团结一致，亲密无间”（174）。第三世界国家的棚户区已经引进排水系统、文化扫盲项目、就业行动、成功的禁酒运动，这里面都渗透着不屈不挠的精神和互助精神。西布鲁克说，这种精神证明了“穷苦人的无私和自我牺牲的精神”（197）。同时，这些发展“也许给人这样的印象：一切都真正地留给了人们去做……免除了掌权者的责任”（197）。他说，我们不能因为当地人心灵手巧就看不见源于城市飞速发展的“宏观问题”，看不见难民主动或被动地涌向城市中心而对农业传统的破坏，看不见难民们在城市中心遭受的苦难。另外，亚洲城市加速发展的步伐尤其意味着强行搬迁的现象成倍地增长。迁移后新的居民点改善了原本荒芜的地段，提高了土地的价值，成为可进一步开发的、带来利润的土地。因此，那些维持稳定社区感的物品和连续性已经被打乱。西布鲁克在谈到曼谷的孔堤区时说：“人们建造自己的家，开拓土地使之适合居住，这样就增加了土地的价值。随着城市的增长、扩大，他们发现，拥有更大购买力的其他人渴望拥有那些已经营造妥当的设备齐全的生活区，那么人们就面临强行搬迁的威胁”。（1996：183）

我想在做结论时，再对三个相关的故事进行一些思考。这几个故事讲述的后大都市的非法建筑和棚户区，引发一些可讨论的问题。这些故事既不是调查报告也不是传统的小说，而是寓言或比喻，这一点我们会看到。这些故事涉及到城市身份、社区脆弱的生活条件、局域和全球的互相渗透、表征和重新想象的形式，因而使这本书关注的要点更加突出。这些故事也让我们注意到其他的、在前面的章节里并非一直出现的主题：废品、城市荒原；不太明显的，还有狗的作用——作为人的陪伴、替身、城市的居住者和故事的叙述者。

“穷人就像一条狗”—— 拉蒂芙·泰金（Latife Tekin）和约翰·伯格（John Berger）

拉蒂芙·泰金的《伯吉·克里斯汀：垃圾山上的故事》（*Berji Kristin: Tales from the Garbage Hills*，1996［1984］）依据的是20世纪60年代伊斯坦布尔市郊的生活。约翰·伯格说，这是一部真正有创意的作品，叙事方式也很独特，使人困惑，“近乎童话”（8）；在处理主题方面，“在她以前，棚户区从来没有作为一个实体走进文学，从未走进文字叙事里”（1996：6）。《伯吉·克里斯汀》在一个故事里“聚焦”城市的周边地带。这个故事翻译成别的语言，“走向更广阔的地方”。这是一个具有传奇色彩的故事，是充满了插曲的奇闻漫谈，其“异域色彩”打乱了地理的方位和话语模式的方向感。动物、空间、人就编织在这样一个充满隐喻的文本里。在泰金小说的开始，在某一个冬天，在垃圾山上建的棚屋面临着强风和拆毁人员不断的破坏。人们使用金属碎片、塑料、卡纸板、陶瓷碎片、煤渣砌块，将这些棚屋建了又建，直到三个社区建立起来。社区的上方是一圈工厂，生产汽车电池、化学制品、冰箱、纺织品，后来还有生产“假冒洗涤剂”的工厂。这些故事遵循“鲜花山”历史的不同“时期”，描写工作和失业的节奏、因污染而生病、内部纠纷、与工厂老板的较量。时运的急剧变化，使得人们的生活成为后现代偶然性的一个虚拟的比喻。人们用推测、流言蜚语、传奇故事、铃铛声、竞选、罢工来回应急剧变化的时运，将新的方式和旧的方式结合起来去领会、去把握多灾多难的命运。在寻求生活上的意见时，他们特别依赖那些领导人 —— 萨满教僧、自学成才的人、组织者，尤其是讲故事的人：这其中就有利弗曼，人们不知道他来自何处，但是他讲述了利弗曼家族七代人无数次争吵和团圆的悠长故事；还有吉普赛人的首领玛姆特，他的故事是一首对句形式的长诗，这故事“扎根于流浪汉的语言”（12）；还有拉多，他的冒险故事被尊称为“流浪者口语传统的绝佳例子”（129）。

其结果是，对怀疑、批评性的反思、新知识和可供选择的策略有了一个奇怪的版本。乌尔里克·贝克认为，这是由现代社会的意外情况引起的。伯格说，流浪汉所讲的故事建立了“一种家园”；伯格还说，和股票交易所一样，他们口头语言的主导风格是“谣言”。股票交易所，和他们一样，也面临着瞬息万变、不可理解、高风险的因素，只不过是在社会的另外一端。因此，他们发现了经历和神话的一种共同性。然而，这种团结又被弄得破碎，原因有：嫉妒他人的地位和物质财富（带有浮雕图案的门、酒杯和红色的网眼窗帘）、对女人施暴、怀疑新来的人（吉普赛人、基齐尔巴什红头巾部落［the Kizilbash］）、怀疑新奇的词汇（比如“无政府主义的”）。最后（但不是终结），鲜花山上的人们搬迁至“团结鲜花山”—— 丈夫们通奸、殴打妻子，因而辜负了这个美名。原来的居民点变成了男人们光顾的赌博窝点和红灯区。“克里斯汀”（含义是“妓女”）是给一个女孩取的名字，她是男人们最宠爱的一个女孩，原名叫克雷奇·戈努尔的。小说的标题将这个女孩的名字和代表清白无罪的词结合在一起，概括了在“现代”城市工业世界的边缘，住在窝棚里的人们生活中所伴随的恐惧和惊诧，真伪混同的言语，陈旧的习俗，新的知识和见识。这就是拉蒂芙·泰金讲述的社区的故事：自我更新，自我分裂，与自身、与世界时而和谐，时而不和谐。

整个棚户社区在后大都市的神龛上被陌生化了，泰金的文本也是如此，它对于外国的读者来说也起到了陌生化的效果。伯格的评论表达了这部小说对西方读者的困惑和挑战以及小说跨越不同文化和语言时带来的争论和交流。他描写了自己如何在“在她洞察力所触及的迷宫中丧失了方向”；他描写到他们如何在相遇时对“不可解释的……在任何地方都不能表达的一切”一笑了之，因为他们没有共同语言（1996：6）。他自己的小说《丁香花与旗帜》（*Lilac and Flag*，1990）和后来的《金：街道的故事》（*King：a Street Story*，1999）都是受泰金榜样的影响（Berger，1992b），显示了空间位置和文化位置的谜团如何有可能以不同的方式讲述出来。在这两个文本里，大都市的中心和棚户区存在于一种想象的联系中，跨越地区、大陆和历史。

《丁香花与旗帜》是伯格三部曲《劳作》（*Into Their Labours*，1992a）的第三部，叙述了人们从农村迁移到大都市的旅程。伯格给这个大都市命名为“特洛伊”，它既不是一个真实的地方，也不是用来标志后大都市的乌有之乡；它是一个重新想象的地方，它的源头是古代的世界，在古典史诗里，是叙事和故事的地点。整个城市充满了虚构。这个城市的各个地区结合了欧洲和美国城市的地点：战神校场、公园大街、亚历山大广场、卡尚、斯旺西和芝加哥。诸如老鼠山和乌龟山棚户区这样的禁区与市中心竞争。在市中心，中产阶级的妇女看见贫穷的妇女就像躲避肆虐的病毒一样向后退缩。IBM 占据河对面的一个据点。在河对面，为大企业工作的穷人不再做有薪水的工作，转而去犯罪，或者依靠对乡村生活的记忆而活着。然而，这个故事基本上讲述的是“丁香花”和“旗帜”的故事。这两个名字是一对年轻的情侣——来自老鼠山的苏萨和贫穷工人的儿子苏克斯——为他们自己创造的。苏克斯说，“除了我们自己创造的工作以外，没有其他的工作”（1992a：381）。苏克斯遭到解雇，失去了建筑工地的工作，他接着和苏萨一起密谋盗取他人的护照。他们梦想着另外一种生活、一种虚构的生活、穷人需要的那种用语言虚构的生活、“改变一切、一切都没有改变”的生活（489）。然而，“旗帜”想做一名街头医生却没有成功，他发现苏萨在一个性爱俱乐部工作。他勃然大怒，痛打了她。他相信自己把她杀了，就在被羁押期间枪杀了自己。在死人船上，他寻找苏萨，没有找到她，但是他仍然因为她继续活着而高兴，因为他们曾经拥有充满爱的生活，那是他们最伟大的创造，他因此而快乐。

在特洛伊，人与人之间的关系是支离破碎的，社区只是作为破碎的群体而存在，或者社区只存在于人们对乡村生活的回忆里，而这种乡村生活他们再也回不去了。幸福是一场梦，存在于别处，是另外一种不可实现的生活。然而，苏萨的昙花一现（她像玩游戏一样消失在苏克斯的内心里，消失在他的背后），他们之间的爱情给他们的生活带来一种魔力——是“有权势的人”痛恨的“一种能力”，一种难以名状的东西，它“穿透了我们，将我们和一切事物的源头联结在一起”(459)。他们本身代表了雷蒙德·威廉斯所描述的人最基本的反抗：“对另一个人的忠诚，对另一个人绝对的爱”，这跟盛行的体制完全矛盾，这如同“对物质贫穷的抨击”一样犀利（1974：51）。对“另外一个人身上的欲望”的认可，威廉斯在《呼啸山庄》(*Wuthering Heights*)里也发现了这一点。他强调说，这种认可“存在于社会和个人的层面上，一个人的自我和其他人从一个根上成长起来”（1974：55）①。伯格在一个半世纪以后为了后大都市的流浪者们重新想象了这种纽带关系。

在《金》里面，丧失感就更大了。在这里，故事的人物和地名给文明提供了一个欧洲的地点，在法国或德国的某个地方；这文明已经产生了一种新的、贫穷和冷漠的“野蛮状态”。金是一条狗，它守护的棚户区经历了日常的生活和拆毁的过程，在这个过程中，它是一个短命的讲故事者。虽然它连一个荒原的王国都没有，它最终依旧是一个“国王（King）”②。

我们会注意到，在前面讨论过的许多文本里，狗都占据着显著的地位，与荒原的现代主义和后现代主义版本有密切的关系。在艾略特的《荒原》里，说话者提醒，要警惕狗，说狗是“人类的朋友”，它挖掘出的会是什么呢？死去的、好好地埋葬着的、过去的尸首，是压抑的性活动，是这首诗因着社会秩序的缘故要竭力驱赶的荒芜吗？艾莉森·莱特（Alison Light）指出，在维多利亚时期以及现代时期，人们一直都珍视狗，视其为人类的朋友。“狗是一个纽带。这就是它们的意

---

① 此处我参考了罗杰·梅塔（Roger Mehta）的“讲故事与创造历史：约翰·伯格和后现代主义政治（Telling Stories and Making history. John Berger and the Politics of Postmodernism）”，北安普敦大学学院（University College Northampton）2000年未出版的博士论文。我记得第五章讨论过托马斯·多彻蒂针对“后现代爱情”的思想，还有保罗·奥斯特这个例子。

② 姓氏金（King）和“国王（King）”英语拼写相同。——译者注

义”（1999：3）。而且，“它们唤起慈爱之心，使感情牢固；它们限制了自私自利，在这个物质至上愈加严重的文化里，它们促使人们思考社会和个人对先人后己的感情纽带的需求”（3）。狗“天生无私，且是理想的受抚养者”（3）：我们可能认为，它们反映了我们更优越的、但是支配欲更强的作为人的自我。莱特还说，“后现代的冲动之一是，有强烈的欲望要恢复现代主义想要拆卸、分散的社交性和关联性的模式”（6）。第一步，因为狗拥有会说话的表情，所以真正地让狗的智力和情感得以表达。保罗·奥斯特的《在地图结束的地方》就是如此。一方面，骨头先生是“同一者”，是他的主人威廉·戈维奇的伴侣和影子。主人的另一个名字是威利·G. 克里斯马斯，这个名字表达了威利善意的收养目的：“使这个世界成为一个更美好的地方”；另一方面，骨头先生又是“他者”：“基因类型的一个混合物”，当然，相对于威利作为人的属性来说，骨头先生是兽性的动物。在一个漫游的故事里，圣人和杂种狗成为混合的联盟，充分考验美国城郊的人对饥寒交迫者的慈爱之心。儿童和母亲通过了考试，而男人和父亲则缺乏慈爱。威利和骨头在一起，是奥斯特在小说里不断探索的儿子和父亲关系的好范例。然而，他们只有在死亡时、在超越这个不完美世界时、在名为廷巴克图的一个乌有之乡才合二为一。艾莉森·莱特觉得这个故事过分伤感，是对异性恋男子气概的辩解，很容易识破。伊安·辛克莱的作品也渗透着与同一种性倾向有关的更激烈、更让人不安的比喻。在他的作品里，现代的漫游者，那个跟踪搜寻、悄悄接近的人，寻找城市暗含的意义；而狗则是这个漫游者乱涂乱画、错误的启程、弯曲的漫游路线的一个意象。艾略特的狗，曾被他现代主义的绳索拴牢，在这里则到处乱跑。

在《金》里面，用“国王”一词命名的那只狗会说话，会讲故事：仿佛一个降低了身份的男人（在牢狱里荒废多年，贫困和精神失常使他接受了现在的状态），这个忠实的狗仆人是男主人维科和女主人维卡的倾听者。他和文化中的狗、寓言中的狗一样，用莱特的话说是，“天生无私，且是理想的受抚养者”，而西布鲁克在描绘亚洲城市贫民窟里居民的优点时也用过类似的语言。他认为，那些居民心灵手巧，证明了“穷人的无私和自我牺牲精神”（1996：197）。从某种意义上说，金象征了这种互助、生存并渴望更美好生活的精神，他渴望另外一个有沙有海的地方，是他替维科和维卡以及所有其他的人而梦想的地方。

这些故事告诉我们，没有别处，没有决裂，没有空白的心灵状态，只有我一直想强调的：这个重新改造的地方。我们可以说，《伯吉·克里斯汀》在最积极的意义上呈现了这一社会美学：伯格说，它带来了一个指望，“从垃圾堆、散乱的羽毛、灰烬和破碎的身体里，崭新而美好的事物可能一遍又一遍地重生”（Tekin，1996：8）。在《丁香花与旗帜》里，存活下来的是丁香花那单纯、脆弱、昙花一现的形象；在这两个年轻人的爱里面凝结的是自我和对方的关系得以救赎的基础。在《金》里面，希望跌至最低点。正如西布鲁克指出的贫民窟和棚户区的命运一样，一个新的公司想要这块土地，这个社群遭到驱逐。金竭力看护、带领这批居民到“某一个更好的地方”安家，此时他们和他一样变成了汪汪叫的狗，他们的叫声宣称“我在这里”（1999：224，227）。但是，他冲向岸边去救援，那只是一个梦，那“只是”一个想象中的更美好的地方。他发现自己是孤家寡人，此时我们意识到我们正在阅读一个丧失亲人的、瑟瑟发抖的幸存者的故事。

当然，我们也意识到，我们阅读的是一个生存的故事，而不是一个幸存者的故事；也即是说，《金》是约翰·伯格的故事，不是狗或流浪汉的故事。那么，伯格寓言中的政治是什么呢？斯图亚特·霍尔曾说过，必须积极认可“平等和差异”，全球化的问题方能解决。他使用的短语将现代或启蒙运动传统中普遍适用的原则与人们从女性主义、后结构主义和后殖民主义中获得的要点调和起来。霍尔和其他的学者都论证说，要实现这种联合，西方必须实践自我限制，实施批判，承担责任。棚户区的居民主动采取措施，这一方式免去了主要权贵们的责任。前文提到，西布鲁克在对这些方式评论时指出了满足这些要求所面临的困难。人们可能会说，伯格大体上提出有两种解决问题的方式。他首先扮演这条名为“金”的狗，同时这本小说一眼看上去没有作者，这两方面是一致的。1999年《格兰塔》（*Granta*）杂志社出版了这本小说，小说的封面仅仅提供了标题：金：街道的故事（King: a Street Story）。仅在扉页上，用不完美的印刷体说明，这个故事是约翰·伯格写的，与那38个他要致谢的人的名字相比，他的名字就不突出了。因此，一个无名氏撰写的寓言成为一个工具，它使自我谦避成为可能，或者（如果可能）它成为一个自我谦避的工具，宣传此类自我限制的需求。

当伯格在这个意义上“隐退”时，他的故事，尤其是维科这个人物，却抨击了对权力和特权的假设。维科是一个工厂主，一个知识渊博、优雅、见多识广的男人。他因为长得像一个流浪汉而被当作一个流浪汉。维科说，他们的棚屋就是他们最好的、最难忘的东西。他最后坚持说，“我们就是他们的错误，金。永远不要忘记这一点”（211）。因此，维科的作用就是表明有权力的人的责任，同时也动摇了都市人和流浪者、富与穷、大都市与棚户区甚或西方与东方之间极易假设的对比，因为毕竟这个故事讲述的是一个西方的、欧洲的城市，不是人们可能预期的“第三世界”的城市。因此，伯格运用了一个非写实的寓言，从“下层”讲述一个贫穷男人做狗的无名的故事，目标针对那些“上层”的人们；同时，动摇了那些人们对上与下、“我们”与“他们”所做的假设。因此，陌生化和认同就在小说对读者的影响里凝结在一起。

然而，在这些评论中，我不想将《金》呈现为我前几章中思考过的自反性现代主义的最终模型。我自始至终想把注意力引向这一点：小说和电影如何能够探索、重新想象大都市和后大都市的形态和效果。伯格的作品强调了一些方面——对局域和全球的阐释，社区及人与人之间纽带的脆弱性和可实现性，但是又过分地强调了处理这些主题时叙事者的作用和讲故事的形式。伯格的故事将自己声明为虚构的作品，也许更确切地说是，是批评想象的作品。最重要的是，我想证明小说、电影、建筑师和社会评论家如何在想象中重新塑造大都市从而维持一种批评性的文化。我在这里研究的文本——“模拟城市”的电影、拉蒂芙·泰金和伯格的关于后大都市荒原的故事——与我前面研究的文本相比，它们是更加自觉、更加明显的重新塑造的例子。戴维·哈维在乌托邦思想里找到了一个“希望的空间”。我不相信从这里开始，从“这个糟糕的、崭新的时代”（贝托尔特·布莱希特的术语）开始还有别的“更好的地方”。这些寓言来自城市边缘，来自可能的未来的城市。我希望，这些寓言所实践的陌生化效果会使我们幡然醒悟，开始富有成效地重新想象这个时代、这个地方。

参考书目

Abu-Lughod, Janet L. (1994) *From Urban Village to East Village. The Battle for New York's Lower East Side,* Oxford: Blackwell.

Abu-Lughod, Janet L. (1998) 'Civil/Uncivil Society: Confusing Form with Content' in Douglass and Friedmann (eds.), 227–37.

Abu-Lughod, Janet L. (1999) *New York, Chicago, Los Angeles. America's Global Cities,* Minneapolis and London: Minnesota UP.

Ackroyd, Peter (1985) *T.S. Eliot,* London: Sphere Books Ltd.

Andermahr, Sonya (2000) '"A person positions herself on quicksand"', *Journal of Lesbian Studies,* Vol. 4, no. 2: 7–20, Binghamton, New York: The Haworth Press.

Anderson, Benedict (1983) *Imagined Communities. Reflections on the Origin and The Spread of Nationalism,* London: Verso.

Appiah, Kwame, Anthony (1999) 'The Postcolonial and the Postmodern' in Oguibe and Enwezor (eds.) 48–73.

Auster (1966–90), The Berg Collection. 91 box files containing Auster manuscripts and letters, New York: New York Public Library.

Auster, Paul (1987) *The New York Trilogy,* London: Faber.

Auster, Paul (1988 [1982]) *The Invention of Solitude,* London: Faber.

Auster, Paul (1989) *Moon Palace,* London: Faber.

Auster, Paul (1990) *Ground Work. Selected Poems and Essays.* 1971–79, London: Faber.

Auster, Paul (1995a) *The Red Notebook,* London: Faber.

Auster, Paul (1995b) *Smoke* and *Blue in the Face,* London: Faber.

Auster, Paul (1998) *Lulu on the Bridge,* London: Faber.

Baker, Jr. Houston A. (1987) *Modernism and the Harlem Renaissance,* Chicago and London: Chicago UP.

Baker, Jr. Houston A. (1988) *Afro-American Poetics. Revisions of Harlem and the Black Aesthetic,* Madison: Wisconsin UP.

Ballard, J. G. (1996) *A User's Guide to the Millennium. Essays and Reviews,* London: Harper Collins.

Ballard, Roger (ed.) (1994) *Desh Pardesh. The South Asian Presence in Britain,* London: C. Hurst & Co.

Barry, Iris (1926) *Let's Go to the Pictures,* London: Chatto and Windus.

Barry, Iris (1931) 'The Ezra Pound Period', *The Bookman,* October, 1931, 159–71.

Baudelaire, Charles (1964 [1863]) 'The Painter of Modern Life' in *The Painter of Modern Life and Other Essays,* trans. and ed. Mayne, Jonathan, London: Phaidon Press.

Beck, Ulrich (2000) *What is Globalization?* Oxford: Polity.

Beck, Ulrich, Giddens, Anthony and Lash, Scott (1994) *Reflexive Modernization,* Oxford: Polity.

Becker, Karl (1992) *London in the 1890s. A Cultural History,* New York: Norton.

Bell, David and Valentine, Gill (eds.) *Mapping Desire,* London: Routledge.

Bell, Clive (1965) 'How Pleasant to Know Mr Eliot,' In Tambimutu and March (eds.), 15–19.

Benjamin, Walter (1970) *Illuminations*, London: Fontana.
Benjamin, Walter (1973) *Charles Baudelaire: A Lyric Poet in the Era of High Capitalism*, London: Verso
Benjamin, Walter (1999) *Selected Writings Vol. 2. 1927–1934* (ed.) M.W.
Jennings, et al. Cambridge: Harvard/Belknap Press.
Benko, Georges and Strohmayer, Ulf (1997) *Space and Social Theory. Interpreting Modernity and Postmodernity*. Oxford: Blackwell.
Berger, John (1992 [1979]) *Pig Earth*, with 'Historical Afterword', London: Chatto and Windus.
Berger, John (1992a [1990]) *Lilac and Flag*, included in the Trilogy, *Into their Labours*, London: Granta.
Berger, John (1992b) 'The Act of Approaching'. Interview with Nikos Papastergiadis, *Third Text*, 19, summer, 87–95.
Berger, John (1999) *King. A Street Story*, London: Bloomsbury.
Berman, Marshall (1983) *All That Is Solid Melts Into Air*, London: Verso.
Berman, Marshall (2000). 'Blue Jay Way. Where will critical culture come from?' *Dissent*, Winter 2000, vol. 47, number 1; http//www.dissentmagazine. org /archive/wiOO/berman.html).
Bernstein, Charles (1992) *A Poetics*, Cambridge, Ma.: Harvard UP.
Bérubé, Michael (1992) *Marginal Forces/Cultural Centres. Tolson, Pynchon and the Politics of the Canon*, Ithaca and London: Cornell UP.
Bhabha, Homi (1994) *The Location of Culture*, London: Routledge.
Bland, Lucy (1996) 'The Shock of the *Freewoman* Journal: Feminists Speaking on Heterosexuality in Early Twentieth-Century England' in Weeks, Jeffrey and Holland, Janet (eds.) *Sexual Cultures. Communities, Values and Intimacy*, London: Macmillan, 75–96.
Bowlby, Rachel (1988) *Virginia Woolf. Feminist Destinations*, Oxford: Basil Blackwell.
Brah, Avtar (1996) *Cartographies of Diaspora*, London: Routledge.
Bromley, Roger (2000) *Narratives for a New Belonging. Diasporic Cultural Fictions*, Edinburgh: Edinburgh University Press.
Brooker, Peter (1996) *New York Fictions. Modernity, Postmodernism, The New Modern*, London: Longman.
Brooker, Peter (ed.) (1992) *Modernism/Postmodernism*, London: Longman.
Brooker, Peter and Perril, Simon (2001) 'Modernist Poetry and Its Precursors' in Neil Roberts (ed.) *A Companion to Twentieth Century Poetry*, Oxford: Blackwell.
Brooks, Peter (1994) *Psychoanalysis and Storytelling*, Oxford: Blackwell.
Buber, Martin (1973 [1947]) *Between Man and Man*, trans. Robert Gregor Smith, London: Fontana.
Buci-Glucksman, Christine (1994) *Baroque Reason: The Aesthetics of Modernity*, trans. Patrick Camiller, introduction by Bryan S. Turner, London: Sage.
Buck-Morss, Susan (1995) *The Dialectics of Seeing. Walter Benjamin and the Arcades Project*, Cambridge, Ma.: MIT Press.
Budd, Leslie and Whimster, Sam (eds.) (1992) *Global Finance and Urban Living. A Study of Metropolitan Change*, London: Routledge.
Burgett, Paul (1993) 'Vindication as a Thematic Principle in the Writings of Alain Locke on the Music of Black Americans' in Floyd, Jr. Samuel A. (ed.) *Black Music in the Harlem Renaissance. A Collection of Essays*, Knoxville: Tennessee UP, 29–40.

Butler, Tim and Rustin, Michael (eds.) (1996) *Rising in the East. The Regeneration of East London,* London: Lawrence and Wishart.
Calle, Sophie, with the participation of Paul Auster (1999) *Double Game,* including Calle, Sophie and Auster, Paul, *The Gotham Handbook,* London: Violette editions.
Callinicos, Alex (1989) *Against Postmodernism,* Cambridge: Polity.
Cardiff, Janet (1999) *The Missing Voice,* (case study b), CD and text, London: Artangel.
Carter, Angela (1991) *The Virago Book of Fairy Tales,* London: Virago.
Carter, Erica, Donald, James and Squires, Judith (eds.) (1994) *Space and Place. Theories of Identity and Location,* London: Lawrence and Wishart.
Carey, John (1992) *The Intellectuals and the Masses. Pride and Prejudice among the Literary Intelligentsia, 1880–1939,* London: Penguin.
Castells, Manuel (1996) *The Informational Age: Economy, Society, Culture. Vol 1: The Rise of the Network Society,* Oxford: Blackwell.
Chambers, Iain and Curti Lidia (eds.) (1996) *The Post-Colonial Question,* London: Routledge.
Chambers, lain (1993) *Migrancy, Culture, Identity,* London: Comedia/Routledge.
Charney, Leo (1998) *Empty Moments: Cinema, Modernity and Drift,* Durham, NC: Duke UP.
Chua, Lawrence (1997) 'All Fall Down', *Muae 2. Collapsing New Buildings,* Lawrence Chua (ed.) New York: Kaya Books, 5–17.
Chua, Lawrence (1998) *Gold By The Inch,* New York: Grove Press.
Clark, David (1996) *Urban World/Global City,* London: Routledge.
Clearfield, Andrew (1978) 'Pound, Paris and Dada', *Paideuma,* 7, Spring and Fall, 1978, 113–40.
Cohen, Nick (1999) 'There is no alternative to becoming Leadbetter', *London Review of Books,* Vol. 21, no. 21, 28 October,1999: 33–4.
Cohen, Phil (1998) 'Interview with Michael Keith', *Rising East. The Journal of East London Studies,* London: University of East London/Lawrence and Wishart, 93–102.
Cohen, Phil (2000) *The Last Island. Essays on England and Dreaming of 'Race'.* London: Zed Books.
Conrad, Peter (1998) *Modern Times, Modern Places,* London: Thames and Hudson.
Cooper, Wayne F. (1987) *Claude McKay. Rebel Sojourner in the Harlem Renaissance. A Biography,* Baton Rouge and London: Louisiana State UP.
Corner, John and Harvey, Sylvia (eds.) (1991) *Enterprise and Heritage. Cross Currents of National Culture,* London: Routledge.
Crawford, Robert (1987) *The Savage and The City in the Work of T.S. Eliot,* Oxford: Clarendon Press.
Crozier, Andrew and Longville, Tim (1987) *A Various Art,* London: Paladin.
Currie Mark (1998) *Postmodern Narrative Theory,* London: Macmillan.
Cuthbert, Alexander (1995) 'Under the Volcano: Postmodern Space in Hong Kong' in Watson and Gibson (eds.), 138–48.
Dave, Paul (1997) 'The Bourgeois Paradigm and Heritage Cinema', *New Left Review,* 224, July/August, 111–26.
Davie, Donald (1975a) *Pound,* London: Fontana.
Davie, Donald (1975b) 'Ezra Pound Abandons the English', *Poetry Nation,* 4, 75–84.

Davie, Donald (1978) 'Ezra Pound and the English', *Paideuma*, 7, Spring & Fall, 1978, nos.1&2, 297–307.
Davis, Mike (1990) *City of Quartz*, New York: Verso.
De Jongh, James L. (1990) 'The Image of Black Harlem in Literature' in Mulvey, Christopher and Simons, John (eds) *New York. City As Text*, London: Macmillan, 131–46.
Delany, Samuel (1988) 'Is cyberpunk a good thing or a bad thing?', *Mississippi Review*, 16, no. 2, 28–35.
D'haen, Theo and Hans Bertens (1993) *British Postmodern Fiction*, Amsterdam: Rodopi.
Docherty, Thomas (1996) *Alterities. Criticism, History, Representation*, Oxford: Clarendon Press.
Donald, James (1999) *Imagining the Modern City*, London: Athlone Press.
Douglas, Ann (1996) *Terrible Honesty. Mongrel Manhattan in the 1920s*, London: Picador.
Douglass, Mike and Friedmann, John (eds.) (1998) *Cities for Citizens. Planning and the Rise of Civil Society in a Global Age*, John Wiley and Sons, Chichester.
Du Plessis, Rachel Blau (1986) *H.D.: The Career of that Struggle*, Brighton: Harvester.
Dunn, Brian (2000) unpublished PhD 'Influence and Beyond. A Study of Paul Auster's Poetry and Prose 1970–86'. University College, London.
Dyer, Richard (1997) *White*, London: Routledge.
Eade, John (1989) *The Politics of Community: The Bangladeshi Community in East London*, Aldershot: Avebury.
Eade, John (ed.) (1997) *Living The Global. Globalization as a Local Process*, London: Routledge.
Eliot, T.S. (1934) *After Strange Gods. A Primer of Modern Heresy*, London: Faber.
Eliot, T.S. (1951) *Selected Essays*, London: Faber.
Eliot, T.S. (1971) *The Waste Land. A Facsimile and Transcript*, ed. Valerie Eliot. London: Faber.
Eliot, T.S. (1974) *The Collected Poems 1909–1962*, London: Faber.
Eliot, T.S. (1988) *The Letters of T. S. Eliot*. Vol.1. 1898–1922, ed. Valerie Eliot. London: Faber.
Ellin, Nan (1996) *Postmodern Urbanism* (Revised Edition), New York: Princeton Architectural Press.
Ellison, Ralph (1967) *Shadow and Act*, London: Secker and Warburg.
Evaristo, Bernadine (1997) *Lara*, Tunbridge Wells: Angela Royal Publishing Ltd.
Fainstein, Susan and Campbell Scott (1996) *Readings in Urban Theory*, Oxford: Blackwell.
Featherstone, Mike, Lash, Scott and Robertson, Roland (eds.) (1995) *Global Modernities*, London: Sage.
Featherstone, Mike and Lash, Scott (1999) *Spaces of Culture. City, Nation, World*, London: Sage.
Feldman, David and Jones, Gareth Stedman (1989) *Metropolis. London Histories and Representations since 1800*, London: Routledge, 103–28.
Fishman, Robert (1995) 'Megalopolis Unbound' in Kasinitz. P (ed.), 395–412.
Fishman, William, J. (1997) 'Allies in the Promised Land. Reflections on the Irish and the Jews in the East End', in Kershen (ed.), 38–49.
Ford, Ford Madox (1995 [1905]) *The Soul of London*, London: Everyman.

Foucault, Michel (1986) 'What Is Enlightenment?' in Rabinow, Paul (ed.) *The Foucault Reader*, London: Penguin, 32–50.
Foucault, Michel (1999 [1986]). 'Of Other Spaces: Utopias and Heterotopias', in Neil Leach (ed.), 350–6.
Freeman, Mark (1993) *Rewriting the Self*, London: Routledge.
Friedman, Thomas (1999) *The Lexus and the Olive Tree*, London: Harper Collins.
Frith, Simon (1996) 'Music and Identity', in Hall, Stuart and Du Gay, Paul (eds.) *Questions of Cultural Identity*, London: Sage.
Garside, Patricia, L. (1984) 'West End, East End: London, 1890–1940' in Sutcliffe Anthony (ed.), 221–58.
Garside, Patricia, L., with Ken Young (1982) *Metropolitan London: Politics and Urban Change 1837–1981*, London: Edward Arnold.
Gibson, William (1986 [1984]) *Neuromancer*, London: Grafton Books.
Gibson, William (1987a [1986]) *Burning Chrome*, New York: Ace Books.
Gibson, William (1987b [1986]) *Count Zero*, London: Grafton Books
Gibson, William (1989 [1988]) *Mona Lisa Overdrive*, London: Grafton Books.
Gibson, William (1993) *Virtual Light*, London: Penguin.
Gibson, William (1994). 'Disneyland with the death penalty', *Life*, August, 1994, 15–20.
Gibson, William (1997) *Idoru*, London: Penguin.
Gibson, William (1999) *All Tomorrow's Parties*, London: Penguin.
Gibson, William and Bruce Sterling (1990) *The Difference Engine*, London: Gollancz.
Giddens, Anthony (1991) *Modernity and Self-Identity. Self and Society in the Late Modern Age*, Oxford: Polity Press.
Giddens, Anthony (1992) *The Transformation of Intimacy. Sexuality, Love and Eroticism in Modern Societies*, Oxford: Polity Press.
Giddens, Anthony (1993) *The Giddens Reader*, ed. Philip Cassell, London: Macmillan.
Gillespie, James (1989). 'Poplarism and Proletarianism. Unemployment and Labour Politics in London, 1918–1934', in Feldman and Jones, (eds.)
Gilroy, Paul (1994) *The Black Atlantic*, London: Verso.
Gilroy, Paul (1997) 'Modern Tones' in *Rhapsodies in Black. Art of The Harlem Renaissance*, London: Hayward Gallery/California UP.
Gordon, Lyndall (1977) *Eliot's Early Years*, Oxford: Oxford University Press.
Gray, Ann and McGuigan, Jim (eds.) (1997) *Studying Culture. An Introductory Reader*, 2nd edition, London: Arnold.
Gregory, Derek (1994) *Geographical Imaginations*, Oxford: Blackwell.
Grosz, Elizabeth (1995) *Space, Time and Perversion*, London: Routledge.
Hall, Donald (1962) 'The Art of Poetry V. Ezra Pound: An Interview', *Paris Review*, 28, 22–51.
Hall, Peter (1984) 'Postscript: Metropolis 1940–1990' in Sutcliffe (ed.), 431–45.
Hall, Peter (1986) *The World Cities*, London: Weidenfeld and Nicolson.
Hall, Stuart (1988) *The Hard Road to Renewal*, London: Verso.
Hall, Stuart (1990) 'Cultural Identity and Diaspora' in Rutherford, Jonathan (ed.) *Identity: Community, Culture, Difference*, London: Lawrence and Wishart, 222–37.
Hall, Stuart (1996 [1988]) 'New ethnicities', in Morley and Chen (eds.), 441–9.

Hall, Stuart (1997 [1987]) 'Minimal Selves' in Gray and McGuigan (eds.), 134–8.
Hall, Stuart (1998) 'Aspiration and Attitude ... Reflections on Black Britain in the Nineties' in 'Frontlines/Backyards' *New Formations*, number 33, Spring 1998, 38–46.
Hall, Stuart and Jacques, Martin (eds) (1983) *The Politics of Thatcherism*, London: Lawrence and Wishart.
Hanru, Hou and Obrist, Hans-Ulrich (1999) 'Cities on the Move' in *Cities on the Move*, Exhibition Catalogue, London: The Hayward Gallery, 10–15.
Hanscombe Gillian and Smyers, Virginia L. (1987) *Writing for Their Lives. The Modernist Women 1910–1940*, London: The Women's Press.
Hansen, Miriam Bratu (1999) 'The Mass Production of the Senses: Classical Cinema as Vernacular Modernism' in *Modernism/Modernity*, 6: 2, April 1999, 59–77.
Hanssen, Beatrice (1998) *Walter Benjamin's Other History: Of Stones, Animals, Human Beings and Angels*, Berkeley: California UP.
Harvey, David (1989) *The Condition of Postmodernity*, Oxford: Blackwell.
Harvey, David (1996) *Justice, Nature & the Geography of Difference*, Oxford: Blackwell.
Harvey, David (2000) *Spaces of Hope*, Edinburgh: Edinburgh University Press.
Harvey, Mark S. (1991) 'Jazz and Modernism: Changing Conceptions of Innovation and Tradition' in Buckner, Reginald T. and Weiland, Steven (eds.) *Jazz in Mind*, Detroit: Wayne State UP, 128–147.
Hebdige, Dick (1987) *Cut & Mix. Culture, Identity and Caribbean Music*, London : Methuen/Comedia.
Hetherington, K. (1999) *Expressions of Identity. Space, Performance, Politics*, London: Sage.
Hongo, G (ed.) (1995) *Under Western Eyes*, New York: Anchor Books.
hooks, bell (1990) *Yearning. Race, Gender and Cultural Politics*, Boston: South End Press.
Hughes, Langston (1940, repr. 1986a) *The Big Sea. An Autobiography*, London: Pluto Press.
Hughes, Langston (1959, reprinted 1986b) *Selected Poems*, London: Pluto Press.
Hutchins, Patricia (1965) *Ezra Pound's Kensington*, London: Faber.
Hutchinson, George (1995) *The Harlem Renaissance in Black and White*. Cambridge, MA: Harvard UP, the Belknap Press.
Inglis, Fred (2000) 'A Nanny no, a Medusa ... maybe', *THES*, March 3: 21.
Islam, Syed Manzarul (1997) *The Map Makers of Spitalfields*, London: Peepal Tree Press.
Jacobs, Jane (1961) *The Death and Life of Great American Cities*, New York: Random House.
Jacobs, Jane, M. (1996) *Edge of Empire. Postcolonialism and the City*, London: Routledge.
Jacques, Martin (1996) 'The End of the Western World', BBC2 Part One, 12.5.1996; Part Two, 19. 5.1996.
James Henry (1968 [1907]) *The American Scene*, London: Rupert Hart-Davis.
Jameson, Fredric (1986) 'Third-World Literature in the Era of Multinational Capitalism', *Social Text*, 15, Fall, 65–88.
Jameson, Fredric (1988) *Ideologies of Theory. Essays 1971–1986, Vol 2. Syntax of History*, London: Routledge.

Jameson, Fredric (1991) *Postmodernism or, The Cultural Logic of Late Capitalism,* London: Verso.
Jameson, Fredric (1992a) *The Geopolitical Aesthetic. Cinema and Space in the World System,* Bloomington and Indianapolis: BFI/Indiana University Press.
Jameson, Fredric (1992b [1984]) 'Postmodernism and Consumer Society' reprinted in Brooker (ed.) (1992).
Jemie, Onwuchekwa (1973) *Langston Hughes. An Introduction to the Poetry,* New York: Columbia UP.
Jencks, Charles (1993) *The Architecture of the Jumping Universe,* London: Academy Editions.
Jencks, Charles (1993) *Heteropolis: Los Angeles. The Riots and the Strange Beauty of Hetero-Architecture,* London: Academy Editions.
Jervis, John (1998) *Exploring the Modern,* London: Routledge.
Johnson, James Weldon (1925) 'Harlem: The Culture Capital' in Locke (ed.), 301–11.
Kahn, Joel, S (1995) *Culture, Multiculture, Postculture,* London: Sage.
Kalaidjian, Walter (1993) *American Culture Between the Wars. Revisionary Modernism and Postmodern Critique,* New York: Columbia UP.
Kasinitz, Philip (ed.) (1995) *Metropolis. Center and Symbol of Our Times,* London: Macmillan.
Keating, Peter (1984) 'The Metropolis in Literature' In Sutcliffe (ed.), 129–45.
Keiller, Patrick (1993) *London,* London: Artificial Eye.
Keiller, Patrick (1998) 'Re-Imagining London', unpublished talk at the British Film Institute, 29 June, 1998.
Keiller, Patrick (1999) *Robinson in Space,* London: Reaktion Books.
Kellner, Bruce (ed.) (1987) *The Harlem Renaissance. A Historical Dictionary for the Era,* London: Routledge and Kegan Paul.
Kennedy, Liam (2000) *Race and Urban Space in Contemporary American Culture,* Edinburgh: Edinburgh University Press.
Kenner, Hugh (1987) *The Mechanic Muse,* Oxford: Oxford University Press.
Kershen, Anne, J. (ed.)(1997) *London. The Promised Land. The Migrant Experience in a Capital City,* Aldershot. Avebury.
King, Anthony D. (1995) 'The Times and Spaces of Modernity' (or Who Needs Post-modernism?)' in Featherstone et al. (eds.), 108–123.
King, Anthony. D. (ed.) (1996) *Re-Presenting the City: Ethnicity, Capital and Culture in the Twenty-First Century Metropolis,* Basingstoke: Macmillan.
Kolocotroni, Vasiliki, Goldman, Jane and Taxidou, Olga (eds.) (1998) *Modernism. An Anthology of Sources and Documents,* Edinburgh: Edinburgh University Press.
Koolhaas, Rem (1978, new edition, 1994) *Delirious New York,* New York: The Monacelli Press Inc.
Koolhaas, Rem (1997) 'XL in Asia: A Dialogue with Rem Koolhaas and Masao Miyoshi, *Muae* 2 , Lawrence Chua (ed.), New York: Kaya Books, 96–119.
Koolhaas, Rem (1999a) 'An Accelerated Merzbau', Rem Koolhaas in conversation with Hans-Ulrich Obrist, *Cities on the Move.* Exhibition Catalogue, London: The Hayward Gallery, 16–17.
Koolhaas, Rem (1999b) 'Metropolitan Apotheosis' BBC, Radio 3, 9. 10. 1999.
Koolhaas, Rem and Bruce Mau (1995) *S, M, L, XL,* ed. Jennifer Sigler; photography, Hans Werlemann, Rotterdam: Olo Publishers.

Krieger, Susan (1982) 'Lesbian Identity and Community: Recent Social Science Literature', *Signs*: 98, 91–108.

Kureishi, Hanif (1990). *The Buddha of Suburbia*. London: Faber.

Kureishi, Hanif (1996) *My Beautiful Laundrette and Other Writings*, London: Faber.

Kureishi, Hanif (2001) *Gabriel's Gift*, London: Faber.

Lash, Scott and Friedman, Jonathan (eds.) (1992) *Modernity & Identity*, Oxford: Blackwell.

Leach, Neil (ed.) (1999) *Rethinking Architecture. A Reader In Cultural Theory*, London: Routledge.

Lees, Andrew (1984) 'The Metropolis and the Intellectual' in Sutcliffe, (ed.), 67–94.

Lefebvre, Henri (1996) *Writings on Cities*, selected, translated and introduced by Eleonore Kofman and Elizabeth Lebas, Cambridge, Ma.: Blackwell.

Lehan, Richard (1998) *The City in Literature*, Berkeley: California UP.

Levenson, Michael (ed.) (1999) *The Cambridge Companion to Modernism*, Cambridge: Cambridge UP.

Lewis, Wyndham (1965 [1948]) 'Early London Environment' in Tambimutu and March, (eds.), 24–32.

Lichtenstein, Rachel (1999) *Rodinsky's Whitechapel*, London: Artangel.

Light, Alison (1999) 'Among the Antimacassars', *London Review of Books*, Vol. 21, no. 22 (11 November 1999), 3–6.

Locke, Alain (1936, repr. 1969) *The Negro and His Music*, New York: Arno Press.

Locke, Alain (ed.) (1925, reprinted 1968) *The New Negro. An Interpretation*, New York and London: Johnson Reprint Corporation.

Loomba, Ania (1998) *Colonialism/Postcolonialism*, London: Routledge.

Lyon, David (1994) *Postmodernity*, Buckingham: Open University Press.

Lyotard, Jean-François (1992 [1982]). 'Answering the Question: What is Postmodernism?' in Brooker, Peter (ed.).

Lyotard, Jean-François (1993) 'Note on the Meaning of 'Post-', in Docherty, Thomas (ed.) *Postmodernism. A Reader*, Hemel Hempstead: Harvester Wheatsheaf, 47–50.

Maidment, Richard and Mackerras, Colin (1990) *Culture and Society in the Asian Pacific*, Routledge/Open University Press.

Marriot, John (1996) 'The Political Modernism of East London' in Butler and Rustin (eds.), 108–22.

Massey, Doreen (1997 [1991]). 'A Global Sense of Place' in Gray and McGuigan (eds.), 232–40.

Massey, Doreen (1999), 'Making Connections', in conversation with Karen Lury, *Screen*, 40: 3, 229–37.

Massey, Doreen, Allen, John and Pile, Steve (1999) *City Worlds*, London: Routledge/Open University Press.

Masterman, C.F.G (1901, [1973]) *The Heart of Empire. Discussions of Problems of Modern City Life in England*, Brighton: The Harvester Press.

Masterman, C.F.G. (1911) *The Condition of England*, London: Methuen.

McCaffery, Larry (ed.) (1991). *Storming the Reality Studio. A Casebook of Cyberpunk and Postmodern Fiction*, Durham and London: Duke University Press.

McHale, Brian (1992) 'Elements of a Poetics of Cyberpunk', *Critique*, XXXIII, no. 3, Spring, 149–175.

Meier, August, et al. (eds.) (1965) *Black Protest Thought in the Twentieth Century,* Indianapolis: Bobbs Merrill.
Mercer, Kobena (ed.) (1988) *Black Film/British Cinema,* London: ICA.
Mercer, Kobena (1994) *Welcome to the Jungle,* London: Routledge.
Merriman, Nick (ed.) (1993). *The Peopling of London,* London: The Museum of London.
Meyers, Jeffrey (1980) *The Enemy. A Biography of Wyndham Lewis,* London: Routledge and Kegan Paul.
Meyers, Jeffrey (1984) 'New Light on Iris Barry', Paideuma 13, 285–9.
Morley, David and Chen, Kuan-Hsing (eds.) (1996) *Stuart Hall. Critical Dialogues in Cultural Studies,* London: Routledge.
Mudimbe, V.Y. (1999) '"Reprendre": Enunciations and Strategies in Contemporary African Arts' in Oguibe and Enwezor (eds.), 30–47.
Mullen, Edward, J. (ed.) (1986) *Critical Essays on Langston Hughes,* Boston, MA: G. K. Hall & Co.
Mulvey, Christopher (1990) 'The Black Capital of the World' in Mulvey, Christopher and Simons, John (eds.). *New York. City as Text,* London: Macmillan, 147–164.
Munt Sally (1982) '"Somewhere over the Rainbow". Postmodernism and the Fiction of Sarah Schulman' in Munt Sally (ed.) *New Lesbian Criticism,* London: Harvester Wheatsheaf, 33–50.
Munt, Sally (1995) 'The Lesbian Flâneur' in Bell, David and Valentine, Gill (eds.), 114–25.
Nanry, Charles (1982) 'Jazz and Modernism; Twin-Born Children of the Age of Invention', *American Review of Jazz Studies,* 1982, 1, 146–54.
Nast, Heidi and Steve Pile (eds.) (1998) *Places Through the Body,* London: Routledge.
Nielsen, Aldon L. (1992) 'Melvin B. Tolson and the Deterritorialization of Modernism', *African American Review,* Vol. 26, no. 2, 241–55.
Norman, Charles (1969) *Ezra Pound. A Biography,* London: Macdonald.
O'Hagan, Andrew (1999) *'Unreal City'. A Response to 'Cities on the Move',* London: Hayward Gallery.
Ogren, Kathy, J (1989) *The Jazz Revolution. Twenties America and the Meaning of Jazz,* Oxford: Oxford UP.
Oguibe, Olu and Enwezor, Okwui (eds.) (1999) *Reading The Contemporary. African Art from Theory to the Marketplace,* London: Institute of International Visual Arts.
Oldenburg, Ray (1999) *The Great Good Place: Cafés, Coffee Shops, Bookstores, Bars, Hair Salons and Other Hangouts at the Heart of a Community,* New York: Marlowe and Co.
Orr, John (1993) *Cinema and Modernity,* Cambridge: Polity.
Osborne, Peter (1995) *The Politics of Time. Modernity and the Avant Garde,* London: Verso.
Osofsky, Gilbert (1963) *Harlem: The Making of a Ghetto. Negro New York, 1890-1830,* New York and Evanston: Harper Torchbooks.
Paige, D. D. (ed.) (1971) *Selected Letters of Ezra Pound. 1907–1941,* New York: New Directions.
Pfeil, Fred (1990). *Another Tale to Tell. Politics and Narrative in Postmodern Culture,* London: Verso.

Pieterse, Jan Nederveen 'Globalisation as Hybridization' in Featherstone and Lash (eds.) (1995), 45–68.
Pollock, Griselda (1988) 'Modernity in the Spaces of Femininity' in *Vision and Difference,* London: Routledge.
Potter, Robert and Lloyd-Evans Sally (1998) *The City in the Developing World,* London: Longman.
Pound, Ezra (1952) *Collected Shorter Poems,* London: Faber.
Pound, Ezra (1958) *Pavannes and Divagations,* New York: New Directions.
Pound, Ezra (1960) *Literary Essays*, London: Faber.
Pound, Ezra (1961 [1934]) *ABC of Reading,* London: Faber.
Pound, Ezra (1970) *Gaudier-Brzeska*. New York: New Directions.
Pound, Ezra (1973) *Selected Prose.1909–1965,* London: Faber.
Pound, Ezra (1975) *The Cantos,* London: Faber.
Pred, Allan (1997) 'Re-Presenting the Extended Moment of Danger: A Meditation on Hypermodernity, Identity and the Montage Form' in Benko and Stromayer (eds.)
Radford, Jean (1991) *Dorothy Richardson,* Hemel Hempstead: Harvester Wheatsheaf.
Rainey, Lawrence (1997*) Institutions of Modernism: Literary Elites and Public Culture,* New Haven and London: Yale UP.
Rampersad, Arnold (1986) *The Life of Langston Hughes. Vol 1: 1902–1941, I, Too, Sing America*, New York and Oxford: Oxford UP.
Rampersad, Arnold (1988) *The Life of Langston Hughes. Vol 2: 1941–1967, I Dream A World,* New York and Oxford: Oxford U.P.
Remy, Michel (1999) *Surrealism in Britain,* Aldershot: Ashgate.
Robins, Kevin (1994). 'Prisoners of the city: Whatever could a postmodern city be?' in Carter, et al. (eds.), 303–30.
Rogers, J. A. (1925) 'Jazz At Home' in Locke (ed.), 216–24.
Rogers, Richard (1997) *Cities for a Small Planet,* ed. Phillip Gumuchdjian, introduction by Sir Crispin Tickell, London: Faber.
Rosenberg, Jan (1989) 'Park Slope: Notes on a Middle-Class "Utopia"' in Sleeper, Jim (ed.) (1989) *In Search of New York,* New Brunswick: Transaction Publishers, 159–61.
Rothenberg, Jerome and Jorris, Pierre (eds.) (1995) *Poems for the Millennium. The University of California Anthology of Modern and Postmodern Poetry,* Vol.1, Berkeley, Los Angeles, London: California UP.
Rothenberg, Tamar (1995) '"And she told two friends". Lesbians Creating Urban Social Space' in Bell, David and Valentine, Gill (eds.), 165–81.
Rushdie, Salman (1987). 'Writing for a Future. Günter Grass, Salman Rushdie', in Bourne, Bill, Eichle, Udi and Herman, David (eds.) *Voices. Writers and Politics,* Nottingham: Spokesman, in association with the Hobo Press, 52–64.
Rushdie, Salman (1992) *Imaginary Homelands. Essays and Criticism 1981–91,* London: Penguin Books.
Rushdie, Salman (1995) *The Moor's Last Sigh,* London: Jonathan Cape.
Sandhu, Sukhdev (2000) 'Paradise Syndrome', *London Review of Books,* Vol. 22, number 10, 18 May, 2000: 32–5.
Sassen, Saskia (1991) *The Global City: New York, London, Tokyo,* Princeton University Press.
Sassen, Saskia (1996) 'Rebuilding the Global City: Economy, Ethnicity and Space', in King (ed.), 23–42.

Schneer, Jonathan (1999) *London 1900. The Imperial Metropolis,* New Haven and London: Yale UP.
Schoene, Berthold (1998) 'Herald of Hybridity. The Emancipation of Difference in Hanif Kureishi's *The Buddha of Suburbia'*, *International Journal of Cultural Studies,* 1:1: 109–27.
Schulman, Sarah (1988) *After Delores,* New York: E.P. Dutton.
Schulman, Sarah (1990) *People in Trouble,* New York: E.P. Dutton.
Schulman, Sarah (1993) *Empathy,* New York: Plume.
Schulman, Sarah (1995) *My American History. Lesbian and Gay life During the Reagan/Bush Years,* London: Cassell.
Schulman, Sarah (1996) *Rat Bohemia,* New York: Plume.
Schulman, Sarah (1997 [1984]) *The Sophie Horowitz Story* (reprinted with *Girls Visions and Everything* and *After Delores*), New York: Quality Paperback Book Club.
Schulman, Sarah (1998a) *Shimmer,* New York: Avon Books.
Schulman, Sarah (1998b) *Stagestruck,* Durham, N.C: Duke University Press.
Schulman, Sarah (1999 [1986]) *Girls, Visions and Everything,* Seattle: Seal Press.
Schwarz, Bill (1999) 'Postcolonial Times: The Visible and the Invisible' in Driver, Felix and Gilberts, David (eds.), *Imperial Cities,* Manchester: MUP.
Seabrook, Jeremy (1996) *In the Cities of the South. Scenes from a Developing World,* London: Verso.
Sennett, Richard (1994) *Flesh and Stone. The Body and The City in Western Civilization,* London: Faber.
Sennett, Richard (1996) *The Uses of Disorder.* London: Faber.
Shaw, Arnold (1987) *The Jazz Age. Popular Music in the 1920s,* New York: Oxford UP.
Shields, Rob (ed.) (1996) *Cultures of the Internet. Virtual Spaces, Real Histories, Living Bodies,* London: Sage.
Simmel, Georg (1995 [1910]) 'The Metropolis and Mental Life' in Kasinitz, (ed.), 30–45.
Sinclair, Iain (1991a). *Downriver (or, the Vessels of Wrath),* London: Paladin.
Sinclair, Iain (1991b). 'A New Vortex: The Shamanism of Intent'. *Modern Painters,* 4, no. 2, 46–51.
Sinclair, Iain (ed.) (1996) *Conductors of Chaos: A Poetry Anthology,* London: Picador.
Sinclair, Iain (1997) *Lights Out for the Territory,* London: Grafton.
Sinclair, Iain (1999) *Dark Lanthorns. Rodinsky's A to Z. Walked over by Iain Sinclair,* Uppingham, London: Goldmark.
Sinclair, Iain and Atkins, Mark (1999) *Liquid City,* London: Reaktion Books.
Sinclair, Iain and Lichtenstein, Rachel (1999) *Rodinsky's Room,* London: Granta Books.
Sinclair, Iain and McKean, Dave (1997) *Slow Chocolate Autopsy,* London: Phoenix House.
Sinclair, Iain and Petit, Chris (1998) *The Falconer,* Channel Four.
Singh, Amrijit (1976) *The Novels of the Harlem Renaissance,* Pennsylvania: Pennsylvania State UP.
Smart, Barry (1998) *Facing Modernity. Ambivalence, Reflexivity and Morality,* London: Sage
Smith, Zadie (2000) *White Teeth,* London: Hamish Hamilton.

Soja, Edward, W. (1995) 'Heterotopologies: a Remembrance Of Other Spaces in the Citadel-LA' in Watson and Gibson (eds.), 13–34.
Soja, Edward, W. (1997) 'Six Discourses on the Metropolis' in Westwood and Williams (eds.), 19–30.
Soja, Edward, W. (2000) *Postmetropolis*, Oxford: Blackwell.
Southam, B.C. (1977) *A Student's Guide to The Selected Poems of T.S. Eliot*, London: Faber.
Sterling, Bruce (1987) 'Preface' to *Burning Chrome* by William Gibson, New York: Ace Books.
Sterling, Bruce (1988) 'Preface' to *Mirrorshades. The Cyberpunk Anthology*, London: Paladin.
Stock, Noel (1970) *The Life of Ezra Pound*, London: Penguin.
Sutcliffe, Anthony (ed.) (1984) *Metropolis. 1890–1940*, London: Mansell.
Tallack, Douglas (1991) *Twentieth-Century America. The Intellectual and Cultural Context*. London: Longman.
Tambimutu and Richard March (eds.) (1965) *T.S. Eliot. A Symposium*, London: Frank & Cass Co Ltd.
Taylor, Clyde (1988) 'Black Cinema in the Post-Aesthetic Era' in Pines, Jim and Willeman, Paul (eds.) *Questions of Third Cinema*, London: BFI, 90–110.
Tekin, Latife (1996 [1984]), *Berji Kristin. Tales From the Garbage Hills*, London: Marion Boyars.
Thacker, Andrew (1993) 'Imagist Travels in Modernist Space', *Textual Practice*, 7, 2: 224–46.
Tolson, Melvin B. (1999) *'Harlem Gallery' and Other Poems*, ed. Raymond Nelson, introduction by Rita Dove, Charlottesville and London: University Press of Virginia.
Tower, Beeke Sell (ed.) (1990) *Envisioning America*, Cambridge, MA: Busch-Reisinger Museum, Harvard University.
Turner, Bryan, S. (ed.) (1990) *Theories of Modernity and Postmodernity*, London: Sage.
Waldinger, Roger, D. (1999). *Still the Promised City. African-American and New Immigrants in Post-Industrial New York*. Cambridge, MA: Harvard UP.
Ward, David and Zunz, Oliver (1992) *The Landscape of Modernity. New York City 1900- 1940*, Baltimore and London: Johns Hopkins University Press.
Watanabe, Shun-Ichi J. (1984) 'Metropolitanism As A Way of Life', in Sutcliffe, (ed.), 403–29.
Watson, Sophie and Gibson, Katherine (eds.) (1995). *Postmodern Cities and Spaces*, Oxford: Blackwell.
Werber, Pnina and Modood, Tariq (eds.) (1997) *Debating Cultural Hybridity*, London: Zed Books.
Westwood Sallie, and Williams, John (eds.) (1997). *Imagining Cities. Scripts, Signs, Memory*, London: Routledge.
Wheeler, Wendy (1998) *A New Modernity and Politics: Change in Science, Literature*, London: Lawrence and Wishart.
Whyte, William H. (1988) *City: Rediscovering the Center*, London: Doubleday.
Wilhelm, J.J. (1990) *Ezra Pound in London and Paris, 1908–1925*, University Park and London: Pennsylvania State University Press.
Williams, Raymond (1974) *The English Novel From Dickens to Hardy*, London: Paladin.

Williams, Raymond (1980) *Problems in Materialism and Culture,* London: Verso.
Williams, Raymond (1989a) 'When Was Modernism?' in Williams, Raymond, *The Politics of Modernism,* London: Verso.
Williams, Raymond (1989b) *Resources of Hope.* London: Verso.
Williams, Raymond (1992) 'The Metropolis and the Emergence of Modernism' in Brooker (ed.), 82–94.
Wilson, Elizabeth (1997) 'Looking Backward, Nostalgia and the City', in Westwood and Williams (eds.), 127–39.
Wilson, William, J. (1987) *The Truly Disadvantaged. The Inner City, The Underclass, and Public Policy,* Chicago: Chicago UP.
Wolf, Deborah (1979) *The Lesbian Community,* Berkeley, California UP.
Wolfreys, Julian (1998) *Writing London. The Trace of the Urban Text from Blake to Dickens,* London: Macmillan.
Wollen, Peter (1993) *Raiding the Ice Box,* London: Verso.
Wolmark, Jenny (1993) *Aliens and Others. Science Fiction, Feminism and Postmodernism,* London: Harvester Wheatsheaf.
Wood, James (2000) 'Hysterical realism', *Prospect,* November, 62–4.
Woolf, Virginia (1992). *A Woman's Essays,* Rachel Bowlby (ed.), London: Penguin.
Wright, Patrick (1999). 'A Conversation with Patrick Keiller' in Patrick Keiller. *Robinson in Space,* London: Reaktion Books, 223–32.
Young, Iris Marion (1990). 'The Ideal of Community and the Politics of Difference' in Nicholson, Linda J. (ed.) *Feminism/Postmodernism,* London: Routledge, 300–23.
Žizek, Slavoj (1999) 'Attempts to Escape the Logic of Capitalism', *London Review of Books,* Vol. 21, no. 21, 28 October, 1999: 3–7.
Zukin, Sharon (1995) *The Culture of Cities,* Cambridge: Blackwell.
Zukin, Sharon (1996) 'Space and symbols in an age of decline', in King (ed.), 43–59.

索 引

《世界城市研究精品译丛》总目

☑ 已出版，☐ 待出版

☑ 马克思主义与城市
☑ 保卫空间
☑ 城市生活
☑ 消费空间
☑ 媒体城市
☑ 想象的城市
☑ 城市研究核心概念
☑ 城市地理学核心概念
☑ 政治地理学核心概念
☑ 规划学核心概念
☑ 城市空间的社会生产
☑ 真实城市
☑ 现代性和大都市
☐ 与赛博空间共存：21 世纪的技术与社会
☐ 城市发展规划本体论
☐ 区域、空间战略与可持续发展
☐ 工作空间：全球资本主义与劳动力地理学
☐ 历史地理学核心概念
☐ 空间问题：文化拓扑学和社会空间化
☐ 驱逐：全球化经济中的野蛮性与复杂性
☐ 帝国的边缘：后殖民主义与城市
☐ 城市与自然
☐ 城市与电影
☐ 城市环境史
☐ 当下语境中游戏：在线游戏的社会文化意义